Jacob Freudenthal

Die Flavius Josephus beigelegte Schrift üeber die Herrschaft der Vernunft

IV Makkabäerbuch eine Predigt aus dem ersten nachchristlichen Jahrhundert

Jacob Freudenthal

Die Flavius Josephus beigelegte Schrift üeber die Herrschaft der Vernunft
IV Makkabäerbuch eine Predigt aus dem ersten nachchristlichen Jahrhundert

ISBN/EAN: 9783743660038

Hergestellt in Europa, USA, Kanada, Australien, Japan

Cover: Foto ©Lupo / pixelio.de

Weitere Bücher finden Sie auf **www.hansebooks.com**

Die

FLAVIUS JOSEPHUS

beigelegte Schrift

Ueber die Herrschaft der Vernunft

(IV Makkabäerbuch),

eine Predigt aus dem ersten nachchristlichen Jahrhundert,

untersucht

von

Dr. J. Freudenthal.

Breslau.
Schletter'sche Buchhandlung (H. Skutsch).
1869.

Die religionsphilosophischen Schriften aus dem Kreise des jüdischen Hellenismus bieten heute den Anblick eines Trümmerfeldes dar. Von einer Literatur, welche eine der merkwürdigsten Entwickelungen des Judenthums in sich schliesst und die fruchtbarsten Anregungen dem altersschwachen Heidenthume und dem jung aufstrebenden Christenthume gegeben hat, von dieser bedeutungs- und einflussreichen Literatur ist wenig mehr übrig geblieben, als einige kleine pseudonyme oder anonyme Schriften, die nur zum Theil hierher gehören, einige Bruchstücke, die der fromme Eifer der Kirchenväter uns gerettet hat, einzelne Gedanken und Bemerkungen, die man aus den sonstigen jüdisch-hellenistischen Schriften zusammenlesen muss und nur Eines Mannes zahlreiche Werke hoch emporragend über diese Ruinen und darum vorzugsweise beachtet und gar oft als maass- und richtunggebend für alle verwandten Erscheinungen angesehen. Wer nun aber in der Geschichte mehr sucht, als Beschreibung einzelner Ereignisse und Darstellung einzelner Systeme, der wird auch jenen halb verschütteten Denkmalen einer untergegangenen Zeit seine Aufmerksamkeit nicht versagen, die, nothwendige Glieder in der Reihe bedeutender Bewegungen, das Werden und Wirken derselben ihn erkennen lassen, wie die Schriften Philo's die Höhe dieser Entwickelung selbst bezeichnen. Grössere Beachtung noch verdient, was unter diesen Trümmern eine Stellung einnimmt, wie sie das Büchlein 'Ueber die Herrschaft der Vernunft' [1]) unbedingt ansprechen darf; denn es zeichnet sich durch Form und innern Gehalt vor seiner Umgebung vortheilhaft aus und

---

[1]) Ueber Aufschriften des Buches und seine Stellung im Kanon s. Note 1.

nimmt als charakteristisches Zeichen der Zeit selbst da unsere ganze
Theilnahme in Anspruch, wo es unseren Beifall nicht verdient.

Es hat eine merkwürdige Geschichte zu erzählen, dies kleine
unscheinbare Schriftchen. Im christlichen Alterthume oft genannt, benutzt,
bewundert [1]) und abgeschrieben [2]), den deuterokanonischen Schriften
des Alten Testamentes angereiht und mit dem klangvollen Namen des
Flavius Josephus geziert [3]); in neuerer Zeit eben so häufig übersetzt [4])
und gedruckt [5]), wie wenig gekannt und geachtet; lange Zeit fast
verschollen und erst in den letzten Jahrzehnten Gegenstand einer
meist einseitigen Betrachtung [6]); verstümmelt und verunstaltet durch
eifrige Leser, unwissende Abschreiber und sorglose Herausgeber, aus
deren langer Reihe herauszutreten selbst Männer wie Wilhelm Dindorf
und Immanuel Bekker sich nicht bemüssigt gesehen haben [7]), können
wir es heut zu Tage nur als den Torso eines interessanten Kunst-
werkes gelten lassen, über den gerade entgegengesetzte Urtheile gefällt
werden können, je nachdem diese oder jene Seite beleuchtet, das

---

[1]) Belege folgen im Verlaufe der Abhandlung.
[2]) Ueber die Handschriften zu unserem Buche s. Note 2.
[3]) S. Note 1.
[4]) Ueber die Uebersetzungen der Schrift s. Note 4.
[5]) Ueber die Ausgaben s. Note 3.
[6]) In der gesammten klassischen Literatur giebt es wohl kaum ein zweites
Beispiel eines Buches, dessen Text trotz sechs und zwanzig Ausgaben noch
so zerrüttet wäre, wie das hiesige; das in lateinischen, deutschen, französischen,
englischen, spanischen, italiänischen, niederländischen und czechischen Uebersetzungen (S. Ebert Bibl. Lex., Hoffmann Handb. d. Bücherk. s. v. Joseph.) immer
und immer von Neuem sich aufgedrängt hätte und doch so lange Zeit wie verschollen gewesen wäre. Grimm's Commentar ist der einzige sachliche, der bis
heute vorliegt, wenn man Combefisius' spärliche oft unbefriedigende Noten
(in *bibl. Patr. Gr. auct. noviss.* abgedruckt bei Haverk.) und die noch viel dürftigeren
Anmerkungen Calmet's (*l. IV des Maccab.* in *Comment. litt. de l'anc. test. Paris 1722.*
p. 469 f.) abrechnet. Der letztere entschuldigt die Aermlichkeit seiner Notizen,
parce que la pièce est fort claire etc. (*préf. das.* p. 475). Die Ursache dieser unfrucht-
baren Vielgeschäftigkeit auf der einen und vollen Theilnahmlosigkeit auf der andern
Seite ist die Stellung des Buches. Am Fusse vieler Ausgaben der apokr. Schriften
des Kanon und der Werke des Josephus war es ein Theil von beiden und von
keinem und ward hier von Philologen, dort von Theologen über den voraufgehenden Schriftmassen übersehen oder vernachlässigt. Die Uebersetzungen von Gillet,
Whiston und Martinet, die nach den Bibliographen auch einzelne Noten enthalten sollen, sind mir nicht zu Gesichte gekommen.
[7]) S. Note 2 und 3.

ursprüngliche Ganze in's Auge gefasst oder über Einzelheiten übersehen und in ein falsches Licht gerückt wird. Einstimmig ist nun zwar das christliche Alterthum in seinem Lobe. 'Ein nicht unedles Kunstwerk' *(οὐκ ἀγεννὲς σπούδασμα)* ist es z. B. dem Eusebius[1]); 'ein sehr anmuthiges Buch' *(liber valde elegans)* dem Hieronymus[2]) und 'eine ganz vortreffliche Rede oder Abhandlung' *(λόγος ἐνάρετος πάνυ)* heisst es im Suidas[3]). Gar widersprechend aber lauten die Stimmen aus neuerer Zeit. Zu 'werken des höchsten schwunges reiner gedanken' zählt Ewald[4]) unsere Schrift; 'ein geschmackloses Martyrologium' nennt es Grätz[5]); 'dass auch hier .. nicht wenige gute Gedanken und geistreiche Wendungen sich finden,' behauptet Paret[6]); unter 'die schlechtere Gattung des alexandrinisch-jüdischen Schriftthums' stellt es Grimm[7]) und 'das Machwerk einer 'erkünstelten Begeisterung, die den Mangel religiöser Urkräftigkeit 'und Unmittelbarkeit durch den forcirten Schwung weichlicher Senti-'mentalität zu ersetzen sucht, nennt er[8]) 'die Beredsamkeit, die der Verfasser unserer Schrift entfaltet.'

Doch die Widersprüche der Kritik werden uns nicht beirren. Es gilt die wahre **Form** und **Bestimmung** des Werkes zu erkennen, seinen **Inhalt** darzulegen, sein **Verhältniss** zu den verwandten literarischen Erzeugnissen des jüdischen Hellenismus zu bestimmen, **Zeit** und **Ort** der Abfassung festzustellen, bloss zu legen, was Stümperhand angestückelt oder Zeit und Ungeschick an ihm gesündigt haben und ein wenigstens annähernd treues Bild des alten Werkes wird sich uns zeigen.

---

[1]) h. eccl. III, 10.
[2]) *Catal. scr. eccl.* s. v. *Josephus.*
[3]) s. v. *Ἰώσηπος* p. 1040 *Bernh.*
[4]) Gesch. IV² 634.
[5]) Gesch. III² 445.
[6]) Einl. zu Josephus Schriften p. 27.
[7]) Einl. zu I MB. p. XI.
[8]) Einl. zu IV MB. p. 287.

I.

Griechen und Römer haben religiöse Vorträge nicht gekannt. Sie, denen die Macht und der Zauber der Rede wie keinem andern Volke zu Gebote stand, welche die Kunst der Beredsamkeit zu nie wieder erreichter Höhe emporführten, haben es verschmäht, ihre religiöse Ueberzeugung in wohlgeordneten Vorträgen dem versammelten Volke darzulegen. Wie mächtig auch die Religion in ihrem gesammten bürgerlichen und staatlichen Leben wirkte, keine der alten Gemeinden Griechenlands und Italiens hat von diesem Mittel der Belehrung, Erhebung und Tröstung je Gebrauch gemacht. Religiöse Handlungen übt das Volk an seinen Festen, religiöse Belehrung sucht und findet es nicht. Diese hat in solcher Form weder in dem Dunkel der Mysterien ihren Platz gefunden[1], noch können die oft sehr profanen Declamationen der Sophisten, die von den Tempelstufen des olympischen Zeus herab an die Festversammlung sich wendeten[2] oder die Unterweisungen frommgesinnter Philosophen, welche die Zurückgezogenheit des Heiligthums suchten[3] oder die heiligen Prunkreden eines Aelius Aristides etwa diese Lücke füllen. Fremde aber, den Gegnern entlehnte Waffen sind es, mit denen Julianus Apostata die längst überwundene Religion seiner Ahnen ausrüstete. Die von ihm in den heidnischen Cult eingeführten religiösen Vorträge haben sich nur kurze Zeit behauptet und sind wirkungslos verschwunden, wie sie zusammenhangslos mit der Geschichte entstanden sind[4].

Dass im Volke der Juden frühzeitig gerade die religiöse Beredsamkeit ausgebildet worden ist, dass die Prophetenrede nichts ist wie die gewaltigste, eindringlichste, ursprünglichste Predigt, braucht nicht erwiesen zu werden, weil es nie geleugnet worden ist. Von den mächtigen Reden des sterbenden Moses an bis zu den eindring-

---

[1] Lobeck *Aglaoph.* 1. p. 135 ff.
[2] Ueber die Ὀλυμπικοὶ λόγοι s. Cresoll. *theatr. rhet.* III, 6. in Gron. *thes.* X. p. 97.
[3] Jambl. *v. Pyth.* p. 97. Philostr. *v. Apollon.* I, 16.
[4] Greg. Naz. *or.* 3. *adv. Iul.* I. p. 103. D. *ed. Par.* 1630. August. *De Civ. Dei* II, 6. 26. *ep.* 202. *Opp. tom.* II, p. 825. Theodoret *Therap.* p. 49. Gaisf. S. Gibbon (*ch.* XXIII. *note* 40) und Schömann Gr. Alterth. 1L. p. 152. 381.

lichen, fast dialogisch zugespitzten Ansprachen des letzten Propheten an das wieder auflebende Volk ist es ja dieser Theil des hebräischen Schriftthums, der als das volksthümlichste zugleich und geschichtlich wirksamste Ferment auf Ueberzeugungen und Handlungen der Nation gewirkt hat. Wie aber, nachdem die gluthvolle Prophetenrede verstummt war, die ruhige Lehre der Weisen und Rabbinen an ihre Stelle trat, wie Vorlesungen und Vorträge in den Synagogen und Lehrhäusern das heimathlose Volk auf seinen Wanderungen durch alle Länder der Erde begleiteten und eine Fülle lichter Gedanken in die Nacht der Verfolgung und der Unwissenheit warfen, die es umgab, das darzustellen hat mit allem Rüstzeuge der ihm zu Gebote stehenden Gelehrsamkeit für ein begrenztes Gebiet schon Vitringa versucht; doch die würdigste Lösung fand die Aufgabe erst in Leopold Zunz's 'Gottesdienstlichen Vorträgen der Juden.'

Aber wenn Griechen und Römer die heilige Beredsamkeit der Juden nicht kannten, so kennen, wie es scheint, die Juden die vollendeten Redeformen der Griechen und Römer nicht. Weder Propheten noch Rabbinen haben des wohlgefugten Fachwerkes der griechischen Redekünstler sich bedient. In der Prophetenrede durchbrach der volle Strom göttlicher Begeisterung die engenden Schranken, die das formenfrohe Talent der Griechen geschaffen hat; die Vorträge der jüdischen 'Weisen' aber liess das Elend der Zeit zu wahrer Kunstform sich nicht entwickeln. Es wird als unbestreitbar entweder laut beansprucht oder stillschweigend vorausgesetzt, dass erst die christliche Kanzelberedsamkeit die steifen Formen[1]) der rabbinischen Bibelauslegung zur kunstmässig entwickelten Homilie, die zwar nicht kunstlose, aber doch nichts weniger als schulgerechte Prophetenrede zur formvollendeten Predigt umgestaltet habe[2]). Aber nicht bloss eine Menge

---

[1]) Denn auch die Formen der Pesikta, Scheelthoth und Jelamdenu (Zunz GV. p. 343 ff.) wie die gleichmässig gearbeiteten Einleitungen der ältern Auslegung (Zunz p. 351 ff.) können doch nicht anders aufgefasst werden.

[2]) Statt der Belege, die jede Geschichte der christlichen Kanzelberedsamkeit liefert, genüge es, die Worte Chateaubriand's anzuführen, die dieser allgemein verbreiteten Anschauung den kürzesten und entschiedensten Ausdruck geben: *génie du Christian*. III. p. 51. *Par.* 1838. *Les anciens n'ont connu que l'éloquence judiciaire et politique: l'éloquence morale, c'est-à-dire l'éloquence de tout temps, de tout gouvernement, de tout pays, n'a paru sur la terre, qu'avec l'Évangile.* Nur in Bezug auf die Reden der Propheten und Rabbinen ist dies Urtheil von Anderen eingeschränkt worden.

glaubwürdiger Nachrichten, sondern noch heute uns erhaltene, in griechischer Sprache abgefasste, jüdische Homilien und Predigten treten als Zeugen für die Thatsache auf, dass lange Zeit vor dem Aufblühen der christlichen Kanzelberedsamkeit die religiösen Vorträge der Juden die klassischen Formen Griechenlands sich zu eigen gemacht haben und ihrerseits nicht ohne Einfluss auf die Entwickelung der christlichen Predigt geblieben sind. Es handelt sich hierbei nicht um eine jener armseligen Prioritätsstreitigkeiten, die, so vielen Staub sie aufwirbeln, nur Stäubchen der Literaturgeschichte sind; nein, das Verständniss unserer Schrift selbst ist bedingt von der Beantwortung dieser Frage. Zudem dürfte sie nicht ohne Bedeutung sein für die Erkenntniss des Ursprungs auch der christlichen Predigt, einer Institution, die ja in ihrer Neuheit und Eindringlichkeit eines der wichtigsten Mittel für die fast räthselhaft schnelle Umgestaltung der alten Welt gewesen ist. Aus doppeltem Grunde ist daher ein ausführlicher Nachweis hier am Orte.

Es ist bekannt genug, dass wie in Palästina, dem Mutterlande der gottesdienstlichen Vorträge, so auch in den zahlreichen, jüdischen 'Bethäusern' der Hellenenstädte Vorlesungen aus der heiligen Schrift und Vorträge über dieselbe an Sonnabenden und Feiertagen gehalten wurden[1]). Mit nicht geringem Selbstgefühl heben das die jüdischen Schriftsteller hervor; ja Josephus stellt diese Einrichtung als einzig in ihrer Art den Bräuchen des Heidenthums gegenüber[2]). Wir wissen auch, welcher Art diese religiösen Vorträge gewesen sind. Sie schlossen sich den vorher verlesenen Perikopen an[3]); sie erklärten homilienartig die aus der heiligen Schrift vorgelesenen Verse[4]) und insbesondere einzelne Dunkelheiten in denselben[5]); sie waren religiösen,

---

[1]) Hody *de bibl. text. orig.* p. 224. Vitringa *de syn. vet.* p. 120. 282 ff. 667 ff. Zunz G. V. 332. ff. 357. Frankel Vorstudien 48 ff.
[2]) c. *Ap.* II, 17 Ende. *Ant.* IV, 8, 12. XVI, 2, 4. Philo 675, 29. II, 167, 48 ff. II, 197, 13 ff. II, 282, 13 ff. und die folgenden Belege.
[3]) Philo II, 458, 20, frgm. bei Eus. *pr. ev.* VIII, 7. Philo II. p. 630 unten. Wenn bloss von Vorträgen, nicht von Vorlesungen II, 282, 8 ff. gesprochen wird, so rechtfertigt sich das leicht aus dem Zusammenhange.
[4]) Schwerlich lässt das καθ' ἕκαστον Philo II, 631, 1 eine andere Deutung zu.
[5]) Das Philo 675,29.II,458,21 Gesagte gilt wie Anderes nicht bloss von den Essäern. Denn schon die Parallelstellen lehren, dass in diesem Punkte entweder die Bräuche der Essäer und Therapeuten denen der übrigen jüdischen Hellenisten glichen, oder dass,

moralischen, philosophischen Inhalts[1]); sie standen auf dem Grunde der bei den Griechen zwar häufig angegriffenen, aber doch seit alter Zeit stark gepflegten allegorischen Deutungsweise, die bei den hellenistischen Juden das beliebteste Werkzeug ihrer religionsphilosophischen Speculationen war[2]). Kurz diese Vorträge werden bei den Zeitgenossen Philo's im Allgemeinen so gewesen sein, wie die homilienartigen allegorisch-ethischen Schriften Philo's[3]) wirklich sind; denn alle Anzeichen weisen darauf hin, dass diesen Schriften dergleichen Vorträge zu Grunde liegen. Zunächst müssen wir schon von vornherein von Philo erwarten, dass er öffentliche religiöse Vorträge gehalten habe, auch wenn kein bestimmtes Zeugniss dafür anzuführen wäre. Es ist kaum denkbar, dass ein Mann von dem Charakter der Begabung, der Gelehrsamkeit und der Stellung Philo's, dass der hochgebildete, über seine Zeitgenossen weit hervorragende, der vielschreibende und für die Interessen seines Volkes so thätige Philo, dass der schwärmerische Anhänger jener religiösen Lehren, die in den Gotteshäusern verkündet wurden, die ihm das hohe Ziel aller menschlichen Weisheit waren, dass ein solcher Mann eine Wirksamkeit sich sollte versagt haben, welche die „Weisesten und Aeltesten" unter seinen Glaubensgenossen ausübten, die ihm selbst als heilige Pflicht erschien (s. 597, 35. II, 168, 6. II, 207, 24. II, 282, 20. II, 399, 5. II, 630. Quaest. in Gen.

was längst erkannt ist, diese Erzählungen in vielen Punkten nur die Anschauungen der Erzähler wiederspiegeln.
[1]) Philo II, 168, 3 ff. II, 197, 17. 38. II, 282, 8 ff.
[2]) Ueber die allegorische Methode der Vorträge verweise ich auf Philo II, 458, 21 ff. II, 475, 35 ff. Wenn er anführt, dass er allegor. Deutungen von Erklärern der heil. Schrift gehört habe II, 81, 14. II, 293, 42 ff. so mag sich das zum grossen Theil auf diese allegor. Vorträge beziehen. Vgl. 673, 46. II, 15, 38. II, 63, 1. II, 211, 29. II, 329, 3. II, 645, 24. Unzweifelhaft wird es durch II, 81, 14 τὰ γὰρ λεγόμενα τοῖς ἀναγιγνωσκομένοις ἀεὶ συνυφαίνον. Hier tritt das von jenen Erklärern Vorgetragene (τὰ λεγόμενα urspr. 'Gesagtes' אמרה bei den Palästinensern) dem Verlesenen (τοῖς ἀναγιγνωσκομένοις) geradezu gegenüber.
[3]) Zu diesen rechne ich alle im ersten Bande der Mangey'schen Ausgabe enthaltenen Schriften nebst der von Aucher herausgegebenen de Deo. Die κοσμοποιία stelle ich aus den von Gfrörer (Gesch. des Urchrist. I¹ S. 8 ff. 33. und in der Vorrede zur zweiten Aufl. dess. Werkes) entwickelten Gründen unter die zweite grosse Abtheilung von Philonischen Schriften, die historisirend-ethischen. Die Dialoge, die *quaestiones*, die Streitschriften und alles Uebrige kommt bei unserer Frage nicht in Betracht.

II. § 34). Und wenn es demnach als kaum glaublich erscheint, dass Philo nicht öffentlich als Lehrer seines Volkes sollte aufgetreten sein, ist es denkbar, dass kein schriftliches Denkmal dieser seiner Thätigkeit durch ihn selbst und keine Erinnerung an dieselbe durch die Kirchenväter sich erhalten habe? Dieser Schluss *a priori* erhält durch den Charakter der allegorisch-ethischen Schriften Philo's seine Bestätigung. Alle die von Philo selbst für die religiösen Vorträge seiner Zeit angegebenen Merkmale passen auf sie vortrefflich. Sie schliessen sich strenge dem Bibeltext an; sie haben jenen religiös-philosophischen, jedoch meist ethischen Inhalt; sie haben endlich die allegorische Methode. Eigenthümlichkeiten der Sprache und des Stiles, die zahlreichen Anreden, Ermahnungen und selbst Aufforderungen zum Gebete, die wie in den Vorträgen der Palästinenser so auch hier stereotype Gewohnheit, fremde Schriftstellen zur Erläuterung des Textes anzuführen, einzelne Bezüge auf gottesdienstliche Einrichtungen, das Hervortreten von Beziehungen, welche nicht die eines Schriftstellers zum Leser, sondern eines Redners zum Publikum zu sein scheinen [1]), lassen ihre ursprüngliche Form durch die dünne Hülle, die sie als Bücher erscheinen lässt, und die Philo ihnen bei der Sammlung und Herausgabe übergeworfen hat, vollkommen klar durchscheinen.

Nur wer dies zugiebt, kann es begreiflich finden, dass die streng an einen Bibelvers gebundenen exegetischen Schriften einen Ton anschlagen, den man vergebens in den verwandten alleg. exeg. Schriften der Griechen und in den Trümmern der alexandrinischen und pergamenischen Exegese zu hören erwarten wird, den die exegetische Schrift des Aristobul nicht kennt und der auch in den übrigen Schriften des Philo sich nicht findet. Nur diese Annahme erklärt es, dass in den eigentlich exegetischen Schriften, die für Juden bestimmt waren, der einfache Wortsinn durchgängig der philosophisch-allegorischen Interpretation geopfert, in den für ein grösseres Publikum bestimmten Abhandlungen dagegen der einem nichtjüdischen Publikum oft sehr anstössige Buchstabe der Schrift neben der philosophischen Begrün-

---

[1]) Man könnte sagen, dass auch die häufigen Wiederholungen in dieser Schriftenreihe das Gleiche erweisen, weil sie nur in Reden entschuldbar, in einem zusammenhängenden Werke aber um so auffallender wären, als Philo selbst (s. II, 358, 5. II, 378, 17) gegen das παλιλλογεῖν eifert, aber sie finden sich doch auch in den übrigen Schriften häufig genug.

dung aufrecht erhalten; dass die Opferung Isaaks z. B. dort allegorisch gedeutet, hier als historisches Factum berichtet wird[1]). Die Allegorie war eben eine für die Homilie längst übliche Form, die hier fast unumschränkt herrschte, auf einem andern Literaturgebiete aber sich mit der historischen Erklärung gern verband[2]).

Es lässt sich erwarten, dass bei der Menge der verschiedenartigen, religiösen Richtungen unter den hellenistischen Juden, bei der fast unumschränkten Freiheit der Lehre nach Form und Inhalt in Allem, was nicht das Gesetz als solches, sondern die erbauliche Deutung der Schrift betraf, nicht alle religiösen Vorträge denen glichen, die Philo beschreibt und die er selbst gehalten hat. Diese Voraussetzung wird durch andere Berichte und noch erhaltene Muster jüdischer Kanzelberedsamkeit bestätigt.

Die gottesdienstlichen Vorträge halten sich nicht in den Schranken der Homilie, der an den Text fest angeschlossenen, ohne logische Eintheilung, ohne bestimmtes Thema gegebenen Texteserklärung. Schon einzelne in den neutestamentlichen Schriften[3]) erwähnten, vor jüdischhellenischem Publikum gehaltenen, freien Vorträge zeigen, dass bald nach Philo oder in andern Gebieten des jüdischen Hellenismus eine freiere Form der gottesdienstlichen Vorträge aufkam, Anfänge wirklicher Predigten. Von grösseren jüdischen Reden der Art aber sind uns zwei und das kurze Fragment einer dritten in armenischer Uebersetzung griechischer Originale erhalten. Aucher hat sie unter dem Titel *Philonis sine praeparatione in Sampson oratio* (p. 549 ff.) *Philonis de Iona oratio* (p. 578 ff.) und das Fragment einer zweiten Rede *de Iona* als Appendix (p. 612) den von ihm aufgefundenen, Ven. 1826 erschienenen echten Philonischen Schriften angereiht, offenbar mit Unrecht. Denn trotz aller Uebereinstimmung im Einzelnen trägt doch kein einziges dieser Stücke den Stempel philonischen Geistes[4]). Mit Sicherheit aber darf von den zwei Reden behauptet werden, dass sie Predigten und dass sie vor

---

[1]) de migr. Abr. 457, 42 ff. de Abr. II, 25, 15 ff.
[2]) Die Rechtfertigung des hier Behaupteten giebt Note 5.
[3]) A. G. 13, 16 ff. Vergl. 13, 5. 14, 1. 18, 4. und 7, 2., wo zwar keine eigentliche Predigt, aber doch eine Rede durchaus religiösen Inhaltes und zwar (vgl. de Wette's und Meyer's Comment. z. St.) in griech. Sprache gehalten worden sein soll.
[4]) Vgl. Ewald VI[2] 304 und früher schon Dähne (Stud. u. Krit. 1833. p. 988 ff.)

einem jüdisch-hellenistischen Publikum wahrscheinlich gegen Ende des ersten oder im Anfange des zweiten Jahrhunderts gehalten worden sind. Beide Reden haben mit den Homilien Philo's keine Aehnlichkeit mehr. Text und Erklärung stehen nicht mehr unverbunden neben einander, sondern sind, wie in einer strengen Predigt, innig in einander verwebt; die zweite Rede de Jona vermeidet sogar alle Citate bis auf drei (§ 37. 44. 48). Sonst ist hier das Bibelwort frei umschrieben und häufig ganz fallen gelassen [1]).

Die erste dieser Predigten enthält nach einem schulgerechten exordium § 2—4, das freilich durch ein vorgesetztes Stück aus einem spätern Theil der Rede (§ 1) unkenntlich geworden ist, die Geschichte Simsons von der wunderbaren Verkündigung seiner Geburt bis zu dem ersten feindlichen Zusammentreffen mit den Philistern. Häufige Betrachtungen religiös-moralischer Art unterbrechen die Erzählung, die sich durchgängig dem Texte der Bibel (Jud. XIII, 1 — XIV, 20 nach der Uebersetzung der LXX anschliesst [1]). Mit § 45 bricht die Rede plötzlich ab. Unverkennbar war sie hier unmittelbar vor der Schilderung der Grossthaten Simsons nicht zu Ende und als Beweis dessen ist uns ein Fragment aus dem letzten Theile erhalten, eben jener § 1, der jetzt an so ganz falschem Platze steht. Dies Stück enthält die rhetorische Paraphrase von Jud. XVI, 15—19 und nichts berechtigt uns anzunehmen, dass es zu dieser Rede nicht gehörte. Der letzte Theil war eben verloren gegangen; durch irgend einen Zufall, etwa ein Citat bei einem Manne, den der darin auftretende *invisibilis tonsor diabolus* interessirte, ward es gerettet und vor den Anfang der Rede geschrieben, wo die Handschrift noch etwas Platz bieten mochte.

Höchst zweifelhaft ist es, ob die Rede in der That, wie der Titel besagt, *sine praeparatione* gehalten worden ist, vollkommen unbegreiflich

---

[1]) Vgl. § 15. Jud. XIII, 17. *Quid est tibi nomen* = Τί τὸ ὄνομά σοι. ib. v. 18. *id autem mirabile est* = καὶ αὐτό ἐστι θαυμαστόν. Dagegen ist die Uebers. von Jud. 14, 17 (§ 39) *septem diebus convivii;* von XIV, 15 (ib.) *Blandire viro tuo ut decipias;* von XIV, 6. (§ 27); von XIV, 15. (§ 42) und von XIII, 6. (§ 11) *renit ad nos* bloss aus dem Gedächtnisse citirt und daher ungenau. § 41 *si enim non arasselis in ritula mea* stimmt mit cod. Vat. gegen Alex. § 30 und 31 *De comedente* mit Alex. gegen Vat. Seltsam genug ist es, dass nach § 23 der Halbvers Jud. XIV, 4 καὶ ὁ πατὴρ — ἀλλοφύλων gefehlt haben muss, vielleicht in Folge des Homoiotel. καὶ — καὶ. Ich citire nach der allgemeiner zugänglichen Richter'schen Ausgabe.

aber, wie Dähne sie eine Hochzeitsrede hat nennen können. Was ihn dazu bewogen hat, habe ich nicht entdecken können. Sicherlich nicht der Umstand, dass die Braut Simson's heftig gescholten wird (§ 38 ff.), oder die vom Verf. gegebene Inhaltsangabe, die eine Erzählung der wunderbaren Thaten Simson's ankündigt (§ 2), oder die Thatsache, dass von der Hochzeit des Simson überhaupt darin die Rede ist, weil ja sein ganzes Leben beschrieben werden soll [1]).

Die zweite Rede *de Jona* beginnt ebenfalls mit einer ganz leidlichen Einleitung und giebt dann eine umschreibende Erzählung des gleichnamigen Prophetenbuches. Auch hier ist der biblische Bericht der Faden, auf den die geschichtliche Darstellung, die frommen Betrachtungen, die Reden der handelnden Personen aufgereiht werden. Die Rede endet nach jüdischer Gewohnheit ganz passend, wie das biblische Buch mit den tröstlichen Worten Gottes; ein eigentlicher Epilog fehlt. Die eingefügten Reden, die wie bei Philo in ungemeiner Menge und anspruchvollster Ausführlichkeit gegeben werden, zeigen übrigens, wie beliebt bei den Juden die öffentliche Rede geworden war. §§ 29—36 enthalten sogar eine in sich abgerundete, mit Einleitung und Schluss versehene, gut disponirte Busspredigt. Gar nicht unwahrscheinlich wäre es, dass diese Rede am Versöhnungstage in einer Synagoge gehalten worden ist; denn kaum lässt sich ein anderer Tag finden, der so vielen Anlass zu diesem Thema und zu dieser Ausführung des Thema's bot. Zudem wird an diesem Tage das Prophetenbuch in der Urschrift noch heute und in der griechischen Uebersetzung ward es wenigstens in einzelnen jüdischen Gemeinden bis in das 16. Jahrhundert hinein [2]) in den Synagogen verlesen. Die Predigt verhielt sich demnach zu diesem Buche, wie etwa die frei paraphrasirenden aramäischen Targumim zu dem heiligen Texte [3]) und knüpfte also auch in dieser Beziehung an eine echt nationale Einrichtung an. Bestimmte Beziehungen aber zur Feier dieses Tages fehlen [4]).

---

[1]) Natürlich wird Dähne die Worte § 30 *O viri, qui praesentes nuptias honoratis* nicht zu seinen Gunsten aufführen wollen, denn sie sind die Anrede Simson's an seine Gäste, nicht aber die des Predigers an sein Publikum.
[2]) Grätz IX, 232. Ueber die Verlesung von Threni und Baruch in griechischen Synagogen angeblich am Versöhnungstage s. Note 7.
[3]) Zunz G. V. p. 72. 344.
[4]) Erwähnung verdient, dass auch die Mahnreden an Fasttagen, deren M. Taanith II, 1 erwähnt, den Text aus Jona nehmen.

Das Fragment aus einer dritten Rede, eine Erklärung von Jona 1, 4—12 ist zu kurz, als dass man aus ihm über den Ursprung und den Charakter der ganzen Rede irgend etwas Bestimmtes folgern könnte. Nur so viel geht schon aus diesen wenigen Zeilen hervor, dass sie in der Behandlung des Textes der ersten Rede *in Sampson* viel näher stand, als der zweiten *de Jona*. Wie jene ist auch das Fragment und in noch viel grösserer Ausdehnung voll von wörtlich mitgetheilten Citaten und biblischen Beispielen. Nimmt man dazu, dass die Rede *de Jona* und das Fragment sich in Einem Punkte geradezu widersprechen[1]), so scheint der Schluss nicht zu gewagt, dass sie schwerlich von einem und demselben Verfasser herrühren[2]).

Die bei weitem bedeutendste aber der uns erhaltenen jüdischen Predigten aus der Griechenzeit ist die Rede unseres P.s. Josephus; denn eine Predigt sie zu nennen, das wird nach dem, was wir vorausgeschickt haben, nicht befremdend und nach der Betrachtung weniger Sätze geradezu nothwendig erscheinen. Schon die einleitenden Worte können nicht als Anfang einer Abhandlung, sondern nur als Proömium einer Rede angesehen werden.

Sie lauten:

Φιλοσοφώτατον λόγον ἐπιδείκνυσθαι μέλλων, εἰ αὐτοδέσποτός ἐστι τῶν παθῶν ὁ εὐσεβὴς λογισμός, συμβουλεύσαιμ᾽ ἂν ὑμῖν 5 ὀρθῶς, ὅπως προσέχητε προθύμως τῇ φιλοσοφίᾳ· καὶ γὰρ ἀναγκαῖος εἰς ἐπιστήμην παντὶ ὁ λόγος, καὶ ἄλλως· τῆς μεγίστης ἀρετῆς, λέγω δὴ φρονήσεως, 10 περιέχει ἔπαινον... ¹) λέγω δὴ ὅτι Bk.	Im Begriffe, in echt philosophischer Rede die Frage zu erörtern, ob Selbstherrscherin der Gemüthsbewegungen die fromme Vernunft ist, möchte ich wohl mit Recht Euch rathen, dieser philosophischen Lehre Eure Aufmerksamkeit zu schenken! Denn einem Jeden ist es nothwendig, den Inhalt meiner Rede kennen zu lernen, zumal da sie der höchsten Tugend, ich meine der Einsicht, Lob enthält[3])...

---

[1]) In der Rede § 14 stürzt sich Jona selbst in's Meer; im Fragmente wird das als sündhaft bezeichnet.
[2]) Ueber die besprochenen Reden s. Note 6.
[3]) Zu dieser Uebersetzung s. Note 8.

Dasselbe erweisen häufige Anreden. So sagt der Redner 273, 29:

καὶ μὴ νομίσητε παράδοξον εἶναι, ὅπου γε καὶ ἔχθρας ἐπικρατεῖν ὁ λογισμὸς δύναται....

Haltet es nicht für befremdend, (dass die Vernunft selbst die Liebe in Schranken zu halten weiss), da sie auch über die Feindschaft zu siegen vermag [1])

und gegen Ende 301, 19 ruft der Redner im feurigsten Predigertone aus:

ὦ τῶν Ἀβραμιαίων σπερμάτων ἀπόγονοι παῖδες Ἰσραηλῖται, πείθεσθε τῷ νόμῳ τούτῳ, καὶ πάντα τρόπον εὐσεβεῖτε, γινώσκοντες ὅτι τῶν παθῶν δεσπότης ἐστὶν ὁ εὐσεβὴς λογισμός.

O, Ihr Abkömmlinge Abrahamäischen Geschlechtes, Israeliten, folget diesem Gesetze und lebet fromm in jeder Art, erkennend, dass aller Gemüthsbewegungen Herrin die fromme Vernunft ist.

Hieraus erklärt sich denn auch am leichtesten das überaus häufig vorkommende 'Wir,' womit eben nach Predigersitte der Redner seine Zuhörer mit einschliessen will.

Bei so entschiedenen Anzeichen ihrer wahren Bestimmung haben denn schon tief im Mittelalter kundige Leute unsere Schrift vollkommen richtig beurtheilt und frischweg unter die Predigten christlicher Kanzelredner gesetzt[2]). Noch viel weniger konnte ihre Form dem Scharfblicke Ewald's verborgen bleiben; aber ihm war sie das einzige Individuum ihrer Gattung. Das schien bedenklich. Darum verdunkelte er selbst das klar erkannte Sachverhältniss durch die zweifelnd hypothetische Fassung seines Urtheils. 'Und das ganze,' sagt er[3]), 'ist als eine grosse anrede an die „kinder Abraham's" ausgeführt, als hätten wir hier noch zuletzt fast das einzige uns erhaltene, aber zugleich ein ungemein grosses und kunstvolles beispiel

---

[1]) Vgl. ferner 270, 18. 272, 16. 273, 11. 295, 9. Ueber die Lesart 272, 16. s. Note 2. Ich citire überall nach der Bekker'schen Ausg. des Josephus.
[2]) In cod. Paris. 548 steht sie zwischen Reden des Greg. Nazianz. und des Joh. Chrysost.; in codd. Paris. 1176, 1177, 3010; Vind. cod. hist. 155. p. 83 Ness. unter lauter Reden; οὐχ ἱστορίαν μᾶλλον ἢ ἐγκώμιον nennt sie Philostorgius h. eccl. 1 c. 1.
[3]) Gesch. IV² 639.

'einer Judäischen predigt.' Bei Grimm dagegen ist die richtige Erkenntniss wieder gänzlich verloren gegangen. Er fügt den Worten Ewald's Folgendes hinzu [1]): 'Und in der That hat die Schrift gleich 'einer Predigt in dem Lehrsatze von der Vernunftherrschaft über die 'Affecte ihr bestimmtes Thema, das der Verf. nach verschiedenen 'Seiten hin ausführt und begründet. Der Abschnitt 2 Macc. 6, 18—7, 41 'lässt sich als der Text bezeichnen, aus welchem das Thema abge- 'leitet und begründet wird. Der Ausdruck Predigt kann und soll 'aber natürlich nur die Form der Schrift charakterisiren, keineswegs 'dieselbe als wirklich gehaltenen Synagogenvortrag bezeichnen (was 'auch Ewald mit jenem Ausdruck gewiss nicht beabsichtigt hat). 'Denn wie hätte ein solcher Vortrag über den Abschnitt eines apo- 'kryphischen Buchs gehalten werden dürfen, ganz davon abgesehen, 'dass die Schrift auf einen gebildeten Leserkreis berechnet ist und 'für ein gemischtes Synagogenpublikum ganz ungeeignet gewesen 'wäre! Nur eine zum Lesen bestimmte Rede wollte der Verf. geben.'

Die Schwäche dieser Beweisführung Grimm's liegt auf der Hand. Nehmen wir einmal als zugegeben an, was erst Gegenstand einer genaueren Erörterung werden muss, dass die Erzählung des zweiten MB. unserer Schrift zum Grunde liege, heisst denn das schon, dass sie als Text benutzt worden sei? Ist es nicht etwas durchaus Anderes, ob ein Prediger irgend eine Schrift als historische Quelle oder als Text d. h. als heilige Grundlage seiner Rede ansieht und verwendet? Nur das Erste aber erlaubt sich unser Verfasser, er webt künstlich und ohne auch nur zu citiren Stücke aus der alten Vorlage in die eigene Darstellung hinein, und erst eine genaue Vergleichung beider Schriften lässt den Leser die Entlehnung erkennen. Was aber in aller Welt hätte einen Prediger, der die Makkabäergeschichte seinen Zuhörern erzählen wollte, hindern können, ein apokryphes oder profanes Schriftwerk in dieser Weise zu benutzen, da doch nun einmal kein kanonisches Buch — das Buch Daniel natürlich ausgenommen — dieser Ereignisse Erwähnung thut?

Sodann aber weiss Grimm, der Erklärer mehrerer apokryphen Schriften des A. T. recht gut, dass die Grenzen zwischen apokryphen und kanonischen Büchern bei den Hellenisten des ersten nachchrist-

---

[1]) a. O. S. 286.

lichen Jahrhunderts und noch viel später gänzlich unbestimmt waren, dass das II MB. ein Apokryphon als γραφή citirt [1]); dass ebenso Philo sich auf ein apokryphes wie auf ein kanonisches Buch beruft [2]), dass er sich selbst für inspirirt hält [3]) und damit den Unterschied zwischen kanonischen als inspirirten und apokryphen als nicht inspirirten Schriften gänzlich aufhebt; dass einer Angabe der apostolischen Constitutionen zufolge das apokryphe Buch Baruch in den Synagogen öffentlich verlesen wurde [4]); dass der Judasbrief einen Vers aus dem apokryphen Henochbuch als προφήτευμα anführt (v. 14) (wenn Grimm schon das Citat aus der ass. Mosis (v. 9) als vollgiltig nicht ansehen will); dass Origenes, der das II MB. aus dem Kanon weisen will [5]), es dennoch selbst an einer andern Stelle mit den Worten anführt: *ut etiam ex scripturarum auctoritate haec ita se habere credamus etc.* [6]). Und bei solchem Schwanken der Ansichten hätte ein Prediger Anstand nehmen sollen, das II MB. zu benutzen?

Aber 'das gemischte Synagogen-Publikum,' konnte es 'einer Predigt' folgen, die 'für einen gebildeten Leserkreis' berechnet war? Nun, die Entwickelung der religiösen Beredtsamkeit bei den griechisch sprechenden Juden hat uns gelehrt, dass jenes 'gemischte Synagogenpublikum' oder ein kleinerer Kreis von religiös gesinnten und philosophisch gebildeten Männern die Gewohnheit hatte, sich von der Predigt über gar schwierige religiöse und philosophische Materien belehren zu lassen. Diese vorzugsweise lehrhafte Tendenz behielt auch die ältere christliche Predigt zur Zeit ihrer höchsten Entwickelung bei. Gewiss setzen manche rein speculative Homilien des Origenes, die von dogmatischen Spitzfindigkeiten erfüllten Predigten eines Athanasius oder Cyrill von Jerusalem und die philosophisch gefärbten eines Gregorius von Nyssa und Nazianz ein ganz anders geartetes oder gewöhntes Publikum voraus, als das heutige ist. Und warum sollte das bei alledem 'sehr gemischte' Kirchenpublikum [7]) für

---

[1]) Vgl. Grimm's eigene Angabe zu II MB. p. 54.
[2]) II, 426, 11 ff.
[3]) 143, 85 ff.
[4]) *Const. apost.* V, 20. S. Note 7.
[5]) Bei Euseb. *h. eccl.* VI, 25.
[6]) *de princ.* 79 A. opp. tom. I. ed. de la Rue.
[7]) s. Paniel Gesch. christl. Kanzelbereds. p. 334 ff.

dergleichen Stoffe empfänglicher gewesen sein, als die philosophisch geschulten jüdischen Zeitgenossen eines Philo? Ein directer Beweis[1]) lässt sich freilich für meine Annahme nicht führen, und wer daher den Glauben an eine Fiction nicht aufgeben mag, dem kann das Gegentheil, da alle directen Nachrichten fehlen, nicht demonstrirt werden. Aber kaum denkbar scheint es, dass eine offenbar religiösen Zwecken dienende Schrift das Raffinement so weit getrieben habe, ein Publikum zu fingiren, das blos in der Einbildung bestand, und dass der fromme Verfasser den Namen Gottes und der Religion zu einer blossen Declamirübung missbraucht habe. Im Uebrigen ist diese Frage zwar nicht für die Exegese der Schrift, wohl aber für die Geschichte der jüdischen Beredtsamkeit ohne besonderes Interesse. Denn man schreibt doch erst eine 'zum Lesen' bestimmte Predigt, nachdem lange Zeit wirklich gepredigt worden ist; und ist diese Predigt blos gelesen worden, so müssen viele andere vorher wirklich gehalten worden sein, ebenso gewiss als Isokrates, oder wenn man will, Gorgias nicht die ersten waren, welche Reden für die Lectüre verfassten, und so gewiss die Tragödie eine lange Entwickelung musste erlebt haben, ehe die unter dem Namen des Seneca auf uns gekommenen Dramen können geschrieben sein.

Dass unser Ps. Josephus mehr als Eine Predigt nach Art der unsrigen gehalten hat, geht in der That mit Nothwendigkeit aus den Worten 271, 15 hervor. Der Redner erklärt daselbst, dass er vor der Ausführung des geschichtlichen Stoffes erst das eigentliche, philosophische Thema erläutern wolle, 'wie er das ja zu thun gewohnt sei' (ὅπερ εἴωθα ποιεῖν)[2]). Das kann nichts Anderes heissen, als dass der Verf. häufig predigte, dass er gerade diese Form, die Verbindung eines biblischen Stoffes mit dem Erweise eines philosophischen Gedankens liebte und dass er die Erläuterung des letzteren dem ersteren vorauszuschicken pflegte.

Doch unsere Schrift ist nicht blos eine Predigt, sondern auch eine höchst kunstvoll angelegte, und mit allem Schmucke griechischer

---

[1]) Denn natürlich wird Grimm auch die Worte 275, 30: ἤδη δὲ καὶ ὁ καιρὸς ἡμᾶς καλεῖ ἐπὶ τὴν ἀπόδειξιν τῆς ἱστορίας τοῦ σώφρονος λογισμοῦ als blosse Fiction ansehen. Ueber die Worte τῆς ἱστορίας s. Note 3.

[2]) So lese ich mit fast sämmtlichen Handschriften. ὥσπερ εἰώθαμεν ποιεῖν in cod. 1, κ und rec. erweist sich als erleichternde Correctur.

Rhetorik gezierte Predigt. Sie kündigt sich selbst in der oben angeführten Einleitung als eine Rede über die Frage an, ob die Vernunft alle Gemüthsbewegungen beherrschen könne. Zunächst wird nun das Thema durch eine psychologische Erörterung und Belege aus der heiligen Schrift (271, 18 bis 275, 30), sodann aber durch die Geschichte jener Helden erwiesen, die in den Tagen der Makkabäer die Macht frommer Begeisterung über alle Leiden mit ihrem Tode bezeugt haben. Eine solche Benutzung der Geschichte für moralische und rhetorische Zwecke ist bei den Griechen nichts Ungewöhnliches. Wir brauchen, um Belege hierfür zu finden, nicht bis zu dem 'Vater der Geschichte' und seinem grossen, tief religiös gefärbten Werke hinauf zu gehen; noch in der römischen Kaiserzeit sucht ein vielgeschäftiger Eifer mit der historischen Moral die Lücken auszustopfen, die der Unglaube in die Sittlichkeit der Zeit gerissen hatte. In diesem Sinne schreibt der nüchterne Rationalist Diodor, der fromm gesinnte Plutarch. Bei den Juden aber ist die religiös-moralische Geschichtschreibung so alt wie diese selbst; auch die religiöse Lyrik durchweht jener Geist glaubensstarker Betrachtung der Vergangenheit, und mit nicht geringerer Kraft tritt er in dem nachbiblischen Schriftthume hervor. Man denke nur an die letzten Capitel von Sirach und der Sapientia, an die zahlreichen historischen Reflexionen in andern apokryphischen Schriften und an die apokalyptische Literatur mit ihrer Vorliebe für geschichtliche Scenerien.

Wir haben nun an unserer Rede keine Homilie, in welcher der heilige Text und die Erklärung desselben noch zu keiner organischen Einheit zusammengegangen sind und mehr als Exegese, denn als Vortrag erscheinen, wie in den allegorisch-ethischen Schriften Philo's. Sie ist auch keine an die Bibel unmittelbar sich anschliessende, wenn auch schon viel freier behandelte Erzählung historischer Thatsachen, wie sie die oben besprochenen Reden *in Sampson* und *de Jona* geben. Als der Schwerpunkt des Ganzen wird vielmehr, wie in den griechischen Rhetorenschulen, ein philosophischer Satz hingestellt. Dieser aber drückt die Geschichte der makkabäischen Heldenzeit nicht zu einer blossen Episode oder einem blossen Belege herab; die Erzählung von den sieben Heldenbrüdern, ihrem Lehrer[1]

---

[1] Als solcher erscheint Eleasar 286, 25.

und ihrer Mutter nimmt nicht eine untergeordnete Stellung in der Rede ein, sondern füllt den grössten Theil derselben aus. Wohl klingt bei jedem Einschnitte das Thema aus der Erzählung wie ein Refrain wieder heraus (vgl. 282, 22 ff. 292, 14 ff. 298, 6 ff.), wohl ist in jener machtvollen Anrede an das Publikum, die oben angeführt worden ist, das Thema vollkommen zu seinem Rechte gelangt; aber überall erkennt man, dass die Geschichte der Makkabäer nicht bloss als concretes Beispiel für einen abstracten Satz verwendet wird, sondern in selbständiger Bedeutung dem Zuhörer entgegentritt[1]). Die Einheit des Ganzen ist äusserlich gewahrt; in Wirklichkeit aber sind zwei gleich schwer wiegende Stoffe neben einander gestellt und beanspruchen der eine durch seine philosophische, der andere durch seine nationale und religiöse Bedeutsamkeit ein gleiches Interesse.

Die strenge Disposition selbst wird am besten durch nachfolgendes Schema veranschaulicht. Ich nehme in denselben der Kürze wegen die Kunstausdrücke der alten Techniker auf, die ja verständlich genug sind. Die eigentliche Behandlung des philosophischen Themas (θέσις, quaestio infinita) schliesst sich so enge den Regeln an, die Hermogenes[2]) und Aphthonius[3]) für die γνώμη und die χρεία aufgestellt haben, dass ich mir eine Vergleichung nicht habe versagen dürfen, obgleich eine Entlehnung nicht anzunehmen ist.

I. *Exordium.*
  1. propositio[4]) und commendatio.
    a. der quaestio 270, 1—11.
    b. der laudatio 270, 17—271, 13.
  2. partitio[5]) und Doxologie 271, 14—17.

---

[1]) Dies hat mit gewohnter Klarheit und Schärfe Ewald hervorgehoben (IV² 633 ff.). Nicht verdient aber hat Ps. Josephus den Vorwurf, 'dass er so ganz nach der verkehrten weise philosophischer schulen einen einzelnen satz über alles stelle und den gedanken vergöttere' (Ewald das. 634). Wer einen philosophischen Satz für seinen religiösen Zweck so geschickt zu verwerthen weiss, wie unser Verfasser, der ist nicht jenen zungenfertigen Declamatoren zu vergleichen, deren grösster Ruhm es war, nach allen Regeln der Kunst leeres Stroh zu dreschen.
[2]) *Rh. gr.* II. p. 5, 25 ff. 7, 12 ff. *Sp.*
[3]) das. 23, 20 ff. 25, 8 ff.
[4]) λαμβάνεται δὲ ἡ πρόθεσις καὶ ἐν ἀρχῇ Anon. bei Spengel *rhet. Gr.* I. p. 498.
[5]) Die Verschmelzung der partitio mit der propositio findet sich auch sonst häufig genug, z. B. bei Cic. *de leg. Man.* II, 6.

II. *Quaestio.*
1. expositio 271, 18—272, 16.
{ 2. probatio 272, 16—31.
{ 3. exemplum 272, 31—273, 5.
{ 4. testimonium 273, 5—15.
{ 4.²) testimonium 273, 15—274, 1.
{ ♂. exemplum 274, 1—15.
{ 2. probatio 274, 15—21.
5. contrarium 274, 21—275, 24.
6. conclusio 275, 24—29.

Χρεία.
[1. *ἐγκωμιαστικόν*] ¹)
2. *παραφραστικόν*
3. *τὸ τῆς αἰτίας*
                 [5. *παραβολή*]
6. *παράδειγμα*
7. *μαρτυρία*

4. *ἐκ τοῦ ἐναντίου*
8. *ἐπίλογος*

III. *Laudatio.*
1. Vorgeschichte 275, 30—278, 7.
2. Eleasar.
  a. Geschichte 278, 7—282, 11.
  b. Excurs 282, 11—284, 7.
3. Die Brüder.
  a. Geschichte 284, 7—292, 14.
  b. Excurs 292, 14—295, 4.
4. Die Mutter 295, 4—300, 14.
5. conclusio ³).
  a. enumeratio 300, 14—25.
  b. amplificatio.
    α. admiratio 300, 26—301, 11.
    β. adhortatio 301, 19—23.
    γ. indignatio 301, 23—302, 2.
  c. commiseratio and Doxologie 302, 29—303, 7 ⁴).

---

¹) Von den Theilen der Aphthonianischen Chrie fehlt Nr. 1, das *ἐγκωμιαστικόν*, das hier gar nicht verwendet werden kann, und Nr. 5 die *παραβολή* ohne Grund. Nr. 4 *ἐκ τοῦ ἐναντίου* steht ganz passend erst nach Nr. 3—7, den directen Beweisen.
²) Die Verdoppelung von Nr. 2—4 tritt ein, weil das Thema in *πάθη κατὰ σῶμα* und *κατὰ ψυχήν* getheilt wird. Zu den letzteren wird auch der Zornmuth (*θυμός*) gerechnet, was der zweite Theil dieser Abhandlung zu rechtfertigen haben wird.
³) Vgl. Aristot. *rhet.* III, 19. Anon. in *Rh. gr.* 1. p. 453. 456. *Sp.* Cic. *de inv.* 1, 52, 98. *Auct. ad Her.* II, 30, 47. Quint. VI, 1.
⁴) Das Schema ist an drei Stellen zu enge: 270, 11—17. 302, 3—29 und 301, 11—19. Die Stelle 302, 3—29 ist von Allen, die sich eingehend mit unserer Schrift beschäftigt haben, für unecht erklärt worden; dass auch die beiden ander Stellen als Interpolationen auszuscheiden sind, und dass mehr als Eine Lücke den Zusammenhang der Rede unterbricht, wird im Verlaufe der Untersuchung sich ergeben.

Schon dieses dürre Gerippe mit seiner aus den verschiedensten Elementen bunt zusammengesetzten Gestalt, mit der seltsamen Verbindung einer gut biblischen Doxologie und einer schulgerechten partitio oder amplificatio, kann das geistige Doppelleben einer Zeit kennzeichnen, die auf allen Gebieten des Lebens zwischen den Gegensätzen von Griechenthum und Judenthum rastlos sich bewegte. Nichts kann aber auch so sehr wie diese wohl durchdachte und bis auf zwei unbedeutende Punkte[1]) streng durchgeführte Disposition den kunstvollen Bau der Rede, die bewundernswerthe Technik des Verfassers und die strenge Logik seiner Gedankenfolge veranschaulichen; ja so genau passt in diesem planvoll angelegten Schema ein Theil zum andern, so innig greifen die einzelnen Stücke desselben in einander, dass es selbst als ein nicht verächtliches Werkzeug für die Kritik angesehen werden kann. Was, wie die Absätze 270, 11—17. 302, 3—28 in diesen Bau sich nicht fügen will, das ist als Interpolation auch abgesehen von allen übrigen Gründen zu verdammen und was aus dem fein gegliederten Organismus so nothwendig herauswächst, wie der Schluss der Rede (302, 29—303, 7), das ist schon hierdurch gegen die Verdächtigungen der Kritik geschützt. So reicht ein Blick auf diesen Plan hin, um zu verstehen, was Dähne[2]) unverständlich war, warum nämlich der Verfasser die Erzählung von den Leiden der Brüder nicht durch eine Rede der Mutter unterbrechen wollte. Alles, was diese angeht, kann dem Plane gemäss erst später im vierten Haupttheile der Lobrede (295, 4 ff.) berichtet werden.

Wer aber die meisterhafte Leitung und Verschlingung der Fäden in diesem Plane für zu gekünstelt hält, als dass ein ganzer Mann und ein echter Künstler nach ihm habe arbeiten können; wem diese pedantische Ueber- und Unterordnung von Abtheilungen und Unterabtheilungen des heiligen Stoffes unwürdig zu sein scheint, dem ist nie zum Bewusstsein gekommen, was griechische Kunst, ihre unvergängliche Formenschönheit und ihre gewaltige Formenstrenge bedeutet; der wird auch über das nicht weniger kunstvolle Schema einer pindarischen Ode oder eines aeschyleischen Chorgesanges den Stab brechen

---

[1]) 274, 1—6 bildet den Uebergang vom testimonium zum exemplum. 303, 2—6 gehört streng genommen nicht mehr zur commiseratio.
[2]) a. a. O. II, 198.

und die strengen Dispositionen der Reden eines Demosthenes oder Cicero als Unnatur oder Künstelei verurtheilen. Nur darnach haben wir ein Recht zu fragen: hat der Prediger es verstanden, diese der griechischen Kunst entlehnten Formen durch eine angemessene Diction, durch Sprachrichtigkeit des Ausdrucks, durch einen würdigen Inhalt zu beleben? Diese Fragen entscheiden allein über den Kunstwerth der Rede.

Es wäre nun ganz falsch, von der Diction im Allgemeinen zu sprechen, denn es ist keineswegs ein gleichmässiges Colorit über die ganze Rede ausgegossen. Die Farbe des Ausdrucks wechselt vielmehr mit dem Inhalte der einzelnen Theile.

In einem würdigen, doch etwas selbstbewussten Tone, der den seiner Sache gewissen Mann kennzeichnet, sucht der Redner in der oben angeführten Einleitung die Aufmerksamkeit seiner Zuhörer für den philosophisch und historisch bedeutenden Inhalt seiner Rede zu gewinnen. Eine Doxologie trennt die vollkommen schulgerechte Eintheilung von dem folgenden, dem philosophischen Theile der Rede (271, 18—275, 30). Dieser beginnt in kurzen Sätzen mit trockenen Definitionen, nüchternen Begriffstheilungen und scharfen Antithesen, die durch häufige gleich gebaute und gleich lange Sätze (272, 1 f. 3 f. 15 f.) noch stärker hervortreten. Die fast unangenehme Strenge dieser Partie ist dem abstracten Gegenstande nach dem Urtheile des grössten Kunstrichters, den die alte Welt gekannt hat, des Aristoteles, vollkommen angemessen [1]. Man höre Einzelnes aus diesem Theile der Rede. So 271, 18 ff.:

ζητουμένου τοίνυν τούτου, εἰ αὐτοκράτωρ ἐστὶ τῶν παθῶν ὁ λογισμός, διακρίνωμεν τί ποτέ ἐστι λογισμὸς καὶ τί πάθος, καὶ πόσαι παθῶν ἰδέαι, καὶ εἰ πάντων ἐπικρατεῖ τούτων ὁ λογισμός. λογισμὸς μὲν δὴ τοίνυν ἐστὶ νοῦς μετὰ ὀρθοῦ

1 ζητοῖμεν δὴ τοίνυν. 3 καὶ διακρίνομεν.
5 πόσαι αἱ τῶν παθῶν. 7 λογισμός μὲν τοίνυν.

Da wir nun untersuchen, ob die Vernunft über die Gemüthsbewegungen herrscht, lasst uns feststellen, was Vernunft ist und was Affect, und wie viele Arten der Affecte es giebt und ob Alle diese die Vernunft beherrscht. Vernunft nun ist der Geist, der mit richtiger Ueberlegung das Leben der Weisheit erwählt.

---

[1] Aristoteles Rhet. III, 9. 1410, 19. ἡδεῖα δ᾽ ἐστὶν ἡ τοιαύτη λέξις, ὅτι τἀναντία γνωριμώτατα καὶ παράλληλα μᾶλλον γνώριμα.

| λόγου προτιμῶν τὸν τῆς σο- | Weisheit aber ist Erkenntniss gött- |
10 | φίας βίον, σοφία δ' ἐστὶ γνῶσις | licher und menschlicher Dinge und |
θείων καὶ ἀνθρωπίνων πραγ-	ihrer Gründe. Das ist aber die durch
μάτων καὶ τῶν τούτων αἰτίων.	die heilige Lehre erlangte Bildung,
αὕτη δέ ἐστιν ἡ τοῦ νόμου	durch welche wir das Göttliche
παιδεία, δι' ἧς τὰ θεῖα σε-	
15	μνῶς καὶ τὰ ἀνθρώπινα συμ-	in erhabener, das Menschliche in
φερόντως μανθάνομεν.	förderlicher Weise kennen lernen
13 αὕτη δὴ τοίνυν. | u. s. w.

Vgl. ferner 272, 1 ff.:

Πρὸ μὲν οὖν τῆς ἡδονῆς ἐστιν | Der Lust geht vorher die Begierde,
ἐπιθυμία, μετὰ δὲ τὴν ἡδονὴν | und der Lust folgt das Wohlgefühl;
χαρά· πρὸ δὲ τοῦ πόνου ἐστὶ φό- | der Unlust aber geht vorher das
βος, μετὰ δὲ τὸν πόνον λύπη. | Widerstreben, und der Unlust folgt
| das Schmerzgefühl.

In ähnlicher Weise spricht der Verfasser 272, 15 ff. 272, 28 ff. 274, 25 ff.

Eine solche Diction längere Zeit beibehalten, würde unsere Predigt zu einer trockenen Abhandlung machen; aber der einförmige Ton hebt sich bald zu einer von Cumulationen und Polysyndeta (272, 8.[1]) 13. 25. 274, 2. 20.), Homoioteleuta und Homoioptota (272, 8.[2]) 273, 6. 7. 20 ff. 24 ff. 275, 24.) laut und prächtig schallenden Sprache; kühne Tropen und Figuren verstärken den Eindruck und nur die meist coordinirten Sätze mit ihrem strengen Bau und der gleichen Länge ihrer Glieder lassen den ursprünglichen Ton leise wieder durchklingen. Ich gebe auch hierfür ein kleines Beispiel (273, 23 ff.), das freilich ins Lächerliche fallen würde, wenn es den ganzen Schmuck dieser rednerisch gefärbten Sprache nachbilden wollte:

ὁ γὰρ νόμος καὶ τῆς πρὸς γο- | Das Gesetz herrscht auch über die
νεῖς εὐνοίας κρατεῖ, μὴ κατα- | Hingebung für die Eltern, indem
προδιδοὺς τὴν ἀρετὴν δι' αὐ- | es die Tugend ihretwegen nicht
τούς, καὶ τῆς πρὸς γαμετὴν | preisgiebt, und beherrscht die Nei-
5 φιλίας ἐπικρατεῖ, διὰ παρα- | gung zur Gattin, indem es wegen
νομίαν αὐτὴν ἀπελέγχων, καὶ | eines Frevels sie zurechtweist, und

---

[1]) Nach der richtigen Lesart A's.
[2]) Schon die Erwägung dieser Eigenthümlichkeit verurtheilt den Zusatz B's καὶ φθόνος.

τῆς τέκνων φιλίας κυριεύει,	lenkt die Liebe zu den Kindern,
διὰ κακίαν αὐτὰ κολάζων, καὶ	indem es um ihrer Sünde willen sie
τῆς φίλων συνηϑείας δεσπό-	bestraft, und leitet auch die Anhäng-
10 ζει, διὰ πονηρίαν αὐτοὺς ἐξ-	lichkeit an die Freunde, indem es
ελέγχων.	um ihrer Schlechtigkeit willen sie
7 τῶν τέκνων.	züchtigt.

In gehobenster Sprache schliesst dieser philosophische Theil, der somit auch äusserlich von der nun folgenden historischen Partie (275, 31—278, 7) sich sondert. Denn kaum erkennt man in der zwar sorgfältig, aber doch einfach geschriebenen Erzählung der Ereignisse, die den furchtbaren Kämpfen der Makkabäerzeit vorausgingen, denselben Schriftsteller wieder, der kurz vorher mit einer Fülle von zierlichen Bildern seine Rede geschmückt hat. Am klarsten tritt das hervor, wenn man diesen Bericht mit der in viel höherem Tone gehaltenen Erzählung aus dem Leben David's (275, 2 ff.), oder auch nur mit der Darstellung derselben Ereignisse im II MB. vergleicht.

Mit dem Erscheinen Antiochus' ändert sich die Sprache. Auf die noch ruhige Schilderung der Scenerie, auf die verhältnissmässig gemessene Rede des Tyrannen folgt eine immer höher und höher anschwellende Gegenrede Eleasar's, die in prächtig gebauten Sätzen, in Exclamationen und leidenschaftlichen Prosopopoeien sich ergeht und mit einer kräftigen Anrede an den Tyrannen endet. Dann folgt die furchtbar anschauliche Beschreibung der Marterscene, die ein kurzes, zum Theil der ältern Vorlage entlehntes Gebet abschliesst (278, 7—282, 9). In schrillem Gegensatze zu dem Voraufgehenden ziehen einige im trockenen Tone eines Syllogismus geschriebenen Sätze (282, 9—21) die Folgerungen, die sich aus dem Vorhergehenden ergeben und führen damit die erschütterten Hörer zu dem philosophischen Gedanken und zu ruhigerer Betrachtung zurück. Daran aber knüpft sich eine von glühendster Bewunderung Eleasars überströmende, mit aller Pracht der Sprache ausstaffirte Betrachtung und Würdigung seiner That, in die nur hier und da das Thema hineintönt, an deren Schluss aber eine den Stoikern entlehnte Sentenz den philosophischen und den historischen Theil wieder ineinander schlingt (282, 22—284, 6).

In ähnlicher Weise wird sodann der Heldenmuth der Brüder geschildert: eine ins Einzelne gehende Analyse erscheint daher nicht nothwendig. Bewundernswerth ist eben so sehr die Mannigfaltigkeit der Schilderung bei so gleichförmigem Stoffe, wie die Abwechslung in der Färbung der Sprache. Die Reden, die der Verfasser jedem Einzelnen der Heldenbrüder in den Mund legt, sind in einfach gegliederten, oft unangenehm kurzen und meist asyndetisch neben einander gestellten Sätzen geschrieben, die Betrachtungen und Excurse des Predigers dagegen in runden Perioden und im schwungvollen, oft geradezu schwülstigen Tone einer Leichenpredigt (284, 6—295, 4).

Der Eindruck, den die Erzählung der Marterscenen auf uns macht, ist ein durchaus unangenehmer. Die Bewunderung, welche der Heldenmuth der Brüder erweken soll, geht in dem Mitleid unter, das ihre Leiden erregen. Keine Kunst des Redners vermag uns über das blutige Schauspiel hinwegzuheben, das er mit der gewissenhaftesten Ausführlichkeit beschreibt. Wir sind froh, wenn wir diese Schreckensscenen vergessen können; zum zweiten Male liest sie gewiss Keiner, den nicht ein besonderes Interesse zu ihnen hinführt. Zur Entschuldigung des Verfassers mag es dienen, dass die trübe Gegenwart ihm solch einen Stoff und solch eine Ausführung desselben nur zu nahe legte; dass die griechische Kunst längst nicht mehr das Schreckliche mied, sondern es geflissentlich aufsuchte, und dass endlich — die alltäglich gewordenen grausamen Circusspiele beweisen es — die Zeitgenossen des Verfassers eben viel stärkere Nerven gehabt haben müssen, als uns von der Natur gegeben sind.

Dem strengen Plane gemäss wendet sich die Rede erst jetzt zu der Mutter der Kinder (295, 4—300, 14). Die Sprache bleibt durchgängig pathetisch wie in dem vorausgegangenen Excurse, denn eine eigentliche Erzählung des Martyriums der Mutter wird vom Verfasser nicht gegeben. So häufen sich denn auch hier Tropen und Figuren; die Gluth der Sprache steigt auf eine bedenkliche Höhe; unmöglich können die Zuhörer dem Redner durch diese gedehnte, von Exclamationen, Gradationen, Apostrophen und sonstigem Pompe der Declamation geschwellte Sprache mit Aufmerksamkeit gefolgt sein. Fast unmerklich wird endlich die Rede in den Epilog[1] hinübergeleitet. Er beginnt mit einer meisterhaften Recapitulation. Auf einem Grabsteine lässt er verzeichnen (300, 20 ff.), was den Inhalt der Rede bildete:

---

[1] Ueber den unsäglich zerrütteten Text des Epilogs s. Note 9.

ἐνταῦϑα γέρων ἱερεὺς καὶ γυνὴ γεραιὰ καὶ ἑπτὰ παῖδες ἐγκεκήδευνται διὰ τυράννου βίαν τὴν Ἑβραίων πολιτείαν καταλῦσαι 5 ϑέλοντος· οἳ καὶ ἐξεδίκησαν τὸ ἔϑνος εἰς ϑεὸν ἀφορῶντες καὶ μέχρι ϑανάτου τὰς βασάνους ὑπομείναντες. 1 ὁ γέρων. 6 τὸν ϑεόν.	Hier sind ein greiser Priester, eine greise Mutter und sieben Brüder bestattet, getödtet durch eines Tyrannen Gewaltthat, der der Hebräer Gesetze vernichten wollte. Sie haben ihr Volk vertheidigt, indem sie auf Gott schauten und bis in den Tod alle Leiden ertrugen.

Wenn dies Motiv auch nicht neu war, so ist es doch wohl nie an passenderer Stelle benutzt worden.

Das nun Folgende (300, 25—303, 7) giebt nach den Regeln der alten Techniker eine pathetische Ausführung der Schlussgedanken: Bewunderung der Märtyrer mischt sich mit leidenschaftlicher Anklage des Tyrannen; auf eine mahnende Ansprache an die Zuhörer folgt der Hinweis auf die gerechte Vergeltung, die dem Tyrannen und den Märtyrern zu Theil geworden ist; den Schluss macht eine geschickt angefügte Doxologie.

Viel schwieriger als über den Charakter des Stiles ist bei dem elenden Zustande des heute uns vorliegenden Textes jedes Urtheil über die Correctheit der Sprache. Denn hierbei handelt es sich nicht um die trotz mancher Verunstaltungen nicht zu verkennende äussere Farbe des Ausdrucks, sondern um oft geringfügige Einzelheiten, um die kleinsten Glieder der Rede, die das Schicksal vielfacher Verderbungen im ausgedehntesten Maasse erlitten haben. Bei dem geringen Umfange der Schrift lässt sich auch nicht überall das durch die Ueberlieferung verdorbene Einzelne durch analoge Stellen berichtigen; nur die grösste Vorsicht kann es verhüten, Sünden der Abschreiber und Herausgeber dem Verfasser aufzubürden. Doch lässt sich Folgendes mit einiger Sicherheit behaupten.

Ps. Josephus ist mit Fug und Recht in Allem, was Formenlehre und Syntax angeht, den bessern Schriftstellern der κοινή an die Seite zu stellen. Ueber die kunstvolle Gliederung und Verbindung der Sätze ist schon oben (S. 21 f.) das Nöthige beigebracht worden; und wenn sich im Uebrigen von der grammatischen Richtigkeit der Sprache auch nicht das Gleiche sagen lässt; wenn sich auch Abweichungen von den strengen Gesetzen der klassischen Prosa in Menge finden, so lässt sich das Meiste durch Analoga aus der Profangräcität der spätern Zeit rechtfertigen¹). Manches muss als blosses Citat²) von der Rechnung des Verfassers abgesetzt werden oder wird in einem reineren Texte gänzlich verschwinden³). Idiotismen und Solökismen aber, wie sie die Bibelübersetzungen, die Apokryphen und die Schriften des N. Testaments in so lästiger Menge darbieten, sind hier fast gänzlich vermieden⁴).

Auch in der Verwendung des reichen Wortschatzes, den die griechische Sprache darbot, steht unser Verfasser den Profanscribenten der κοινή viel näher, als den jüdischen Hellenisten, die aus den Uebersetzungen der Bibel uns bekannt sind. Bei diesen hat der Gegensatz, der jüdische und griechische Anschauungen in den tiefsten Fragen des Lebens trennt, auch die Bedeutung der Worte ergriffen, umgestaltet, was dem jüdischen Geiste sich nicht fügen wollte, neugebildet,

---

¹) θεί (282, 3), über das noch Winer Gramm. p. 61 ein so hartes Urtheil fällte, ist nach Krüg. Gr. § 16, 1, 2 weniger anstössig. Ueber νοός (272, 29) s. Lob. zu Phryn. p. 453. Ueber γελάσεις (280, 1) (das sich auch in den Sibyll. 1. v. 182 ed. *Alex.* findet) s. Matth. § 180; Kr. das. § 40. οἰμώξεις (292, 7), obgleich nicht selten im spätern Griechisch, ist mit B, Df, Bk. in οἰμώξη zu verwandeln. φαίνομαι ist häufig mit Inf. statt mit Partic. verbunden (270, 7. 272, 21. 273, 6. 274, 2. 24). Man wird es nicht wagen dürfen, überall das Part. zu corrigiren oder den Inf. auf andere Weise fortzuschaffen, darum weil B 272, 21 das Part., A 274, 24 δύναται statt φαίνεται schreibt. Der Compar. nach οὕτως mit nachfolgendem ὥστε ist 287, 15 von Bk. mit A entfernt worden und auch 289, 13 wird καυστικόν zu schreiben sein. (Ueber die Verbindung des οὕτως mit Compar. s. Lob. zu Phryn. p. 424.) 290, 3 ff. ist die Lesart zweifelhaft. 280, 3 hat α, 280, 4 α S den Indic. nach ἐάν; Andere codd. schreiben den Optat. Vgl. über diese Structur Klotz zu Dev. II p. 459. Eigenthümlich unserem Ps. Josephus ist der Gebrauch der Activa von Verben, die sonst meistens im Pass. oder Med. anzutreffen sind. So ἐκδιαιτάω 277, 19; παρακελεύω 278, 10 (S. Polyb. 7, 16, 2. 16, 20, 8 und Andere) τιμωρέω mit Acc. im Sinne von 'strafen' 288, 1 findet sich auch in guter Prosa. (Ich lese τιμωρήσειεν mit α S A B). Mit B lese ich V, 24 ἰσοδυναμεῖν statt ἰσονομεῖν in A. Ueber den Sinn der Stelle s. unten.

²) 273, 8 οὐκ ἐπιθυμήσεις τὴν γυναῖκα (s. *Exod.* 20, 17. *Deuter.* 5, 21). Wahl Lex. zu den Apokr. s. v. ἐπιθυμέω hätte also die Stelle nicht für den Sprachgebrauch von IV MB. anführen sollen. 301, 5 ist πάντες οἱ ἡγιασμένοι ὑπὸ τὰς χεῖράς σου (s. *Deuter.* 33, 3) nicht auffällig. S. Bernh. Syntax p. 267.

³) S. Note 10.

⁴) Nur in den von der Predigersitte dem Redner vorgeschriebenen Formeln finden wir 303, 7 αἰῶνας τῶν αἰώνων, ebenso wie 271, 16 δόξαν διδόναι.

wo das griechische Sprachgut für jüdische Anschauungen keinen Raum bot, und so der biblischen Gottes- und Weltanschauung einen neuen Sprachleib geschaffen. Dieser merkwürdige Umwandlungsprocess hat in der griechischen Bibelübersetzung begonnen, spinnt sich fort in den apokryphischen Büchern des Alten Testamentes und wird unaufhaltsam weiter geführt bis zum Griechisch des Paulus herab. Unseres Ps. Josephus Schrift ist von dieser sprachlichen Revolution nur flüchtig berührt worden. Niemand wird es den Begriffswandlungen, die Worte wie etwa πίστις und δικαιοσύνη erfahren haben, an die Seite stellen, dass ihm εὐσέβεια (283, 29. 288, 14), ἀρετή (288, 18. 289, 7), φιλοσοφία (279, 20. 284, 2), 'Frömmigkeit,' 'Tugend,' 'Weisheit,' im jüdischen Sinne der Worte bedeuten; dass er ein οὐράνιος στρατὸς (277, 6)¹) nach Analogie von ϑεοὶ οὐράνιοι; ein ἐξ ὅλης καρδίας (283, 30)²) nach ἐκ καρδίας, ἀπὸ καρδίας gebildet hat. Vereinzelt steht κοινόω (283, 5), das in den LXX vermieden, aus dem NT. in der Bedeutung von טמא hinlänglich bekannt ist. Mit Wahl³), Fritzsche⁴) und Andern in σαρκὸς πάϑη (283, 31) aber einen Hebraismus zu finden, ist ganz unstatthaft; denn gar häufig ist in den philosophischen Schriften der nacharistotelischen Zeit σάρξ in dieser Verbindung gebraucht worden⁵).

Trotz dieser verhältnissmässigen Correctheit auf der einen Seite zeigt das Lexicon des Verfassers in vielen andern Beziehungen den ganzen Verfall und die Geschmacklosigkeit seiner Zeit. Die reizende Feinheit und die sinnliche Kraft des attischen Griechisch ist ja in der ungleichartigen Mischung der 'Gemeinsprache' längst verloren gegangen und mit ihr das Gefühl für die gediegene Frische der einfachen Wörter. Während der reiche Wortvorrath der alten Prosa immer mehr einschrumpft, will zum Ersatze eine zügellose Neuerungssucht durch eine unmässige Menge

---

¹) Uebersetzung von צבא השמים.
²) Uebersetzung von בכל לב.
³) a. a. O. s. v.
⁴) Zu Röm. I. p. 381.
⁵) Zeller irrt, wenn er IV² 405, 2 angiebt, dass 'den Ausdruck σάρξ für den Leib im Unterschiede von der Seele zuerst Epikur aufgebracht habe.' In einem Fragmente des vor Epikur lebenden Pythagoreers Hipparch findet sich sogar schon σάρκινοι ἄνϑρωποι. Mull. fragm. Philos. II, 17 a.

von Zusammensetzungen und Neubildungen glänzen. So sucht auch Ps. Josephus mit Vorliebe nach poetischen und ungewöhnlichen Wörtern; er liebt Wortverbindungen wie ἐπικαρπολογεῖσθαι (273, 20), ἀντιπολιτεύεσθαι (276, 6), ἀντιρρητορεύειν (280, 18), προςεπικατατείνειν (287, 21), ἐκσφονδυλίζεσθαι (290, 23), ἐννοσσοποιεῖσθαι (295, 17); und Grimm hat eine lange und doch noch unvollständige Reihe von ἅπαξ λεγόμενα (p. 287) aufzählen können [1]).

Diese tadelnswerthe Wortbildnerei, dieses Prunken mit der Armuth, verbunden mit dem schon früher hervorgehobenen Schwulste der Darstellung, schliesst unsern Ps. Josephus von der Zahl der echten Künstler aus; aber wenn auch die Gesetze der Schönheit für alle Zeiten und für alle Menschen gelten, Entschuldigung verdient der Mann, der den falschen Strömungen der Zeit nur nicht entgegenzukämpfen den Muth hatte.

Es war das erste nachchristliche Jahrhundert, — wir wollen mit den meisten Forschern diese Annahme im Voraus gelten lassen — in dem er lebte. Da war der volle Strom griechischer Kunst längst verrauscht und ein ängstliches Studium schöpfte nur noch spärliche Tropfen aus der Quelle, die so voll und rein über alle Gebiete der Kunst in der grossen Vorzeit sich ergossen hatte. Und — nehmen wir auch dies im Voraus an — es war eine gänzlich verbildete Umgebung, in der er lebte. Ihr galt für schön, was uns als barbarische Putzsucht erscheint; sie kannte oder würdigte die Männer nicht, welche wie der Sicilianer Caecilius und sein Nebenbuhler Dionysius von Halikarnass eine Wiedergeburt der Beredsamkeit aus dem Schoosse des Alterthums erstrebt hatten. Aus dieser Zeit und dieser Umgebung nicht herausgetreten zu sein, die für ärmlich gehaltene Einfachheit des Originals nicht zur Schau gestellt zu haben, als alle Welt buntscheckige Kleidung trug, das ist der Vorwurf, der Ps. Josephus trifft, und das darf wenigstens nicht in der jede Rücksicht ausser Acht lassenden Weise gezüchtigt werden, wie Grimm es (p. 287) für gut befindet.

Unter den jüdischen Hellenisten aber giebt es mit Ausnahme Philo's Keinen, der in sprachlicher Beziehung ihn überragte, Wenige, die ihn erreichten. Wer von dem schlechten Griechisch der Bibel-

---

[1]) Es treten hinzu: ἀδελφοκρατῶς (289, 10); ἀλλοφυλεῖν (301, 32); ἐθνηδόν (274, 13); προςεπικατατείνειν (287, 21) u. A. Dafür scheiden Folgende aus: ἐμπυριστής, μονοφαγία, ὑπερασπίστρια, s. Steph thes. s. vv.

Übersetzer und der Apokryphen zu ihm kommt, wird wahrhaft erquickt durch die Thatsache, dass er hier doch einmal wieder einen redegewandten und verhältnissmässig correcten Stilisten vor sich hat; und nicht ungern giebt man selbst jene Ausbrüche einer gezierten Declamation für die strenge Logik der Disposition, für die Fülle schöner und reiner Gedanken, für den zierlichen Periodenbau und den anderswo schwer vermissten Gehorsam gegen die Grundgesetze der griechischen Sprache [1]) hin.

Es würde den Gang dieser Untersuchung in der störendsten Weise unterbrechen, wenn sie, weil ihr Vorwurf eine jüdisch-griechische Predigt ist, die Geschichte der Kanzelberedsamkeit bei den griechisch sprechenden Juden bis in die feineren Verzweigungen innerhalb der Patristik verfolgen wollte. Nur Einzelnes mag zum Schlusse hier herausgehoben werden, das die Beziehungen unserer Rede zur christlichen Predigt einigermaassen aufzuhellen im Stande sein wird.

Dass unsere Rede seit der frühesten Zeit des Mittelalters von Christen eifrig gelesen worden ist, geht aus den oben (S. 3) beigebrachten Citaten und den Noten 1 und 2 hervor. Aber nicht bloss Historiker und Lexicographen, sondern auch christliche Prediger haben sie gekannt, geschätzt und gar häufig benutzt.

Gregorius von Nazianz in seiner 22ten Rede 'auf die Makkabäer' empfiehlt sie seinen wissbegierigen Zuhörern zur Lectüre mit den Worten: οὗτοι (sc. οἱ Μακκαβαῖοι) τίνες μὲν ὄντες καὶ ὅθεν καὶ ἐξ οἵας ὁρμώμενοι τὸ ἀπαρχῆς ἀγωγῆς καὶ παιδεύσεως... ἡ περὶ αὐτῶν βίβλος δηλώσει τοῖς φιλομαθοῦσι καὶ φιλοπόνοις, ἡ περὶ τοῦ αὐτοκράτορα εἶναι τῶν παθῶν τὸν λογισμὸν φιλοσοφοῦσα, καὶ κύριον τῆς ἐπ' ἄμφω ῥοπῆς, ἀρετήν τε φημὶ καὶ κακίαν. ἄλλοις τε γὰρ οὐκ ὀλίγοις ἐχρήσατο μαρτυρίοις καὶ δὴ καὶ τοῖς τούτων ἀθλήμασιν [2]).

---

[1]) Schwer zu begreifen ist es, dass Grimm die Gräcität des vierten mit der des zweiten und dritten Makkabäerbuches auf Eine Linie stellen möchte (p. 287) und dass selbst ein Valckenaer, wo er die bessern Vertreter des jüdischen Hellenismus aufzählt (*diatr. de Arist. Jud.* p. 17, 46), für das zweite und dritte Makkabäerbuch mehr als Einen Lobspruch, kein Wort der Anerkennung aber für unsere Schrift übrig hat, deren er doch zweimal Erwähnung thut (das. p. 67, 11. p. 88). Von Valckenaer scheint Bernhardy abzuhängen (Gr. Lit. Gesch. 1³ 502. 518), der unserer Schrift auch nicht einmal gedenkt.

[2]) *opp. tom. 1. p. 398. C. ed. Par. 1630.*

Gregorius selbst legt nicht das II MB., wie von den Benedictinern a. a. O. angemerkt ist, sondern das IV MB. seinen historischen Angaben zu Grunde. Auch ihm ist (p. 408 A) Seleukos der Vater des Antiochos, wie das IV MB. 277, 13 fälschlich meldet; auch ihm ist nach dem IV MB. 278, 15 Eleasar ein Priester (p. 398 D); und wie im IV MB. (300, 2) so stürzt sich auch bei ihm die Mutter selbst ins Feuer (p. 406 D). Ja so entschieden geht er den Spuren seiner Vorlage nach, dass eine grössere Lücke in derselben wenigstens ihrem Gedankengehalte nach, aus ihm sich ergänzen lässt [1]). Doch es sind nicht bloss die geschichtlichen Nachrichten aus dem IV MB., denen er folgt; manches poetische Wort, manche schöne Redensart hat ihm so wohl gefallen, dass er sie geschickt mit seiner hochtönenden Sprache verflicht. Jeden Leser unserer Schrift wird selbst die flüchtigste Vergleichung hiervon überzeugen.

Auch Johannes Chrysostomus, der grösste Redner, der je die Kanzel der älteren orientalischen Kirche betreten hat, nimmt keinen Anstand, mit den glänzenden Phrasen und hervorstechenden Gedanken unseres Ps. Josephus seine Rede zu schmücken. Und das thut er, ohne, wie sein Vorgänger, auf die Quelle hinzuweisen, die ihm so ergiebig floss. Man vergleiche Einzelnes:

IV MB.	Johannes Chrysostomus [2]).
p. 294, 29: οἵ δὲ οὐ μόνον ἀκούοντες τὴν θλῖψιν, ἀλλὰ καὶ ὁρῶντες τὸν παραχρῆμα τῆς ἀπειλῆς λόγον... [3]).	p. 625 B: οὐκ ἀκοῇ δεχομένη τὰ παθήματα, ἀλλὰ ὄψει παραλαμβάνουσα τὰ γινόμενα, τί οὐκ ἂν ἔπαθεν;
5 p. 295, 13: καὶ γὰρ τῶν πετεινῶν τὰ μὲν ἥμερα... προασπίζει τῶν νεοττῶν... — 26 ἀλλ' οὐχὶ τὴν μητέρα μετεκίνησε συμπάθεια τῶν τέκνων.	p. 625 E: οὐδέν ἐστι ζῷον οὕτως ἀσθενές, ὃ μὴ ὑπερασπίζῃ τῶν ἐγγόνων· οὐδὲν οὕτως ἥμερον, ὃ μὴ κτλ... ἀλλ' αὕτη... τὴν... τῆς φύσεως τυραννίδα κατέλυσε.

---

[1]) S. Note 9.
[2]) opp. tom. II. ed. Monf.
[3]) So las Jos. Chrysostomus im Wesentlichen mit B und rec. Ps. Josephus schrieb Folgendes: οἱ δὲ οὐ μόνον ὁρῶντες, οὐδὲ μόνον ἀκούοντες τὸν παραχρῆμα ἀπειλῆς λόγον, ἀλλὰ καὶ πάσχοντες ἐνεκαρτέρουν... So lesen α S Ca.

p. 296, 27: τὰς σάρκας τῶν τέκνων ἑώρα περὶ τὸ πῦρ τηκομένας, καὶ τοὺς τῶν ποδῶν καὶ χειρῶν δακτύλους ἐπὶ γῆς σπαίροντας, καὶ τὰς τῶν κεφαλῶν μέχρι τῶν περὶ τὰ γένεια σάρκας ὥσπερ προσωπεῖα προκειμένας[1]).

p. 626 B: τί πάσχειν εἰκὸς τὴν γυναῖκα.. ὁρῶσαν δακτύλους σπαίροντας ἐπὶ τῶν ἀνθράκων, κεφαλὴν ἐξαλλομένην, σιδηρᾶν χεῖρα ἐπιβαλλομένην ἑτέρου παιδίου κεφαλῇ, καὶ τὴν δορὰν ἀποσύρουσαν...

p. 298, 21: ἑπτὰ παῖδας τεκοῦσα οὐδενὸς μήτηρ γεγένημαι.

p. 627 A: ἑπτὰ παῖδας ὤδινε, καὶ οὐδένα ὤδινε τῇ γῇ, ἀλλὰ πάντας τῷ οὐρανῷ.

p. 298, 18: εἰ δειλόψυχος ἦν ἡ γυνή... ἴσως ἂν ταῦτα εἶπεν· 'ὦ μελέα ἔγωγε... οὐκ ὄψομαι ὑμῶν τέκνα οὐδὲ μάμμη κληθεῖσα μακαρισθήσομαι.

p. 630 A: οὐ γὰρ εἶπε πρὸς ἑαυτήν· τί ποτε τοῦτό ἐστιν;.. τίς με γηροκομήσει λοιπόν, ἂν οὗτος ἀπέλθῃ.. οὐδὲν τούτων οὐκ εἶπεν...

p. 292, 24: καθάπερ γὰρ προβλῆτες λιμένων πύργοι τὰς τῶν κυμάτων ἀπειλὰς ἀνακόπτοντες γαληνὸν παρέχουσι τοῖς εἰσπλέουσι τὸν ὅρμον, οὕτως κτλ.

p. 630 D: καὶ καθάπερ θαλαττία πέτρα δεχομένη κυμάτων προσβολάς, αὕτη μὲν ἀκίνητος μένει... οὕτω δὴ καὶ ἡ καρδία τῆς γυναικὸς..., δεχομένη τὰς προσβολὰς τῶν ὀδυνῶν.. ἀκίνητος ἔμενε...

p. 299, 1: ὥσπερ ἀδαμάντινον ἔχουσα τὸν νοῦν.

p. 631 C: ψυχὴν ἀδαμάντινον ἐν τοῖς δεινοῖς ἐνδειξαμένου.

p. 297, 2: οὐ μετέτρεψέ σε πρωτότοκος ἀποπνέων, οὐδὲ δεύτερος εἰς σὲ οἰκτρὸν βλέπων ἐν βασάνοις, οὐδὲ τρίτος ἀποψύχων.

p. 632 D: οὐκ ἐτάραττεν αὐτὴν ὁ πρῶτος ἑλκόμενος εἰς θάνατον τῶν παιδων... οὐκ ἐλύπει τοῦ δευτέρου πάλιν ἡ τελευτή... μικρὸς ἦν αὐτῇ καὶ τρίτος καὶ τέταρτος ἀποσφαττόμενος παῖς...

11 δειλ. εἰ ἦν. 12 ταῦτα ἂν. 26 ἐν β. βλ. 27 σύ.

---

[1]) Vgl. 297, 6: (...τὸν θάνατον αὐτῶν...οὐκ ἔκλαυσας). ἐπὶ σαρξὶν σάρκας τέκνων ἀποκαιομένας καὶ ἐπὶ χερσὶ χεῖρας ἀποτεμνομένας καὶ ἐπὶ κεφαλαῖς κεφαλὰς ἀποδειροτομουμένας... ὁρῶσα.. οὐκ ἐδάκρυσας. Diese Lesart empfiehlt der Bau des Satzes und die richtig verstandene Autorität der Handschriften. 297, 7: ὁρῶσα verräth sich schon durch die Menge der Varianten als Interpolation. Eine Lücke mit Bekk. nach ἔκλαυσας anzunehmen ist durch Nichts gerechtfertigt.

Die Vergleichung dieser Stellen, die sich leicht auch aus anderen Schriften[1]) um mehr als das Doppelte vermehren liessen, zeigt, dass Chrysostomus unsere Predigt in ausgedehntem Masse und, fügen wir hinzu, mit grosser Geschicklichkeit benutzt hat. Er entlehnt Wörter und ganze Sätze, aber nicht wie ein gedankenloser Plagiator und ein wortarmer Stümper, sondern wie ein denkender Kopf, der er war, und mit jener sicheren Beherrschung des Ausdrucks, der ihm wie kaum einem Anderen unter Vorgängern und Nachfolgern zu Gebote stand. Auch das unverkennbar fremde Gut macht er zu seinem Eigenthume, indem er es umarbeitet und ihm durch neue, oft überraschende Fügung das Gepräge origineller Gedanken verleiht.

Wie die zwei bedeutendsten Redner der orientalischen Kirche, so hat auch Ambrosius, der mächtige Gegner des Theodosius und neben Augustin der redekundigste Prediger der alten lateinischen Kirche, unsere Schrift excerpirt. Nicht bloss einzelne Sätzchen, sondern grosse Partien derselben finden wir bei ihm wieder, was den gelehrten Herausgebern vollkommen entgangen ist. Schon in *de offic. min.* l. c. 41 (vol. II. p. 54 C. f.) ist nicht das II MB. c. 7, wie die Benedictiner annehmen, sondern unsere Schrift benutzt. Die aus Homilien hervorgegangene Abhandlung *de vita beata* aber liest sich fast wie eine Uebersetzung von Ps. Josephus. Ich greife das Erste Beste aus den parallel laufenden Stücken heraus:

IV MB.	Ambrosius[2]).
270, 4: …ἀναγκαῖος εἰς ἐπιστήμην παντὶ ὁ λόγος, καὶ ἄλλως τῆς μεγίστης ἀρετῆς, λέγω δὴ φρονήσεως, περιέχει 5 ἔπαινον. 272, 15 ὁ γὰρ λογισμὸς τῶν μὲν ἀρετῶν ἐστιν ἡγεμὼν, τῶν δὲ παθῶν αὐτοκράτωρ.	443 A: Necessarius ad disciplinam bonus omnibus sermo, plenus prudentiae; et mens rationi intenta praecurrit virtutibus, passiones coercet.
275, 24: δυνατὸς γὰρ ὁ σώ-10 φρων νοῦς νικῆσαι τὰς τῶν 7 λέγω δὴ ὅτι.	446 C: Potest igitur mens sobria impressiones refraenare ac reprimere quamvis gravium passionum

---
[1]) Vgl. z. B. vol. XII. p. 351 B f. mit 297, 14 f.
[2]) *de vita beata* l. 1. opp. tom. I. Par. 1686.

παθῶν ἀνάγκας καὶ σβέσαι
τὰς τῶν οἴστρων φλεγμονάς,
καὶ τὰς τῶν σωμάτων ἀλγη-
δόνας καθ᾽ ὑπερβολὴν οὔσας
5 καταπαλαῖσαι, καὶ τῇ καλο-
καγαθίᾳ τοῦ λογισμοῦ ἀπο-
πνῦσαι πάσας τὰς τῶν παθῶν
ἐπικρατείας.

et fervorem omnem cupiditatis fla-
grantissimae refrigerare, derivare
alio motus et rectae rationis tracta-
tione despuere passiones.

274, 15: Ὁπηνίκα γὰρ ὁ θεὸς
10 τὸν ἄνθρωπον κατεσκεύασε
καὶ τὰ πάθη αὐτῷ καὶ τὰ
ἤθη περιεφύτευσεν, τηνικάδε
ἐπὶ πάντων τὸν ἱερὸν ἡγεμόνα
νοῦν διὰ τῶν αἰσθητηρίων
15 ἐνεθρόνισε, καὶ τούτῳ νόμον
ἔδωκε καθ᾽ ὃν βασιλεύσει
κτλ.[1]).

Das. Etenim cum Deus hominem
constitueret et in eo mores sensusque
plantaret, tunc motibus ejus impo-
suit regale mentis imperium; ut
omnes sensus motusque hominis ejus
vigore ac potestate regerentur.

271, 29: παθῶν δὲ φύσεις
εἰσὶν αἱ περιεκτικώταται δύο,
20 ἡδονή τε καὶ πόνος· τούτων δὲ
ἑκάτερον καὶ περὶ τὸ σῶμα καὶ
περὶ τὴν ψυχὴν πέφυκε. πολλαὶ
δὲ καὶ περὶ τὴν ἡδονὴν καὶ
τὸν πόνον παθῶν εἰσὶν ἀκο-
25 λουθίαι. πρὸ μὲν οὖν τῆς
ἡδονῆς ἐστιν ἐπιθυμία, μετὰ
δὲ τὴν ἡδονὴν χαρά· πρὸ δὲ
τοῦ πόνου ἐστὶ φόβος, μετὰ
δὲ τὸν πόνον λύπη. θυμὸς δὲ

445 F: Passionum autem velut duces
sunt naturales delectatio et dolor,
quas sequuntur ceterae. Illae enim
complectuntur universas, quarum
utraque non solum corporis, sed
etiam secundum animam passiones
sunt. Et quia diximus subesse his
alias passiones, ante delectationem
concupiscentia, post delectationem
gratulatio est: ante dolorem autem
est timor, post dolorem tristitia.
Commotio autem animi communis
passio et delectationis et doloris
est. Transcurram alias, id est,
superbiam, avaritiam, ambitionem,

6 διαπνῦσαι. 10 κατ.] κατεσκεύαζε, λόγῳ καὶ αὐτεξουσιότητι κοσμήσας, τηνικάδε. 12 την.—νοῦν καὶ τὸν ἱερ. νοῦν.14 ἔνδον αἰσθ.

---

[1]) So lese ich im Wesentlichen mit 𝔐 und Ambrosius' Uebersetzung liefert eine neue Bestätigung dieser Correcturen. Das Nähere zur Rechtfertigung derselben in Note 3.

κοινὸν πάθος ἐστὶν ἡδονῆς τε
καὶ πόνου, ἐὰν ἐννοηθῇ τις ὅτι
αὐτῷ περιέπεσεν ⟨αἰσχύνη⟩.
ἐν τῇ ἡδονῇ δέ ἐστι καὶ ἡ
5 κακοήθης διάθεσις, πολυτρο-
πωτάτη πάντων οὖσα τῶν
παθῶν, κατὰ μὲν ψυχὴν ἀλα-
ζονεία καὶ φιλαργυρία καὶ
φιλοδοξία καὶ φιλονεικία καὶ
10 βασκανία, κατὰ δὲ τὸ σῶμα
παντοφαγία καὶ λαιμαργία καὶ
μονοφαγία [1]).

contentionem, invidiam, quae sunt
secundum animam passiones: transcurram etiam inexplebilem vocandi
libidinem, effusionemque luxuriae
atque lasciviae.

3 αἰσχύνη om. 6 ἀλαζ.. φιλ. φιλ. φιλ.
καὶ βασκ. 7 τὴν ψ. 11 παντοφ. λαιμ. μον.

Doch es scheint fast die Beweiskraft des angehäuften Materials zu schwächen, Einzelnes herauszuheben, wo achtzehn Folioseiten hindurch die Abhängigkeit des Ambrosius von seiner jüdischen Quelle in der unzweideutigsten Weise hervortritt. Fragen wir uns lieber, anstatt dergleichen Parallelen zu häufen, was aus dieser Thatsache Weiteres gefolgert werden kann.

Es waren ausser den Homilien Philo's drei entweder ganz oder doch fast vollständig erhaltene kunstmässige Reden und das kurze Fragment einer vierten, die wir als Vertreter von immer verschiedenen Predigtformen kennen gelernt haben. Diese können sämmtlich als 'Lobreden' (ἐγκώμια) bezeichnet werden; denn auch die Rede de Jona, wahrscheinlich eine Predigt für den Versöhnungstag, giebt diese Form nicht auf und Ps. Josephus Rede 'von der Herrschaft der Vernunft' verbindet eine Lobrede mit der Ausführung eines philosophischen Satzes. Sie alle sind die Zeugen einer einst üppig bei den Juden blühenden, rednerischen Thätigkeit. Das erweisen die zahlreichen Angaben zuverlässiger Schriftsteller[2]), die festen Predigtformeln in unserer Schrift (271, 16. 303, 7), welche Ps. Josephus als Hebraismen sicher vermieden hätte, wenn eine lange Gewohnheit ihnen nicht für die

---

[1]) Die Rechtfertigung meiner Abweichung von rec. giebt Note 2 und der folgende Abschnitt dieser Untersuchungen.
[2]) Siehe oben S. 6f.

Predigt das Bürgerrecht verschafft hätte; endlich die ausdrückliche Bemerkung Ps. Josephus, 'er werde sein Thema erörtern, so wie er es gewohnt sei zu thun' (271, 15). Von diesen Predigten war es die künstlerisch bei weitem bedeutendste, die den grössten christlichen Predigern als Muster vorgelegen hat; die von ihnen in verhältnissmässig eben so ausgedehntem Maasse benutzt worden ist, wie die Schriften Philo's von Origenes, Theodoret, Ambrosius und Anderen benutzt worden sind [1]). Es kann aber nicht bloss der geschichtliche und der philosophische Stoff gewesen sein, der von den christlichen Predigern verwerthet wurde, denn es war ja gerade die glänzende Form der alten jüdischen Predigt, welche zur Nachahmung reizte. Als wirkliche 'Lobrede' *(ἐγκώμιον)* galt unseres Ps. Josephus' rhetorisches Kunstwerk in der That dem Philostorgius [2]) und den unbekannten Schreibern zahlreicher Manuscripte [3]).

Auch sonstige Berührungspunkte fehlen nicht. Dass man die Rede am Schlusse in die Erwähnung des göttlichen Namens auslaufen lässt und an diesen die Formel knüpft: $\tilde{\psi}$ $\tilde{\eta}$ $\delta\delta\xi\alpha$ $\varepsilon\iota\varsigma$ $\tau o\upsilon\varsigma$ $\alpha\iota\tilde{\omega}\nu\alpha\varsigma$ $\tau\tilde{\omega}\nu$ $\alpha\iota\dot{\omega}\nu\omega\nu$. $\dot{\alpha}\mu\dot{\eta}\nu$, das findet sich freilich schon im N. T. [4]) und in den verschiedensten Schriften des zweiten christlichen Jahrhunderts, aber nicht zufällig kann es sein, dass aus den zahlreichen doxologischen Formeln, welche in den kanonischen und apokryphen Büchern des A. und N. Testamentes uns begegnen, gerade diejenige die stehende Schlussformel in der christlichen Predigt wurde, die sich auch bei Ps. Josephus als eine längst gebräuchliche vorfindet [5]). Schwerlich

---

[1]) Dass dies der Fall ist, lehrt ein Blick in die doch so ganz ungenügenden Noten Mangey's und der naive Freudenruf Aucher's *Phil. Jud. Paralip.* p. V: *Fit eo pactu, ut quemadmodum quibusdam Philo erat alter Plato; ita nobis Ambrosius sit Philo Christianus. Res mira profecto, quam laeta, sed mirabunda universa accipiet Europa.* Aucher aber scheint bloss den Ambrosius zu kennen, sonst hätte er auch die oben verzeichneten Namen genannt.

[2]) *hist. eccl.* 1 c. 1 bei Phot.: τὸ μὲν τοίγε τέταρτον ὑπὸ Ἰωσήπου γεγράφθαι καὶ αὐτὸς συνομολογῶν, οὐχ ἱστορίαν μᾶλλον ἢ ἐγκώμιον εἶναί φησι, τὸ περὶ τὸν Ἐλεάζαρον καὶ τοὺς ἑπτὰ παῖδας τοὺς Μακκαβαίους διηγούμενον.

[3]) Siehe oben S. 13, 2.

[4]) Hebr. 13, 21.

[5]) Ueber den Absatz 302, 29—303, 7. a. Note 9. Doxologien an derselben Stelle, wo Ps. Josephus sie hat (271, 15), finden sich nur vereinzelt in ursprünglich hebräischen Vorträgen. So in den Scheeltot 1, p. 2a; 64, p. 20b; 121, p. 36a; 153, p. 43c; 165, p. 45a; 166, p. 45b; 170, p. 46b. Die volle Formel lautet:

ist auch dies zufällig, dass die jüdische und die älteste kirchliche Beredsamkeit in gleicher Weise den 'Lobreden' insbesondere den Lobreden auf die Märtyrer' und den Casualreden sich zugewendet haben [1]).

Bedenken wir ferner, dass die Beziehungen zwischen den jüdischen Hellenisten und den Vätern der alten christlichen Kirche nothwendig viel inniger gewesen sein müssen, als zwischen diesen, von denen nur sehr Wenige Hebräisch verstanden, und den palästinensischen Juden, die keine formgerechten Vorträge hielten; geben wir zu, dass aus älteren jüdischen Reden noch gar Mancherlei als Excerpt in christlichen Predigten versteckt sein kann, das aber bei der ganz allgemeinen Gewohnheit der Redner nicht zu citiren unerkannt bleiben wird — sowie ja auch Niemand die Homilien Philo's und die Predigt unseres Ps. Josephus' in den Reden eines Origenes, Chrysostomus, Ambrosius und Anderer wiedergefunden hätte, wenn die Originale nicht gerettet wären —; räumen wir ein, dass eine Entlehnung kirchlicher Formen für den synagogalen Gebrauch hier schon darum abzuweisen ist, weil die jüdische Predigt mehr als anderthalb Jahrhunderte vor Origenes geblüht hat, dass dagegen der christliche Gottesdienst ursprünglich ganz auf jüdischem Boden stand und eine wenigstens theilweise Entlehnung gewisser Predigtweisen auch für eine spätere Zeit nichts Auffallendes hat; müssen wir endlich anerkennen, dass eine Nachahmung jüdischer Reden in christlichen Homilien und Predigten thatsächlich und unbestreitbar vorliegt: so wird die Behauptung als eine wohlbegründete erscheinen, dass die christliche Kanzelberedsamkeit den Schritt von den einfachen Vorträgen der ersten zwei Jahrhunderte zur künstlicheren Homilie und zur formvollendeten Predigt nicht ohne Beihilfe der jüdisch-griechischen Beredsamkeit gethan hat.

Gelobt sei der Name Gottes, der uns das Gesetz und die Gebote gegeben hat durch Moses unseren Lehrer zur Belehrung seines Volkes, des Hauses Israel.'

(בריך שמיה דקו"בה דיהב לנא אורייתא ומצוהא על ידי משה רבינו לאלפא לעמיה בית ישראל.) Auf diese Stellen hat mich Herr Dr. Graetz aufmerksam gemacht.

[1]) S. Paniel a. a. O. p. 140. 280 ff. Ueber jüdische Casualreden s. Note 5.

II.

Die Darstellung des religionsphilosophischen Gehaltes unserer Schrift ist schon mehrere Male unternommen worden. Calmet[1], Bretschneider[2], Gfrörer[3], Dähne[4], Grimm[5] und Langen[6] haben es sich angelegen sein lassen in grösserer oder geringerer Ausführlichkeit die Stellung zu kennzeichnen, die der Verfasser den religiösen und philosophischen Fragen seiner Zeit gegenüber eingenommen hat. Keine dieser Arbeiten macht den Versuch einer neuen Lösung der Aufgabe überflüssig; denn keine giebt eine genaue und vollständige Charakteristik der Anschauungen unseres Buches. Bretschneider und Dähne haben nur einzelne Partien herausgehoben, unbekümmert um andere bedeutungsvolle Seiten der Schrift; Calmet und Grimm konnten in den Einleitungen zu einer Uebersetzung oder zu einem Commentar nur eine dürftige Skizze geben; Langen erörtert den Inhalt des Büchleins nur gelegentlich im Zusammenhange mit den Fragen nach Ort und Zeit der Abfassung; Gfrörer endlich hat freilich ein nach allen Seiten sauber gezeichnetes Bild geliefert, aber dies Bild ist gerade in wesentlichen Zügen verzeichnet. Das hat seine guten Gründe. Zunächst war ein genaues Verständniss unserer Schrift durch den gänzlichen Mangel an philologischer Kritik ausgeschlossen, der nicht bloss in Gfrörers Darstellung so unangenehm hervortritt. Mit Ausnahme Eines Kapitels, das Gfrörer mit Allen, die über das Buch geschrieben haben, für unecht hält, und das zum grössten Theile als eine der ungeschicktesten Interpolationen auch dem blödesten Auge sich verräth, nimmt er als baare Münze hin, was nur im Haverkamp'schen Texte gedruckt vorliegt. Den reichen handschriftlichen Apparat zu benutzen ist ihm ebensowenig eingefallen, wie Bretschneider, Dähne und Langen. Die beispiellose Zerrüttung des Textes aber schliesst natürlich jedes genauere Urtheil über den Inhalt aus.

---

[1] a. a. O. S. 472 ff.
[2] Dogm. der apokr. Schriften des A. T. an mehreren Stellen.
[3] a. a. O. S. 173 ff.
[4] a. a. O. S. 190 ff.
[5] a. a. O. S. 288 ff.
[6] Das Judenthum in Paläst. S. 74 ff.

Doch geradezu verhängnissvoll für die Auffassung unseres Buches war das Vorurtheil, mit dem Dähne, Gfrörer und Andere an die nichtphilonischen Schriften dieses Literaturgebietes herantraten. Philo galt ihnen für den einzigen echten Repräsentanten der 'alexandrinischen Religionsphilosophie,' wie man sie nannte; in seinen 'theosophischen Anschauungen' sah man die Grundlehren der gesammten jüdisch-hellenistischen Theologie. Mit allen Künsten einer gewaltsamen Interpretation, oft mit Nichtachtung des Zusammenhanges, des Wortlautes und der Grammatik ward in die fertige Form gezwängt, was von spärlichen Ueberresten jener Zeit uns geblieben ist; eine wahre Hetzjagd auf Allegorien, auf die Mittelwesen und andere Lehren Philo's ward in den LXX, den apokryphischen und sonstigen jüdisch-hellenistischen Schriften angestellt und auch unser Büchlein entging dem Schicksal nicht als Vertreter der 'alexandrinischen Theosophie' von Dähne und noch entschiedener von Gfrörer im Triumphe aufgeführt zu werden[1]).

In Wirklichkeit aber liefern die Ueberbleibsel dieser Literatur, soweit sie nicht philonischen Ursprungs sind und alle verbürgten Nachrichten, welche uns über die theologischen Richtungen, nicht bloss der Alexandriner, sondern der jüdischen Hellenisten insgesammt Kunde geben, ein Bild, das von den verschiedensten religiösen und philosophischen Meinungen gefärbt ist. Ein ziemlich flacher Rationalismus[2]) und die Keime der mystischen Lehren Philo's[3]); Verflüchtigung des Gesetzes zu blossen Hüllen eines angenommenen tiefern Sinnes oder

---

[1]) Ein Mann wie Zeller konnte dies unwürdige Spiel natürlich nicht mittreiben; aber über der richtigen Erkenntniss des Ganzen verlor er die rechte Schätzung des Einzelnen. Weil die religionsphilosophischen Schriften der jüdischen Hellenisten nicht die Lehre Philo's enthielten, sind sie in Zeller's grossem Werke, das doch nun einmal auch mit der jüdischen Religionsphilosophie sich befassen wollte, gar nicht zu ihrem Rechte gelangt, natürlich mit Ausnahme der Essäer und Therapeuten, dieser *enfants chéris* der Theologen seit des Eusebius Zeiten.

[2]) Ps. Aristeas p. 116 ff. *Hoverk.*

[3]) In den Fragmenten Aristobuls. Die Lehre, dass nur das Gute von Gott komme (bei Eus. *pr. ev.* XIII, 12. im ἱερὸς λόγος v. 13. p. 665 A *ed. Paris* 1628), die pythagoreisirende Deutung der Siebenzahl (das. 667 A f. 668 B), die pantheistische Anschauung (das. 668 B f.), seine in philonischem Stile gehaltenen Aeusserungen über σοφία (das. VII, 14. 324 A und XIII, 12. 667 A) können trotz Zellers Einsprache (V³ 222) nicht wohl anders bezeichnet werden.

gar Verspottung und Missachtung der Schrift[1]) und unbedingte Verehrung des Buchstabens[2]); allegorisirende von griechischen Ideen durchtränkte Schriftdeutung[3]) und Studium des jüdischen Gesetzes durchaus in der Methode der palästinensischen Schulen[4]); die lautere Unsterblichkeitslehre, wie sie Platon giebt[5]) und der Auferstehungsglaube in der krassesten Form[6]); der lauterste Monotheismus[7]) und die Lehre vom Teufel[8]); die Schöpfung aus Nichts[9]) und die Umbildung der Welt aus einer formlosen Materie[10]); krasse Verkörperung Gottes[11]) und die rein geistige Auffassung seines Wesens[12]), alle diese so weit von einander abweichenden Elemente treten dicht neben einander, oft in demselben Buche auf und spotten jedes Ver-

---

[1]) s. Philo 450, 15. II, 26, 30. 587, 22. *Quaest. in Gen.* III, § 43.
[2]) s. Philo 146, 43. 397, 37. 636, 8.
[3]) Ueber allegorische Deutung der Schrift vor Philo s. oben S. 7¹.
[4]) Die Stellen, welche von einem innigen Verkehr zwischen den Schriftgelehrten Palästina's und Alexandriens Kunde geben, hat zum Theile Rapoport (Erech Millin 101 ff. Vergl. auch Frankel Monatsschr. 1867. p. 245) gesammelt. Dass auch in Alexandrien die Schrifterklärung der Palästinenser blühte, beweisen Stellen wie Talm. Jerus. Kiddusch. 64, 4. Talm. Babyl. Niddah 69 b f. Die höchst charakteristische Erzählung von den zwölf Fragen, welche zum Theil ernsten, zum Theil scherzhaften Inhaltes an letzterer Stelle die Alexandriner dem R. Josua ben Chanania vorgelegt haben, entspricht gänzlich den Verhältnissen des Ortes und der Zeit. An der Wahrheit derselben ist daher nicht zu zweifeln. Die Alexandriner aber, sei es aus diesen, sei es aus andern Gründen als Pharisäer anzusehen, wie die Grossmann in seinen Abhandlungen *de Phar. Jud. Alex.* thut, ist ganz verkehrt. Nach Allem, was in neuerer Zeit über sie geschrieben worden ist, wird man nicht anstehen dürfen, in Pharisäern und Sadducäern Parteien zu erblicken, deren Gegensatz nur auf dem Boden Palästina's seine Bedeutung hat.
[5]) In der Sapientia an zahlreichen Stellen.
[6]) Im II MB. ungemein häufig. Vgl. auch Ps. Phokylides v. 104. Bernays Ueber das Phokyl. Ged. p. IX.
[7]) Belege hierfür liefert die Sapientia in grosser Zahl.
[8]) Ps. Philo *de Samps.* § 1 (S. auch Philo II, 650); Sap. 2, 24 (von Graetz als Interpolation angesehen III² 444). IV MB. 302, 7 ist sicher spätere Zuthat. Die Stellen in Sirach 21, 27. im Henochbuch (häufig), in der ass. Mos. 14, 29. *Volkm.* X. 26 *Hilg.* und in anderen ursprünglich hebräisch geschriebenen Büchern ergeben keinerlei Aufschlüsse über den Ideenkreis der Hellenisten.
[9]) II MB. 7, 28.
[10]) Sap. 11, 18 (s. auch Philo 89, 24. II, 625).
[11]) Philo *quaest. in Gen.* IV, § 2.
[12]) Belege sind auch hier unnöthig.

suchs, die auseinanderstiebenden Richtungen unter die Formel Einer Schule zu zwingen.

Diese Betrachtung war nothwendig, um uns vor dem Fehler Gfrörer's zu bewahren [1]), einem Fehler, den der Charakter der Schrift ungemein zu begünstigen im Stande ist. Es ist ja schon an sich eine Operation von zweifelhaftem Erfolge, den Zusammenhang, in dem ein Schriftsteller seine Lehren vorgetragen hat, aufzulösen und in einem selbstgeschaffenen Ganzen neu zu gliedern. Die Gefahr liegt nahe, dass hierbei mancher ursprüngliche Zug verwischt, manche Lücke durch Ungehöriges ergänzt und selbst das echte Gut des Schriftstellers durch falsche Stellung entwerthet werde. Wie weit gefährlicher muss diese Operation bei unserer Schrift sein, einer kleinen Predigt, die nicht eine systematische, abgerundete Darstellung theologischer Lehren sein will, sondern die, zum grossen Theile auf historische Thatsachen gestützte Ausführung eines philosophischen Satzes. Wohl lässt sich ziemlich klar aus Einzelheiten der theologische Standpunkt des Verfassers bestimmen; aber welch bedeutende Lücken zeigen sich gerade an den Punkten, die ausgefüllt zu sehen uns ein hohes Interesse reizt; wie dürftig muss das System sein, das aus einigen abgerissenen Sätzen errichtet wird, und wie würde der Verfasser sich dagegen gesträubt haben, aus diesen seinen Gedankensplittern ein geschlossenes Lehrgebäude errichten zu helfen. Wenn wir aber um der Uebersichtlichkeit willen dieser Aufgabe uns nicht entziehen dürfen, wie nothwendig ist es daran zu denken, dass wir nicht das System des Verfassers, sondern nur seines Büchleins geben können. Nicht unserem Ps. Josephus sind daher die Unebenheiten anzurechnen, welche die nachfolgende Uebersicht aufweisen muss und die durch Combinationen wegzuschaffen ebenso unnütz wie gefährlich wäre.

Zwei philosophische Systeme haben tiefer als alle anderen auf das Geistesleben der Juden eingewirkt: das platonische und das stoische. Platon übte durch die Hoheit seiner Gedanken, durch den

---

[1]) Sie möge mir auch das Recht verschaffen, viele Irrthümer Gfrörer's stillschweigend zu berichtigen. Die Begründung aller meiner von ihm abweichenden Ansichten würde den Umfang dieser Untersuchungen um das Doppelte anschwellen machen. Nur beispielsweise habe ich an einigen Stellen auf Gfrörer Rücksicht genommen. Auch die Polemik gegen Grimm's viel nüchterner gehaltene Anmerkungen ist so viel wie möglich vermieden worden.

fast prophetischen Schwung seiner Sprache, durch die geheimnissvolle Tiefe seiner Mythen einen Zauber auf die jüdische Welt, von dessen gewaltiger Wirkung die Schriften Philo's zeugen. Das stoische System aber fesselte auch die bibelgläubigen Juden durch die straffe Richtung seiner Ethik, die aus der politischen Zerrissenheit und der moralischen Verkommenheit des nachalexandrinischen Hellenenthums in die Stille der Entsagung und der Selbstbetrachtung flüchtete. In der stoischen Ethik glaubte man bald genug den Boden gefunden zu haben, auf dem die ängstlichste religiöse Gewissenhaftigkeit der freien Speculation des fremden Volkes die Hand reichen dürfe[1]). Neben diesen Systemen nimmt freilich auch der Pythagoreismus, wie ihn jene Zeit verstand, einen äusserlich nicht unbeträchtlichen Raum ein; aber Grundlagen theologischer Systeme werden neu-pythagoreische Ideen bei den Juden doch erst viel später und durch fremde Vermittelung in der trüben Zeit des Mittelalters. Nicht viel stärker hat Aristoteles auf das philonische System gewirkt. Es ist allein der noch immer zwischen Sein und Nichtsein schwankende Aristobul, den eigenes Geständniss[2]) und die Berichte der Kirchenväter[3]) als wirklichen Anhänger des Peripatos erkennen lassen.

Schwerlich aber wird man auch Ps. Phokylides einen Peripatetiker nennen dürfen. In den drei Stellen, aus denen Bernays' Scharfblick das Recht herleiten wollte, den jüdischen Gnomendichter 'einen im Aristoteles wohlbelesenen Juden'[4]) zu nennen, hört man unschwer Anklänge an stoische oder an solche Lehren, die in jener Zeit als leichte Münze umlaufend[5]) nur eine gewisse höhere Bildung, nicht aber das Studium eines philosophischen Systems verrathen.

Unser Ps. Josephus nun steht keiner der griechischen Philosophenschulen so nahe, wie der stoischen. In Kunstausdrücken und Anschauungen, in Definitionen und Divisionen zeigt sich eine oft wörtliche

---

[1]) Aristobul bei Eus. pr. ev. XIII, 12. p. 666 D f. Ἡ δὲ τοῦ νόμου κατασκευὴ πᾶσα τοῦ καθ' ἡμᾶς περὶ εὐσεβείας τέτακται καὶ δικαιοσύνης καὶ ἐγκρατείας καὶ τῶν λοιπῶν ἀγαθῶν τῶν κατ' ἀλήθειαν. Sapient. 8, 7: σωφροσύνην γὰρ καὶ φρόνησιν ἐκδιδάσκει, δικαιοσύνην καὶ ἀνδρείαν. Vgl. noch Aristeasbrief p. 116 ff. Hoverk.
[2]) Eus. pr. ev. VII, 14. 324 A.
[3]) Clem. Alex. Strom. V, 595 D. Sylb.; Eus. pr. ev. VIII, 9. 375 D und sonst.
[4]) Ueber das Phokyl. Gedicht p. XXXIV.
[5]) S. Note 11.

Uebereinstimmung mit stoischen Lehren. Aber schon die äussere Form der Schrift, die kunstvoll gebauten Sätze und die zierlichen Redewendungen liegen nicht im Charakter der Stoa, die dergleichen als unnützen Tand verpönte. Erst Spätere wie Posidonius und Seneca wollten zugleich Stoiker und Redekünstler sein. Noch entschiedenere Abweichungen von der strengen Schule weist der Inhalt der Schrift auf. Unter den vielen Richtungen innerhalb der Stoa ist keine, der auch nur seine psychologisch-ethischen Anschauungen ganz entsprächen; denn Ps. Josephus will, bevor er Philosoph ist, vor Allem ein Jude sein. Ueberall zeigt er die innigste Anhänglichkeit an seine Religion und an sein 'Vaterland'. Ihm ist es ein gar grosses Vergehen, dass auf der Akra von Jerusalem von den Griechlingen eine Ringschule errichtet ward (277, 20); die Vernachlässigung des Opferdienstes (277, 22) verdiente eine schwere Züchtigung; er weiss Nichts von dem Weltbürgerthum Philo's und der Stoa, sondern steht starr in dem engen, kräftigen Patriotismus seines Volkes. Er hält fest an dem Buchstaben der Schrift, an der Lehre von Wundern und unmittelbarem Eingreifen Gottes in die menschlichen Geschicke, und alle Grossthaten der Vorfahren finden in ihm den glühendsten Bewunderer und Lobredner. Ein solcher Mann konnte unmöglich dem Determinismus der stoischen Moral zustimmen; er konnte einem Systeme nicht überall folgen, dessen Consequenzen, von den strengeren Anhängern mit eiserner Starrheit gezogen, dem wirklichen Leben wie der biblischen Religion gleich fern standen; er musste die Freiheit des Urtheils einem Systeme gegenüber sich wahren, dessen Häupter Weibergemeinschaft und Knabenliebe vertheidigten, Lügen und Selbstmord unter Umständen für erlaubt hielten [1]).

Wenn demnach grössere Differenzen zwischen Ps. Josephus und der Stoa schon in der Ethik bestehen, so scheidet eine geradezu unausfüllbare Kluft von der stoischen Physik einen Jeden, der, im Gottesglauben der Juden grossgezogen, den wesentlichen Inhalt desselben sich nicht vernichten und nicht verflüchtigen lassen wollte. Denn trotz der stoischen Lehre von göttlicher Vorsehung, trotz ihrer oft kleinlichen Teleologie stand ihr Materialismus und Hylozoismus in so schroffem Gegensatze zu Allem, was über Gott, Welt und Mensch die

---

[1]) Vgl. Zeller IV² 258, 3. 261.

Bibel lehrt, dass unser Verfasser eine Vereinigung dieser Gegensätze mit Recht für unmöglich halten musste und keinen Versuch wagte, durch allerlei Deutungskünste einen Bund zwischen Gegnern zu schliessen, die unversöhnlich einander gegenüberstanden. In der ganzen Schrift findet sich Nichts, was der biblischen Lehre von Gott und seinem Verhältnisse zur Welt widerspräche.

Gott ist 'der Seiende' (ὠ ὤν 279, 25). Dieses, den griechischen Philosophen wie kaum ein anderes geläufige Wort setzen ja schon die verschollenen Uebersetzer der Bibel an die Stelle der dunkelen Worte Exod. 3, 14 und der sehr klaren Jerem. 14, 13. 32, 17. (39, 17 LXX); und 'den Seienden' nennen Gott mit besonderer Vorliebe auch die Männer, welche später griechische Philosophie und biblische Anschauungen zu versöhnen suchten: der unbekannte Verfasser der Sapientia (13, 1) und Philo an unzähligen Stellen.

Gott ist ferner unserem Ps. Josephus 'der Schöpfer der Welt' oder 'des Alls' (279, 28. 290, 2 ὁ τοῦ κόσμου κτίστης[1]): ὁ πάντων κτίστης)[2]. Insbesondere ist die Schöpfung des Menschen sein Werk (274, 16. 299, 15. 303, 6). Von Gott hat der Mensch sittliche und geistige Anlagen (274, 17) und alle Güter des Lebens empfangen (299, 15); von ihm stammt der Geist, der über alle Gemüthsbewegungen herrschen (274, 18) und das Gesetz, das die Richtschnur menschlichen Handelns und die Stütze menschlichen Denkens sein soll (279, 9. 26. 281, 24. 284, 2 u. sonst); von ihm hat auch der Tyrann seine Herrschaft erhalten, die er in so schrecklicher Weise gegen die Verehrer Gottes anwendet (291, 30).

Keine Lehre ist vielleicht eindringlicher von den jüdischen Hellenisten verkündet worden, als diese, dass Welt und Geist und Schicksal des Menschen von Gott abhangen. Es giebt kaum eine Schrift aus diesem Kreise, die nicht von dieser Lehre Kunde gäbe. Nur darin weichen die einzelnen Schriftsteller von einander ab, dass die einen

---

[1] Hier ist zu lesen κατὰ φύσιν ἡμῖν συμπαθεῖ νομοθετῶν ὁ τοῦ κόσμου κτίστης καὶ τὰ μὲν κτλ.

[2] In diesen oder in ähnlichen Ausdrücken begegnen sich wieder auf Grund der griechischen Uebersetzung von Gen. 14, 19. 22. Deut. 4, 32. ψ. 88, 12. der Verfasser des Aristeasbriefes (p. 105 Haverk.), der Sapientia (1, 14. 9, 1. 11, 18. 13, 3) und des zweiten MB. (1, 24. 7, 23. 13, 14), Sirach 18, 1. 23, 20. 24, 8. 43, 33. Vgl. Jos. Ant. 1, 1, 1 ff.

nur das Gute unmittelbar von Gott ausgehen lassen [1]), die andern, der biblischen Lehre folgend, auch das Böse von Gott herleiten, und zu diesen gehört auch unser Verfasser. Nach 289, 26 ist es Gott selbst, der die Frevler bestraft, und auch die πάϑη, aus denen doch die Sünde herstammt, sind von ihm dem Menschen eingepflanzt (274, 17). Wendet man dagegen ein, dass auch Philo dergleichen allgemein gehaltene Sätze oft ausgesprochen hat, und daher für unseren Verfasser durch sie Nichts bewiesen werden könne, so ist doch die Annahme von Mittelwesen zurückzuweisen, so lange nicht für sie entscheidende Beweisstellen angeführt werden und diese sucht man in unserer Schrift vergebens.

Aber, obgleich mit den Grundanschauungen des biblischen Judenthums verwachsen, ist Ps. Josephus' Lehre von der Vorsehung und den göttlichen Eigenschaften doch durch das Medium der griechischen Philosophensprache hindurchgegangen und hier ein wenig von der ursprünglichen Richtung abgelenkt worden. Daher hier wie im Buche der Sapientia, in Josephus und selbst im II MB.[2]) die häufigen Abstracta ϑεία δίκη (277, 9. 23. 291, 32), πρόνοια (288, 1. 293, 21), δύναμις (279, 4). Im Uebrigen aber stehen wir hier gänzlich auf altjüdischem Grund und Boden. Die göttliche Vorsehung, so lehrt Ps. Josephus, wacht über die Religion, den Tempel und das Volk, die seiner Verehrung dienen (276, 32 f. 277, 9. 279, 3. 288, 1. 292, 10 u. sonst). Gott hat Mitgefühl für uns (279, 27). Gott ist allweise (271, 17. 293, 20), allwissend, denn 'auch die Schweigenden höret er' (καὶ τῶν σιωπώντων ἀκούει ὁ ϑεός[3]) 289, 22. Vgl. 282, 3). Gott ist ein gerechter Richter der Guten und Bösen; er straft den Tempelräuber (276, 32) und die Sünder gegen das Gesetz (277, 9. 23); er züchtigt den Sünder im Leben und nach dem Tode (288, 20. 289, 9. 26 u. sonst). Aber er ist ebenso milde gegen die frommen Dulder, denen er ein glückseliges Leben noch nach dem Tode schenkt (300, 9. 301, 6 u. sonst). Er erhört das Gebet des frommen Hohenpriesters um Begnadigung des Sünders (277, 10) und schickt seine Engel, um den Tempel zu schützen (276, 32). Diese letztere Anschauung, dass

---

[1]) S. oben S. 38, 3. Ueber die Philonische Lehre s. Zeller V* 311.
[2]) Belege sind entbehrlich.
[3]) Jos. b. J. V, 9, 4. 50, 12 Bk. καὶ τῶν σιγωμένων ἀκούει (ὁ ϑεός).

himmlische Wesen als Boten von Gott entsendet werden, hält sich freilich innerhalb der biblischen Engellehre, doch ist auch hier schon ein Uebergang zu den viel gröberen Anschauungen der späteren Zeit nicht zu verkennen. Die Engel erscheinen (das.) vom Himmel her in glänzender Rüstung hoch zu Rosse; die Seuche, von der Num. 17, 11 die Bibel berichtet, wird als das Werk eines 'Gluthengels' (ἐμπυρισνής[1]) ἄγγελος 283, 16) aufgefasst und 'mit dem Räucherwerk bewaffnet' besiegt ihn Aaron[2]).

Mit diesen ganz volksthümlichen Anschauungen stimmt es, dass er mehr als Eine Anthropopathie sich zu Schulden kommen lässt. Von dem 'Mitgefühl Gottes' war schon die Rede (279, 27); ebenso wird vom 'göttlichen Zorne' (288, 20), von einem 'Gott der Väter' (πατρῷος ϑεός 292, 10) und von einer 'Vorsehung der Väter' (πάτριος πρόνοια 287, 32) gesprochen. Dagegen wird Gfrörer's zweifelnde Bemerkung[3]) Niemanden veranlassen, die Worte Gottes Thron (ϑείῳ ϑρόνῳ 301, 3) in buchstäblichem Sinne und nicht vielmehr für ein blosses Bild zu nehmen. 'Gottes Thron' ist der Ort, an dem Gottes Herrlichkeit sich in ausgezeichneter Weise offenbart. Das meint schon Jesaias (66, 1) mit den Worten: 'So spricht der Herr: der Himmel ist mein Thron und die Erde meiner Füsse Schemel.' So erklärt sehr richtig das Bild der Damascener Johannes[4]), und Aehnliches wird auch Ps. Josephus gedacht haben, als er jene Worte sprach. An einen wirklichen Thron zu denken, verbietet doch wohl die einfache Ueberlegung, dass hiermit unserem Ps. Josephus eine Lehre aufgebürdet würde, die

---

[1]) Lobeck zu Phryn. p. 335 hat diese Stelle übersehen und citirt auch sonst unsere Schrift, die ihm eine reiche Ausbeute geliefert hätte, nirgends.

[2]) In den talmudischen Schriften wird Aehnliches berichtet. Eine anmuthige Sage lässt beim Tode Aaron's das Volk ungläubig fragen: 'Wie kann der Todesengel den Mann berühren, der selbst gegen den Todesengel stand und ihn zurückwies, da es ja heisst (Num. 17, 13): Und er stand zwischen den Lebenden und den Todten.' היאך מלאך המות יוכל לפגוע בו אדם שעמד במלאך המות ועצרו דהתיב יעמד בין המתים ובין החיים Midrasch Rabb. zu Num. 20, 29. Vgl. Sabb. 89 a.

[3]) a. a. O. p. 192.

[4]) λέγεται τοιγαροῦν ϑεοῦ τόπος ὁ πλέον μετέχων τῆς ἐνεργείας καὶ τῆς χάριτος αὐτοῦ· διὰ τοῦτο ὁ οὐρανὸς αὐτοῦ ϑρόνος de fide orthod. l. 1 c. 13 (bei Lipsius physiol. Stoic. p. 65). Auch der so stark gegen Anthropomorphismen eifernde Aristobul spricht unbedenklich dem orphischen Verse nach: αὐτὸς δὴ μέγαν αὖϑις ἐπ' οὐρανὸν ἐστήρικται χρυσέῳ ἐνὶ ϑρόνῳ. Eus. pr. ev. XIII, 12. 665 D. Vgl. auch Sap. 9, 4.

ihn tief unter die reinere Auffassung der Bibel zu Audianern, der Muschabbiha und dem Verfasser des in derber Vermenschlichung Gottes schwelgenden 'Maass der Grösse' (שׁעוּר קוֹמה)[1]) werfen würde.

In ähnlicher Weise wie die besprochenen Worte ist die Stelle ἀνατείνει τὰ ὄμματα πρὸς τὸν θεόν (282, 2) zu erklären. Es besagt dasselbe, was unser 'zu Gott emporblicken'[2]).

Ist es somit nach Allem klar, wie nahe die theologischen Anschauungen Ps. Josephus' denen der Bibel kommen, so wird Niemand aus den oben erwähnten, zum Theil freilich unbiblischen Abstractis auf eine tiefgehende innere Verschiedenheit zwischen ihnen schliessen dürfen. Anders Gfrörer. Er missbraucht die Begriffe: θεία δίκη, πρόνοια und δύναμις zum Nachweise einer Uebereinstimmung Ps. Josephus' mit 'alexandrinischen Lehren' von einem 'verborgenen, der Welt entfremdeten Gotte'[3]). Seine Beweise sind so hinfällig, die Gegengründe, welche er selbst anerkennt[4]), so stark, dass man jeder ausführlichen Widerlegung entrathen kann. Nichts Rühmlicheres lässt sich von einer andern Bemerkung Gfrörers sagen, dass 'das Beiwort πάνσοφος (271, 17. 293, 20) an die alexandrinische σοφία erinnere'[5]). Als ob ein Mann, der in der Bibel unzählige Male von der Weisheit Gottes sprechen hörte, nicht von einer 'allweisen Vorsehung' sprechen dürfte, ohne an 'die alexandrinische σοφία' zu denken! Braucht man hier noch daran zu erinnern, dass unser Ps. Josephus Nichts mehr liebt als gerade solche mit πᾶν zusammengesetzte Beiwörter[6]), und dass πάνσοφος ihm so wenig ein 'der göttlichen Vorsehung' allein zukommendes Attribut ist, dass er es selbst dem Erzvater Jakob beilegt (274, 11)? Belege für diese abgeblasste und nichts weniger als eine Allheit einschliessende Bedeutung des πάνσοφος geben übrigens die Lexica in Fülle[7]).

---

[1]) Ueber dieses unschöne Product einer wirren Zeit s. Graetz V, p. 231 ff.

[2]) Doch kann ich den Gedanken nicht unterdrücken, dass ΘΕΟΝ aus einem ursprünglichen ΟΥΟΝ (οὐρανόν) corrumpirt sei. Vgl. 260, 27. II MB. 7, 28.

[3]) a. a. O. p. 180 ff.

[4]) p. 183 ff.

[5]) Das. p. 182.

[6]) Grimm a. a. O. p. 287.

[7]) Für den entsprechenden Philonischen Gebrauch des Wortes verweise ich auf Stellen, wie 142, 7. 147, 29. 161, 5. 169, 42 u. andere.

Wenn in der Lehre von Gott und seinen Eigenschaften unsere Schrift nur schwache Spuren eines fremden Einflusses aufwies, so trägt der psychologische und ethische Gehalt derselben um so entschiedener das Gepräge, welches eine Vermischung biblischer und griechischer Anschauungen ihm aufdrücken musste. Aber diese Verbindung ist innig genug, um äusserlich wenigstens ein wohl abgerundetes Ganze zu zeigen; nur geringe Unebenheiten lassen die ungefüge Verschiedenheit der ursprünglichen Bestandtheile erkennen.

Ps. Josephus scheidet den Menschen in Uebereinstimmung mit der Lehre der Bibel und vieler griechischen Philosophen nach Körper und Seele [1]) (271, 31. 272, 7. 9 und c. X, 4) [2]). Innerhalb der seelischen Thätigkeit müssen ein denkender und ein nicht denkender Theil unterschieden werden. Das geht mit Nothwendigkeit aus der Ansicht des Verfassers hervor, der zufolge es seelische $\pi\acute{\alpha}\vartheta\eta$ giebt, die nicht $\pi\acute{\alpha}\vartheta\eta$ des Denkens sind (270, 14 f.). Das ist denn die erste Abweichung von der Lehre der Stoiker, denen alle $\pi\acute{\alpha}\vartheta\eta$ in den Bereich des Denkvermögens fallen [3]). Welcher Grund Ps. Josephus zu dieser Abweichung veranlasst hat, ist später zu zeigen.

Ueber den Ursprung der Seele urtheilt Ps. Josephus wieder ganz anders als seine philosophischen Meister, die Stoiker. Diesen ist die Seele ein **Ausfluss**, ein **Stück** der Gottheit als Theil jenes göttlichen Aethers, der das Weltall durchdringt. Unserem Verfasser dagegen ist die Seele ein **Geschöpf** Gottes darum, weil Gott ihm nicht eine innerhalb der Natur wirkende Kraft, sondern der persönliche Gott der Bibel ist. Alle ihre Eigenschaften und Fähigkeiten hat, wie schon oben erwähnt werden musste, Gott dem Menschen eingepflanzt, hat Affecte und sinnliche Anlagen ihm gegeben und den Geist über sie als Herrscher gesetzt (274, 15 ff.) [4]).

---

[1]) Ueber die Gegensätze von σῶμα und πνεῦμα, αἷμα und ψυχή s. Note 12.
[2]) Die Echtheit dieses in α und A enthaltenen Absatzes bezweifelt auch Grimm (z. St.) nicht.
[3]) D. L. VII, 111 δοκεῖ δὲ αὐτοῖς τὰ πάθη κρίσεις εἶναι. ib. 158. Plut. de plac. ph. IV, 21. De virt. mor. 3.
[4]) Vgl. Criton oder Damippus Pyth. bei Stob. ecl. II, 350 Mull. fragm. phil. II, 26 Ὁ γὰρ θεὸς οὕτως ἐτεχνάσατο τὸν ἄνθρωπον... ἀρχὰν γὰρ αὐτῷ ἐνεφύτευσε τοιαύταν, ἃ τις καὶ τὸ δυνατὸν ἅμα περιέχει καὶ τὸ προαιρετόν... καὶ διὰ τοῦτο ἀναθρώσκοντα αὐτὸν ἐκίνησεν.. καὶ ἄστρων (Mein.) νοατικὸν καὶ ὄψιν αὐτῷ ἐνέφυσε τοιαύταν τὸν

Ebenso entschieden lautet 303, 6, wonach die Märtyrer heilige unsterbliche Seelen von Gott empfangen haben' *(ψυχὰς ἁγνὰς καὶ ἀθανάτους; ἀπειληγότες παρὰ τοῦ θεοῦ)*. Die eben angeführten Worte (274, 15 ff.) sind, wie auch die Vergleichung mit Philo[1]) ergiebt, zunächst vom ersten Menschen zu verstehen. Auf welchem Wege aber gelangt die Seele zu dem nachgeborenen Geschlecht? Durch einen neuen Schöpfungsact Gottes? Oder indem die längst geschaffene Seele in den Leib bei der Geburt einzieht? Aber dass unser Verfasser die Lehre der Creatianer oder der Präexistenzianer zur seinen gemacht habe, lässt sich durch Nichts erweisen. Einige Worte (293, 24 ff.) scheinen ihn vielmehr den Traducianern zu nähern. 'Im Mutterleibe' heisst es daselbst, 'werden die Brüder von demselben Blute genährt und *διὰ τῆς αὐτῆς ψυχῆς* zur Reife gebracht.' Selbst wenn *ψυχή* hier nichts anderes als 'Lebensprincip' ist, umfasst es doch jedenfalls auch die Seele. Damit aber scheint erwiesen, dass dieselbe durch Fortpflanzung von der Mutter zum Kinde komme[2]). Aber diese Lehre ist doch in so farbloser Unbestimmtheit vorgetragen, dass man erkennt, wie wenig ihm dies Problem, welches die spätere christliche Welt so sehr beschäftigte, in seiner Schärfe zum Bewusstsein gelangt war.

Alle Menschen sind aus denselben Elementen gebildet *(ἐκ τῶν αὐτῶν γεγονότας στοιχείων* 292, 4)[3]) und denselben Eindrücken, Empfindungen und Gefühlen zugänglich *(ὁμοιοπαθεῖς* 292, 3)[4]), das

---

προςαγορευόμενον νοῦν, ᾧ τὸν θεὸν ὑφεῖται... καὶ ταύταν οὐχ ὁ θεός ἐστι ὁ δωρούμενος ἀλλὰ τὰς γενέσιος οὐσία καὶ τὰς αὐτῶν ψυχὰς ἁ προαίρεσις. Uebrigens vgl. Philo 52, 37. 54, 23. und vieles Andere.

[1]) Philo 32, 10 ff. u. sonst. Sap. 10, 1 ff.

[2]) Der Satz 293, 19 scheint Xenophon *(Cyropäd.* VII, 13) nachgebildet zu sein: *οἱ δ' ἀπὸ τοῦ αὐτοῦ σπέρματος φύντες καὶ ὑπὸ τῆς αὐτῆς μητρὸς τραφέντες καὶ ἐν τῇ αὐτῇ οἰκίᾳ αὐξηθέντες... πῶς οὐ πάντων αὐτοὶ οἰκειότατοι. Ζυ τελεσφορηθέντες* (293, 25), vgl. Philo 11, 305, 16 *οὕτοι δέ εἰσιν οἱ ἐν τῇ μήτρᾳ... τελεσιουργοῦντες κτλ.* Sonstige Ansichten über Geburt und Zeugung theilt Grimm zu Sap. p. 139 mit. Von den alten Kirchenlehrern spricht bekanntlich Tertullian de an. c. 19 am entschiedensten seine traducianischen Anschauungen aus. Philo lehrt neben dem oben Mitgetheilten die Präexistenz der Seelen (331, 39. 416, 37. 506, 48. II 37, 37), die unzweifelhaft auch Sap. 8, 19 bezeugt wird.

[3]) Vgl. Philo 279, 21. Plut. *de plac. ph.* V, 3, 5. II MB. 7, 22.

[4]) *ὁμριοπαθής, ὁμοιοπαθεῖν* heisst 'in derselben Weise afficirt werden,' sei es von Empfindungen (Plut. *Tim.* 45 C. Plut. *de adul.* 33. S. E. *adr. M.* VII, 301);

ist eine Lehre, die in ihrer Einfachheit keiner 'Erklärung bedarf. Um so auffallender aber muss es uns erscheinen, dass die Seele in unserer Schrift als ein materielles Wesen erscheint. Denn nur als ein solches kann sie nach ihrer Scheidung vom Körper 'Feuerstrafen ausgesetzt sein, die nimmer ein Ende nehmen' (292, 1). Aber gerade hier steht der Verfasser auf dem Boden der Stoa, der ja die Seele ein feuerartiger oder luftartiger Körper war [1]), und mit der Stoa stimmen auch die Epikureer überein [2]), um andere philosophische und theologische Richtungen, die hier angeführt werden könnten, zu übergehen.

Von der Einwirkung natürlicher Verhältnisse auf seelische Zustände erzählt uns Ps. Josephus 293, 19 f. 294, 7. Diesen Stellen zufolge hat er angenommen, dass eine Gleichheit äusserer Bedingungen eine Gleichheit der Denkungsart bewirke, und dass schon der organische Zusammenhang, der zwischen Brüdern besteht, eine Harmonie ihrer Seelen, die Bruderliebe erzeuge.

Die spärlichen Bemerkungen über das Wesen der einzelnen Seelenthätigkeiten selbst sind von Ps. Josephus so innig mit seinen ethischen Lehren verschmolzen, dass es unmöglich ist, sie aus diesem Zusammenhange zu lösen, ohne wesentliche Punkte zu übergehen, oder Unwesentliches zweimal zu sagen. Dem Beispiele des Verfassers zu folgen empfiehlt sich aber um so mehr, als jene Verbindung des Ethischen und Psychologischen aus seiner Grundanschauung über des Menschen Denken und Handeln hervorgegangen ist.

Das Denkvermögen des Menschen in seinem weitesten Umfange bezeichnet Ps. Josephus mit dem Ausdrucke Geist ($νοῦς$); aus ihm gehen die Funktionen des theoretischen und praktischen Denkens hervor (271, 22. 274, 18); er herrscht selbst innerhalb der Sinneswahr-

---

sei es von Schicksalen, Schmerzen, oder irgend welchen Verhältnissen. (Theophr. hist. pl. V, 7, 2. caus. pl. I, 6, 2, 4. Sap. 7, 3. A. G. 14, 15. Jak. 5, 17.) Die Märtyrer erinnern hier recht passend den Tyrannen daran, dass sie alle dieselben Empfindungen haben und auch den Schmerz in gleicher Weise fühlen. Bedeutet ὁμοιοπαθής das letztere, so würden sie ihn durch die Erinnerung an das Allen gemeinsame Menschenloos zum Mitleid stimmen wollen. κοινὰ πάθη πάντων sagt in diesem Sinne Ps. Phokylides v. 27. Grimm z. St. scheint beide Bedeutungen vereinigen zu wollen.

[1]) S. die zahlreichen bei Zeller IV³ 179 f angeführten Belege.
[2]) Zeller a. a. O. p. 372. 385.

nehmungen (274, 19) [1]). Dem Geiste ist das Gesetz gegeben, das ihn leiten soll, d. h. im Geiste des Menschen wird die gereifte Vernunft zum Gesetze seines Handelns, zur Regel, wonach Recht und Unrecht sich bestimmt (274, 19 f.)[2]); und als Geist der Mässigung und Selbstbeherrschung (σώφρων νοῦς) besiegt er alle Gemüthsbewegungen und Leidenschaften (272, 29. 274, 4. 9. 275, 24).

Innerhalb des νοῦς fällt der λογισμός, der (271, 21) definirt wird als 'Geist, der mit rechter Ueberlegung das Leben der Weisheit sich erwählt' (νοῦς μετὰ[3]) ὀρθοῦ λόγου προτιμῶν τὸν τῆς σοφίας βίον). Diese Definition bedarf einer Rechtfertigung. Ursprünglich bedeutet λογισμός ja nichts wie 'Denkthätigkeit.' In diesem Sinne finden wir das Wort in der älteren Psychologie der Griechen.[4]) So gebrauchen es die Stoiker, bei denen es das gesammte Denkvermögen umspannt, und so erscheint es auch in unserer Schrift. λογισμοί sind 'Gedanken' (278, 31. 280, 16. 294, 15); λογισμός bezeichnet auch wohl die schlechte Denkungsart (288, 16); und vergleicht man 275, 21 mit

---

[1]) ἡγεμόνα νοῦν διὰ τῶν αἰσθηρτιῶν wird mit 𝔄 zu lesen sein. Vergl. zu dieser Lehre Plut. de plac. ph. IV, 8, 1... αἰσθητήρια λέγεται πνεύματα νοερὰ κτλ. 𝔅. stellt ohne Noth ἡγεμόνα um, während doch dergleichen Hyperbata häufig sind. s. Kr. Gramm. (§ 50, 10, 2).

[2]) Nur diese Erklärung, die den Verfasser in Uebereinstimmung mit zahlreichen Lehren der Stoiker (s. Krische Forschungen p. 368 ff.) setzt, scheint dem Wortlaute und dem Zusammenhange angemessen. Grimm (z. St.) bezieht hier νόμος auf das jüdische Gesetz. Wenn hiergegen auch nicht das Fehlen des Artikels geltend gemacht werden kann (s. Winer Gr. p. 117), so entscheidet doch der Umstand, dass καὶ τούτῳ νόμον ἴσασι zunächst vom ersten Menschen gesagt ist, der doch 'das Gesetz' nicht empfangen hat. Die Lehre vom νόμος in Beziehung zur Stoa zu setzen, wird auch durch 290, 3 empfohlen. Denn ὑπάρχτος (das.) ist ein stoischer Terminus. s. Phryn. p. 328 Lob.

[3]) Vergl. Aristot. Eth. Nik. 1144 b 26: οὐ γὰρ μόνον ἡ κατὰ τὸν ὀρθὸν λόγον ἀλλ' ἡ μετὰ τοῦ ὀρθοῦ λόγου ἕξις ἀρετή ἐστιν. Wenn Zeller ὀρθὸς λόγος III[a] 491 mit 'richtiger Maassstab' übersetzt, so habe ich keinen Grund dafür auffinden können. Im sechsten Buche der Ethik ist λόγος und ὀρθὸς λόγος eine Thätigkeit des Subjects. Bei den Stoikern ist ὀρθὸς λόγος freilich, wie bekannt, die 'allgemeine Weltvernunft' (D. L. VII, 88); aber auch der 'gerade Verstand,' die 'rechte Ueberlegung' im einzelnen Menschen. D. L. VII, 47. 54. Philo 397, 37. Cic. Tusc. IV, 15, 34.

[4]) Plato Meno 98 A αἰτίας λογισμῷ; Aristot. de an. II, 4. 415, 8... πλάγιστα λογισμὸν καὶ διάνοιαν. Für den späteren Sprachgebrauch vergl. Plut. de superst. 3; de lat. viv. 5. Philo 57, 37; 218, 38; 232. 31; 280. 21; II, 163, 39 und über die Anwendung des Wortes in der Stoa s. Zeller IV[a] 182, 3.

275, 23, so erhellt, dass es geradezu die Thätigkeit 'des Ueberlegens,' des blossen λογίζεσθαι ist. An anderen Stellen kann es nur 'Denkthätigkeit' schlechthin bedeuten (270, 14. 274, 24), und als Synonymon findet sich διάνοια (273, 2)¹). In jener Definition (271, 21) nun aber bezeichnet λογισμός das 'wahre Denken,' das nie irren kann und zwar in entschiedener Beziehung auf die practische Thätigkeit des Geistes. λογισμός ist also unserem Verfasser nicht das Denken schlechthin, sondern das vernünftige Denken, das sich für das Leben der Weisheit entscheidet. In diesem Sinne steht es denn geradezu für εὐσεβής λογισμός (frommes Denken); welches Attribut eben so häufig ihm vom Verfasser beigelegt wie entzogen wird. Oft treten aber andere Adjectiva, die eine gleiche Beziehung genauer ausdrücken sollen, hinzu: εὐσεβής (sehr häufig); θεῖος (293, 13); παγγέωργος (272, 12); σώφρων (275, 31); φρόνιμος (283, 28. 30). Diese Beziehung nun auf das Handeln macht es nothwendig, das Wort, wie Grimm es thut, mit 'Vernunftwillen' zu übersetzen, oder für dasselbe doch einen Ausdruck wie 'Vernunft' zu wählen, der practische, wie theoretische Thätigkeit des Geistes zugleich bezeichnet. Freilich werden wir bald sehen, dass ein den Begriff vollkommen deckender Ausdruck im Deutschen nicht vorhanden ist.

λογισμός ist also die Vernunft, 'die mit rechter Ueberlegung das Leben der Weisheit erwählt.' Was ist aber Weisheit? Noch entschiedener zeigt sich bei diesem Begriffe, wie unserem Verfasser Denken und Handeln, Vernunft und Sittlichkeit in unauflöslicher Verbindung zusammengehen. Die Weisheit ist — und diese Definition ist wörtlich den Stoikern entlehnt — 'die Erkenntniss göttlicher und menschlicher Dinge und ihrer Gründe';²) also ein rein theoretischer Begriff. Unmittelbar auf diese Definition aber folgen die Worte:'Arten der Weisheit giebt es vier: Einsicht, Gerechtigkeit, Tapferkeit und Mässigung.' Bezeichnet λογισμός also zugleich vernünftiges Denken und

---

¹) Die rec. ist aus einer ungerechtfertigten Verbindung der Lesarten von 𝔄 u. 𝔅 hervorgegangen und stützt sich nicht auf handschriftliche Autorität. Zu lesen ist offenbar mit S L M und nach A C D R ὅτι διανοίᾳ περιεκράτησε.

²) Plut. de plac. ph. proöm. 2. Stob. ecl. II, 316. S. E. adv. Math. IX, 13. u. An dere. Aristobul bei Eus. pr. ev. XIII, 12. p. 667 C und häufig bei Philo und den Kirchenvätern.

vernünftiges Wollen, so umfasst σοφία zugleich Weisheit und Tugend in ihrem weitesten Umfange.[1]) Wir werden diese Verschmelzung zweier Begriffe, die uns so weit auseinanderliegen, keine Begriffsverwirrung nennen; denn sie hat zugleich in der biblischen Ethik und in der griechischen Philosophie ihre wohlbegründeten Voraussetzungen.

Der Begriff der Weisheit, wie er den altjüdischen Gnomikern erscheint, vereinigt alle geistigen und sittlichen Vorzüge des Menschen, Frömmigkeit und Klugheit, Gerechtigkeit und Einsicht zu einem einzigen Bilde, das an dem Begriffe des zugleich unverständigen und unsittlichen, zugleich geist- und gottlosen Thoren seine Folie hat. Diese Anschauung, in den Proverben und Psalmen besonders klar ausgesprochen, wird in den apokryphischen Schriften, zumal in Sirach und der Sapientia noch schärfer entwickelt; mit ihr verbindet sich in unserer Schrift die philosophische Lehre der Griechen über Weisheit und Tugend. Hier hatte schon Sokrates alle Tugend für ein Wissen erklärt und dieser Satz war, wenn auch in beschränktem Umfange, von Platon aufrecht erhalten worden.[2]) Aristoteles freilich hatte ihn mit seinem scharfen Sinne für die reelle Wahrheit der Dinge nicht gelten lassen können; aber auch ihm ist doch das Wissen die höchste Tugend und die höchste Tugend nicht ohne Wissen.[3]) In vollster, unerbittlicher Consequenz führen aber die Stoiker den alten sokratischen Satz in ihrer Moral durch; ihnen ist die Tugend Wissen und das Wissen Tugend, das Laster Unwissenheit und Unwissenheit Laster; ihnen ist der Weise der Inbegriff aller Tugenden und nur der Tugendhafte der Weise.

So war von zwei Seiten her die Lehre unseres Philosophen geschichtlich begründet, dass das Denken *(λογισμός)*, zugleich der rechte Wille und dass die Weisheit zugleich die Quelle aller Tugenden sei.[4]) Wäre nun der Verfasser seinen stoischen Lehrern treu geblieben,

---

[1]) Ausser den bei Zeller IV² 220 angeführten Stellen vergl. Sap. 8, 7. und sonst; Philo 56, 25 f. II, 377, 1 f.
[2]) s. Zeller II² 564 f. 622 f.
[3]) s. Zeller III² 473. 486 f. 505 f.
[4]) Die historische Begründung dieser Lehre mag genügen, um Gfrörer's unvermeidliche Behauptung, auch hier 'blicke die mystische Gnosis der Alexandriner stark durch', zu widerlegen. A. a. O. p. 194.

so hätten consequenter Weise auch die vier Cardinaltugenden bloss als verschieden bestimmte Arten der σοφία definirt werden müssen, also Einsicht als Wissen von guten oder bösen Dingen; Tapferkeit als Wissen von den zu fürchtenden und nicht zu fürchtenden Dingen; Mässigung als Wissen von Dingen, die man wählen und von solchen, deren man sich enthalten soll; Gerechtigkeit als Wissen von dem, was Jedem zuzuertheilen ist.[1]) Und in der That scheint Ps. Josephus dieser Ansicht nahe zu kommen, wenn er die Einsicht die grösste und mächtigste aller Tugenden nennt (270, 5. 271, 29); wenn er angiebt, dass der λογισμός nur durch Hilfe der Einsicht *(ἐκ τῆς φρονήσεως)* herrsche (271, 29).[2])

Welche Stellung nimmt aber die φρόνησις ein? Wie kann sie, die den drei andern Cardinaltugenden beigeordnet und als solche bloss eine Art der σοφία ist, zugleich die grösste und umfassendste der Tugenden genannt werden? Sind wir nicht zu der Annahme gezwungen, Ps. Josephus habe hier zwei widersprechende stoische Richtungen mit einander verbunden, die des Zenon und des Apollophanes, denen die φρόνησις,[3]) und die des Chrysippus und Anderer, denen σοφία oder ἐπιστήμη als Wurzel der Cardinaltugenden galt?[4]) Aber dieser Schluss wäre ein voreiliger. Wie Philo an Einem und demselben Orte σοφία als Urquell der Tugend, die ἀγαθότης als γενική ἀρετή und die φρόνησις als κρατίστη καὶ δοκιμωτάτη ἀρετή ansieht (56, 14 f. 24 f. 57, 1 f.), so darf auch Ps. Josephus annehmen, dass alle Tugenden in der Weisheit, als dem Wissen göttlicher und menschlicher Dinge ihren letzten Grund haben: Einsicht und Tapferkeit, Mässigung und Gerechtigkeit. Wie aber schon Aristoteles gelehrt hatte,[5]) sind auch diese letzteren Tugenden in ihrer wahren

---

[1]) D. L. VII, 92. Stob. ecl. II, 102. 167. Cic. Tusc. IV, 24, 53. De off. 1, 43, 153.

[2]) Hieraus ergiebt sich, dass λογισμός viel enger ist, als 'Vernunft.' Zu dieser Bedeutung von λογισμός s. Aristot. Polit. 1312 b 29. vergl. mit E. N. 1179 b 29. Philo 280, 21. II 163, 14. Plut. häufig z. B. de virt. mor. 7. cons. ad Ap. 33.

[3]) Plut. de virt. mor. c. 2. D. L. VII, 92.

[4]) Cic. de off. 1, 43, 153. Stob. ecl. II, 167. Anderes bei Zeller p. 46. 49 217 ff.

[5]) Arist. Eth. Nik. 1144 b 20.

Gestalt nicht denkbar ohne Einsicht. Diese d. h. das über Gut und Schlecht urtheilende und überlegende Denken tritt darum aus jener Vierzahl noch nicht heraus, nimmt aber die höchste Stelle unter ihnen ein und kommt durch Vermittelung des λογισμός, des für ein weises, tugendhaftes Leben sich entschliessenden Denkens (271, 21) auch innerhalb der übrigen Tugenden zur Geltung. Wer die haarscharfen Distinctionen der Stoiker kennt, wird schwerlich anstehen zu glauben, dass in dieser Weise Ps. Josephus zwischen den hart an einander stossenden Lehren, ohne einen Widerspruch mit sich selbst zu begehen, hindurchgeschlüpft ist. Doch zu einer zweifellosen Ueberzeugung können wir in diesem Punkte nicht gelangen, weil Ps. Josephus nirgends eine Definition der Cardinaltugenden giebt. Nur von der Mässigung wird (272, 19) gesagt, dass sie 'die Beherrschung der Begierden' sei (ἐπικράτεια τῶν ἐπιθυμιῶν), und von den übrigen Tugenden giebt er wenigstens die Wirkungen an. 'Das Gesetz,' sagt er 279, 21, 'lehrt uns' Mässigung, so dass wir über alle Lust und 'Begierde herrschen, übt uns in Tapferkeit, so dass wir freiwillig 'jedem Schmerze uns unterziehen, erzieht uns in Gerechtigkeit, so dass 'ein Gleichgewicht in allen unsern sittlichen Eigenschaften bestehe[1]) 'und unterrichtet uns in Frömmigkeit, so dass wir den seienden Gott 'allein hochherrlich verehren.'[2]) Dass übrigens hier εὐσέβεια statt φρόνησις in die Reihe der Cardinaltugenden einrückt, und dass an einem andern Orte (274, 21) unter den dieselben ersetzenden Beiwörtern ἀγαθός an die Stelle von φρόνιμος getreten ist, wird Niemanden

---

[1]) Natürlich ist hier mit Grimm aus den Handschriften die Lücke zu ergänzen. Ich entscheide mich für folgende Lesart δικαιοσύνην παιδεύει, ὥστε διὰ πάντων τῶν ἠθῶν ἰσοδυναμεῖν καὶ εὐσέβειαν διδάσκει... Gerechtigkeit besteht in einer Harmonie, dem Gleichgewicht aller Seelenthätigkeiten nach Platon *Rep.* 441 D f. und vielen Späteren. Mull. *fragm. philos.* II, 19. 26; Philo *Quaest. in Genes.* 1 § 13: *justitia omnino possidetur harmonia quadam trium animae partium*; Polus bei Stob. *flor.* IX, 54 δικαιοσύνη ἁρμονία καὶ εἰράνα τᾶς ὅλας ψυχᾶς μετ' εὐρυθμίας. s. ferner *defin.* Plat. *opp. tom.* VI. p. 71 Herm. Eine solche Harmonie aller Seelenthätigkeiten bezeichnet ἰσοδυναμεῖν διὰ πάντων τῶν ἠθῶν 'gleich stark sein in allen sittlichen Eigenschaften.'

[2]) σεβεῖν (Z. 25) ist mit α S zu schreiben statt des εὐσεβεῖν, das durch εὐσέβειαν (Z. 24) veranlasst wurde.

Wunder nehmen, der die Schwankungen in der Aufzählung jener Tugenden bei den griechischen Philosophen kennen gelernt hat.[1] Der Mensch führt kein reines Tugendleben; denn mit den sittlichen Anlagen (ἤθη) sind auch 'Gemüthsbewegungen' (πάθη)[2] der verschiedensten Art ihm eingepflanzt worden (274, 17), welche die Tugend hemmen und niederhalten, und zu deren Bekämpfung (274, 18 f.) und Beherrschung die Vernunft berufen ist. Abweichend von der gewöhnlichen stoischen Lehre hebt Ps. Josephus aus der grossen Zahl der πάθη nicht vier (ἡδονή, πόνος, ἐπιθυμία, φόβος)[3], sondern bloss zwei, Lust und Unlust (ἡδονή τε καὶ πόνος 271, 30) als 'die umfassendsten' (αἱ περιεκτικώταται) hervor und nähert sich damit der Ansicht älterer und gegnerischer Systeme, wie die des Aristoteles und des Epikur sind.[4] Diesen 'Grundbewegungen' (κινήματα 272, 30) gehen vorauf Begierde und Widerstreben (ἐπιθυμία, φόβος 272, 2 f). Diese Lehre bedarf weder der Rechtfertigung noch der Belege. Aber nach Ps.

---

[1] Das Beispiel Platons *Protag.* 330 C. *Gorg.* 507 A f. *de Rep.* 518 E. *de legg.* 631 C rechtfertigt auch Philo's unter einander so abweichende Angaben 56, 14 ff. 205, 35. 206, 5. 213, 23. 284, 44. II, 351, 33. II, 358, 22. II, 360, 27. II, 435, 10 und sonst.

[2] Dieses Wort ist wohl das geeignetste, das vieldeutige πάθος, dessen Uebersetzung auch Cicero Schwierigkeiten machte (*de fini b.* III, 10, 35. *Tusc.* III, 4, 7) in seinem hiesigen Gebrauche zu vertreten; wenn wir unter 'Gemüthsbewegungen' alle seelischen Vorgänge verstehen, die dem Innern der Seele entweder ganz angehören, wie die Gefühle, oder lediglich von ihr vorbereitet sind, wie Begierden und Strebungen und sich als solche den gesammten Erscheinungen der Erkenntnissthätigkeit, die von einem äussern Objecte ausgehen, gegenüberstellen. Zuweilen ist aber der Begriff von πάθος erweitert. 270, 12. 274, 23 sind λήθη und ἄγνοια von Ps. Josephus πάθη genannt worden, als 'Störungen' des regelmässigen Verlaufes der Vorstellungen. 272, 6 wird eine κακοήθης διάθεσις ein πάθος genannt, als 'Störung' des normalen tugendhaften Lebens. In weiterem Sinne ist ja πάθος jede 'Erscheinung' des Seelenlebens, selbst Erinnerung, Meinung und Vorstellung, nur mit dem leisen Nebenbegriffe des unfreiwilligen Geschehens oder der 'Störung' des normalen Seelenlebens. Hierin stimmen Platon, Aristoteles und die späteren Psychologen überein. Für den aristotelischen Gebrauch ist das jetzt gegen jeden Widerspruch geschützt durch Bonitz's Abhandlung über πάθος und πάθημα (Sitzungsber. d. K. A. d. W. phil. hist. Classe LX Bd. p. XIII ff.) Das Nähere gehört nicht hierher.

[3] Stob. *ecl.* II, 166. D. L. VII, 110 f. Cic. *Tusc.* III, 11, 24. IV, 6, 11. Philo 85, 11. 214, 17. II, 419, 35.

[4] Arist. *Mor. M.* 1186, 34. *Rhet.* 1378, 20. D. L. X, 34: πάθη δὲ λέγουσιν εἶναι δύο, ἡδονὴν καὶ ἀλγηδόνα.

Josephus folgen 'dem Vergnügen Freude und der Unlust Schmerz' *(μετὰ δὲ τὴν ἡδονὴν (ἐστὶ) χαρά..μετὰ δὲ τὸν πόνον λύπη* das.) Das widerspricht schnurstracks den Lehren der Stoiker, welche *ἡδονή* und *χαρά* als Gegensätze fassen, die einander ausschliessen.[1]) Auf einen Augenblick könnte man daher die Lesart 'des schlechten cod. B. für die richtige halten, wonach *λύπη* und *χαρά* ihre Stellung getauscht haben. Hier lesen wir nämlich: *μετὰ δὲ τὴν ἡδονὴν (ἐστὶ) λύπη, μετὰ δὲ τὸν πόνον χαρά*. Damit würde dann ein zwar nicht stoischer, wohl aber platonischer Satz gewonnen sein. Es ist ja hinlänglich bekannt, dass nach Platon sinnliche Lust und Unlust wie aneinander gekettet sind und gegenseitig sich hervorrufen.[2]) Aber diese Lesart ist blosse Correctur des, zumal für mittelalterliche Leser schwer verständlichen Satzes, der seine gute Erklärung bei Epikur findet. Dieser oder seine Schule lehrt, dass aus sinnlichen Vergnügungen, geistige Freude, aus sinnlichen Schmerzen geistige Leiden durch Hoffnung oder Erinnerung hervorgehen; und wie die körperliche Lust *ἡδονή*, so wird die geistige *χαρά* genannt.[3]) Mit dieser Lehre stimmt also wörtlich der 272, 2 ausgesprochene Gedanke überein.

Ebenso wenig stoisch ist der Satz 272, 4: 'Zornmuth ist aus Lust 'und Unlust gemischt und entsteht, wenn man erfährt, dass man eine 'Unbill erlitten hat.'[4]) Die Belege zu dieser Erklärung liefert Aristoteles,[5]) dem zu Folge der Zorn aus einem Leiden hervorgeht, aber nicht ohne ein gewisses Gefühl der Freude verläuft.

---

[1]) D. L. VII, 116: *καὶ τὴν μὲν χαρὰν ἐναντίαν φασὶν εἶναι τῇ ἡδονῇ*. Cic. Tusc. IV, 6, 13.

[2]) *Phaed*. 60 B. *Phileb*. 44 E f. *Phädr*. 258 E f.

[3]) D. L. X, 136. 137. Plut. *Non posse etc*. 3. Cic. *de fin*. 1, 17, 55.

[4]) Ich lese: *θυμὸς δὲ κοινὸν πάθος ἐστὶν ἡδονῆς τε καὶ πόνου, ἐὰν ἐννοηθῇ τις ὅτι αὐτῷ περιέπεσεν ⟨αἰσχύνη.⟩* In *α* ist in der That nach *περιέπεσεν* ein Absatz. Zu vergleichen ist für die Emendation Arist. *Rhet*. 1378, 32 f; b 24. Was Grimm hier sagt, wäre wohl besser ungeschrieben geblieben. *θυμός* soll Gemüthsaufregung sein 'im Falle, dass einer sich zu Herzen genommen hat, was (Angenehmes oder Unangenehmes) ihm begegnet ist.' Dass die Stelle verdorben ist, lehren die Handschriften.

[5]) Arist. *Rhet*. 1378 b 2 f. *E. N.* 1126, 21 f.

Alle Gemüthsbewegungen scheiden sich in körperliche und seelische, ein neuer Widerspruch mit den Lehren der Stoa, der alle πάϑη blosse Störungen der Vernunft und die vernunftmässigen, erlaubten Stimmungen, die εὐπάϑειαι, keine πάϑη mehr sind.[1]) Wie häufig dagegen in anderen Systemen diese Scheidung hervorgehoben wird, braucht fast nicht nachgewiesen zu werden.[2])

Zu den rein körperlichen Trieben (σώματος κινήματα 272, 30)[3]) gehört die Begierde nach verbotenen Speisen (272, 23), die Wollust (273, 1 f)[4]); und aus der Lust geht auch eine Veränderung des gesammten sittlichen Zustandes, eine bösartige Beschaffenheit des Menschen (κακοήϑης διάϑεσις) hervor, die sich in den körperlich vermittelten Lastern, der Völlerei, Gefrässigkeit, Trunksucht (272, 9. 273, 13 f.) äussert. Warum aber Ps. Josephus diese Laster allein (272, 9) genannt hat, ist nicht ganz klar. Vielleicht hat der Gegen-

---

[1]) Zeller IV² 248.

[2]) Aus Aristoteles seien bloss E. N. 1117 b 28. 1153, 32. 1154, 8. 10. 1173 b 9. Pol. 1340, 17. Rhet. 1370, 18 f; von epikureischen Lehrern das bei D. L. X 136 ff. Berichtete hervorgehoben. Ueber eine verwandte Abweichung von den Consequenzen des stoischen Systems giebt Zeller IV² 633 f. nähere Kunde.

[3]) Ps. Joseph. aber hält diese Scheidung nicht immer fest. So umfasst zuweilen τῆς ψυχῆς ἐπιϑυμίαι auch körperliche Begierden; denn ψυχή bezeichnet ihm das gesammte Gebiet der Lebenserscheinungen, und ψυχή ist oft genug auch in der besten Prosa der 'thierische Trieb s. Xenoph. Cyrop. 8, 7, 4. Mem. 1, 2, 4; 3, 14. Umgekehrt schliessen τὰ τῆς σαρκὸς πάϑη 280, 31 doch auch die früher der Seele zugeschriebenen πάϑη ein. So spricht auch Plut. cons. ad. Ap. 2 von ψυχικά πάϑη obgleich sie das. 13 τῆς σαρκὸς πάϑη heissen und so nennt auch Philo die πάϑη bald ψυχῆς, bald σώματος oder σαρκὸς πάϑη s. 280, 34. II, 24, 48. II, 301. 23. Quaest. in Genes. I, § 99. II, § 66.
ἀνακαμπτόμενα 272, 29, von Wahl s. v. umsonst vertheidigt, wird nur durch a,x geschützt. Es ist mit den übrigen codd. ἀνακοπτόμενα zu lesen. Das Wort ist häufig bei Jos. z. B. b. I. II, 18, 7; in unserer Schrift findet es sich 292, 25.

[4]) Zu lesen ist wohl εἰ αἱ τῆς ψυχῆς ἐπιϑυμίαι ‹καὶ› πρὸς τὴν τοῦ κάλλους μετουσίαν ἀκυροῦνται; denn καὶ konnte nach ιαι leicht ausfallen. (S. Vahlen Beitr. zu Arist. Poet. p. 37.) ἡ τοῦ κάλλους μετουσία ist ein decenter Ausdruck und natürlich dasselbe, was 273, 4 der συνουσιασμός. Mit Grimm z. St. anzunehmen, der Verfasser führe 'die Geschlechtsliebe auf das Wohlgefallen der Seele am Schönen zurück,' und zwar hier bei der Liebe der Frau Potiphar's zu Joseph ist bei dem nüchternen Standpunkte Ps. Josephus' unmöglich.

satz zu den Epikureern, von denen manche die Freuden des Magens als Wurzel und Quell aller Lust ansehen,[1]) das veranlasst. Dem nach rednerischem Zierrath haschenden Prediger ist es aber auch zuzutrauen, dass er, vom Gleichklang der Worte *παντοφαγία καὶ λαιμαργία καὶ μονοφαγία* bestochen, andere Worte wie etwa *ἡδυπάθεια* (273, 5) nicht hinzufügte, die diesen Schmuck ihm zu verunzieren schienen.[2])

Als seelische *πάθη* werden Liebe[3]) und Feindschaft (273, 24. 30), und als dauernde 'bösartige Beschaffenheit' *(κακοήθης διάθεσις)*[4]) die Prahlerei, Habsucht, Ruhmsucht, Streitsucht und Klatschsucht (272, 7) angegeben, denen (274, 2) Herrschsucht und Hoffart hinzugefügt wird. Die an erster Stelle aufgezählten sollen in der Lust ihre Quelle haben; damit ist das Glossem B.'s *ἀπιστία* ausgeschlossen, das Grimm als 'Perfidie' in den Text hineinschmuggeln möchte. Dass *ἀπιστία* aber diesen Sinn haben konnte, das soll erst noch bewiesen werden; es heisst nichts wie 'Unglaube' und der konnte von einem Abschreiber ebenso leicht hinzugefügt werden, wie unzählige ähnliche Glossemata.[5])

Mitten unter den *πάθη τῆς ψυχῆς* erscheint auch der Zornmuth *(θυμός)*. Bedenkt man, dass er auch in den Systemen Platon's und Aristoteles' und ebenso oft bei Philo eine Mittelstellung zwischen den

---

[1]) s. Athen. XII. 546 f. Plut. *Non posse* etc. 3.
[2]) s. oben S. 22.
[3]) Das Uebermass derselben muss ebenfalls gebändigt werden. Vgl. hierzu Philo (II, 411, 6 f), der in seiner schwärmerischen Weise auch hier weit von dem nüchternen Prediger absteht.
[4]) *κακοήθης διάθεσις* soll nach Grimm (z. St.) mit Unrecht von Ps. Josephus ein *πάθος* genannt worden sein. Er möchte sie lieber ein *ἦθος* nennen. Vergl. dagegen Plut. de *cupid.* G. *ἐπιχαιρεκακίας συνέχεται πάθει, φθόνῳ καὶ βασκανίας ἀδελφῷ* ... *ἀμφότερα δ' ἐκ πάθους ἀνημέρου καὶ θηριώδους γεγένηται, τῆς κακοηθείας.*
[5]) Schwer verständlich ist für Jedermann, der den Zustand unsers Textes kennt, die Frage Grimms: 'und wie sollte es *(ἀπιστία)* hereingekommen sein, wenn es ursprünglich gefehlt hätte'? Als Antwort auf diese seltsame Frage weise ich auf die Varianten aus dem ersten Capitel hin: 270, 10. 15; 271, 18. 19 und auf *φθόνος*, das sich in C D R in unserem Satze dicht neben *ἀπιστία* befindet, dessen sich aber auch Grimm nicht angenommen hat. *βασκανία* Neid (Grimm, Wahl) würde nicht hierher gehören, denn der Neid ist den Stoikern eine *λύπη* (D. L. VII, 111) und das mit Recht. *βασκανία* ist hier Klatschsucht, mit der sich ja immer Schadenfreude *(ἐπιχαιρεκακία)* D. L. VII, 114) verbindet.

unvernünftigen und vernünftigen Affecten einnimmt,[1]) ja dass Aristoteles den 'thöricht' nennt, der nie zu zürnen im Stande ist,[2]) so wird man sich nicht wundern dürfen, ihn hier den gemeinen sinnlichen Trieben, der Gefrässigkeit und der Wollust, gegenübergestellt zu sehen.

Alle diese Affecte kann die Vernunft lenken und beherrschen. 'Von Lust und Unlust, wie von zwei Pflanzen der Seele und des 'Körpers giebt es gar viele Schösslinge,' so sagt Ps. Josephus (272, 12 f). 'Alle diese aber säubert und beschneidet[3]) und umwindet und 'benetzt und leitet in jeder Art die Allgärtnerin Vernunft und veredelt 'so das Gestrüpp[4]) der Sitten und Gemüthsbewegungen.'

Aber nur beherrschen, nicht ausrotten soll die Vernunft die Gemüthsbewegungen. Die Vernunft beherrscht die $\pi\acute{\alpha}\vartheta\eta$, 'nicht um 'sie zu vernichten, sondern um ihnen nicht zu weichen' (270, 16), und unmittelbar darauf (274, 32)[5]) heisst es: 'denn nicht entwurzelt die Gemüthsbewegungen die Vernunft, sondern sie kämpft gegen die-'selben an.' Nun sagt der Verfasser freilich, dass die Märtyrer in den grössten Qualen standhaft geblieben seien, dass sie trotz der grössten Qualen nicht klagten (287, 27), dass ihnen 'der Schmerz leicht ward 'durch die Tugend' (288, 17), dass 'das Feuer kalt, die Folter kraft-'los[6]) und die Gewalt des Tyrannen ohnmächtig gegen sie war' (219, 5). Wie wenig aber fallen diese rhetorischen Phrasen mit der

---

[1]) Platon *Phaedr.* 246 B ff. *Rep.* 439 E. *Tim.* 69 E f. 77 B. Aristot. *E. N.* 1126, 3. Plut. *de virt. mor.* 12. Philo II, 350, 47.

[2]) *E. N.* 1126, 4 οἱ γὰρ μὴ ὀργιζόμενοι ἐφ' οἷς δεῖ ἠλίθιοι δοκοῦσιν εἶναι.

[3]) Grimm beweist aus ἀποκνίζων (272, 13), dass Ps. Josephus einige der Affecte wie Neid, Perfidie unbedingt niedergehalten wissen wolle (p. 307). Es versteht sich von selbst, dass zu dieser seltsamen Ansicht die Bedeutung von ἀποκνίζων Grimm nicht berechtigt. Es heisst nämlich nicht 'abschneiden,' wie in Passow's Lexicon freilich gelesen wird, sondern 'abkneipen, beschneiden', ist also so viel wie περικόπτειν, nicht ἀποκόπτειν. Die Existenz von Neid, Perfidie in den obigen Stellen unserer Schrift ist, wie erwiesen ist, überhaupt zu läugnen.

[4]) Ueber diese Metapher vergl. Philo 37, 7; 48, 50; 211, 42. *Quaest. in Gen.* 1 § 6. 10. 11 und oft.

[5]) Nach der nothwendigen Versetzung von 270, 11—17 an die Stelle von 274, 21—24. S. Note 8.

[6]) ἄτονοι ist hier (mit B statt des gewöhnlicheren ἄπονοι) zu lesen.

Apathie, welche die Stoiker predigen, zusammen. Grimm freilich behauptet,[1]) dass Ps. Josephus die Makkabäer als 'absolute Apathen' habe schildern wollen, was aber aus den angeführten Stellen gar nicht hervorgeht und im Widerspruch steht sowohl mit den obigen allgemeinen Sätzen als auch mit der Thatsache, dass Ps. Josephus selbst gar häufig an das Mitleid seiner Zuhörer appellirt, ja eigentlich seine ganze Rede an dieses πάϑος richtet (s. bes. 294, 28; 300, 16 und sonst).

Wie sehr nun auch diese Lehre Ps. Josephus' der strengen Ansicht der consequenten Stoiker widerstreitet, so steht er doch mit dieser seiner milden Ansicht über die Affecte auch innerhalb seiner Schule nicht allein.[2]) Philo dagegen verlangt gänzliche Ausrottung der πάϑη, wenigstens für den vollendeten Weisen.[3])

Dagegen stimmen nicht bloss die Stoiker, sondern selbst die Epikureer mit Ps. Josephus darin überein, dass der Weise selbst in den grössten Leiden glückselig sei. Ja es ist vielleicht Nichts von allen stoischen Paradoxen bekannter geworden, als dieser bis ins Maasslose hinaufgeschraubte Satz, den in gleicher Schärfe Epikur ausspricht.[4]) Dankbar müssen wir es daher anerkennen, dass Ps. Josephus diesen Gedanken, der ebenso tiefsinnig ist, wie er, wenn auf die Spitze getrieben, jeder gesunden Lebensanschauung gefährlich werden kann, in der bescheidensten Weise angewendet;[5]) dass er ihn nicht missbraucht hat, um auf die billigste Art sein Thema durchzuführen und, der menschlichen Natur spottend, die Leiden der Märtyrer in ebenso viele Freuden zu verwandeln.

Gegen die hier vorgetragene Lehre von den Tugenden und Affecten erhebt sich nun aber ein Einwand, dessen ganze Schwere die entschiedenen Anhänger der Stoa trifft. Es steht in unserer Macht, hängt jedenfalls vom λογισμός, dem vernünftigen Willen, ab, ob wir der wirklich vorhandenen Lust oder Begierde Folge leisten wollen

---

[1]) A. a. O. p. 355.
[2]) s. Zeller IV³ 248. 639. Plutarch's gleiche Stellung erhellt aus *de virt. mor.* 12. *cons. ad Apoll.* 3.
[3]) 112, 49 f. 113, 42 f. 114, 49. 116, 23. II, 411, 6 f.
[4]) Ueber die stoische Lehre s. Zeller IV³ 216; über die epikureische das. p. 404.
[5]) Er verwendet ihn bloss Einmal (284, 3).

oder nicht. Das πάϑος, die Störung des sittlichen Lebens, ist vorhanden und kann nicht weggeleugnet, wohl aber beherrscht und niedergehalten werden. Ganz anders steht es mit den Störungen des Denkvermögens. Diese sind entweder gar nicht vorhanden, oder sie hemmen dasselbe; von einer Herrschaft des λογισμός über eine wirklich vorhandene 'Vergessenheit' oder 'Unwissenheit' (λήϑη καὶ ἀγνοία) kann keine Rede sein. Nach stoischer Lehre fallen aber, wie schon erwähnt, alle πάϑη, auch die rein ethischen in den Bereich des Denkvermögens. Sie sind nichts wie falsche Urtheile.[1]) Woher kommt daher, so fragt Ps. Josephus (270, 11. 274, 21) der Unterschied zwischen jenen Störungen des Geistes, Vergessenheit und Unwissenheit und diesen Störungen des Tugendlebens? Warum kann die Vernunft Lust und Begierde besiegen, die Vergessenheit und Unwissenheit nicht zu beherrschen vermag?[2])

Unser Verfasser lässt sich auf eine weitläufige Erörterung der Frage nicht ein, wie sie sich denn für eine Predigt auch nicht schickt. Er antwortet ganz kurz, nur über die Störungen der Tugend, nicht über die eigenen könne die Vernunft herrschen. Das besagt denn nichts Anderes, als dass der Verfasser die Lehre der Stoiker von den Affecten entschieden bestreitet, dass er wie viele Spätere z. B. Posidonius[3]) und Cicero[4]) der Ansicht der älteren Psychologen zustimmte, wonach die πάϑη in ein besonderes Seelenvermögen zu verlegen seien, eine Ansicht, die am kürzesten und klarsten vielleicht von Aristoteles[5]) vorgetragen worden ist.

Ist nun aber, wie es die voraufgehende Darstellung nicht bestritt, menschliche Weisheit der letzte Grund tugendhaften Lebens? Ist sie in ihrer selbständigen Kraft fähig, den Menschen zu leiten, die Gemüthsbewegungen zu beherrschen, das Leben tugendhaft zu gestalten?

---

[1]) s. oben S. 47, 3.
[2]) Der Einwand des Verfassers scheint mir vollkommen treffend zu sein. Bei den griechischen und römischen Gegnern der Stoa habe ich ihn nicht gefunden. Grimm's gewundene Erklärung (p. 301) wird ausführlicher Widerlegung nicht bedürfen.
[3]) s. Zeller IV² 515 f.
[4]) *Tusc.* II, 21, 47. IV, 5, 10. Vergl. auch Plut. *de virt. mor.* 3, der die stoische Lehre am ausführlichsten bestreitet.
[5]) *E. N.* 1, 13.

Theilte Ps. Josephus diese Anschauung, so stände er im Widerspruch mit allen seinen jüdischen Zeitgenossen, die hierüber sich ausgesprochen haben,[1]) und schwerlich würde er in diesem Falle vor einem jüdischen Publikum eine religiöse Rede gehalten haben. Es sind in der That nicht bloss religiöse, sondern auch ethische Gründe, die ihm eine ganz andere Ansicht aufnöthigen.

Es könnte Mancher, so spricht sich unser Verfasser (283, 27 f.) aus, seine Fehler mit der Ausflucht entschuldigen wollen, dass er nun einmal seine Gemüthsbewegungen nicht bezähmen könne, dass sein Wille nicht stark, sein Denken nicht einsichtig genug sei, um ihrer Herr zu werden. Dem entgegnet Ps. Josephus, dass Jeder ein Mittel besitze, um sich zu tapferer Beherrschung aller, der Vernunft widerstrebenden Leidenschaften zu befähigen. Dies Mittel heisse Anhänglichkeit an die väterliche Religion. Das Gesetz dieser Religion schliesst die Fülle der Weisheit in sich (271, 25); denn es ist ein vom 'Weltenschöpfer' den Menschen gegebenes. (Vergl. 279, 9. 26 f. 281, 24. 283, 6. 290, 3. 291, 6.) Das Gesetz lehrt uns die göttlichen und menschlichen Dinge in der würdigsten Weise kennen (271, 25); es ist eine Schule aller Tugenden (279, 21). 'Wer an der Religion 'fest hält' — so heisst es 283, 29 — 'der sorgt von ganzem Herzen 'dafür, dass sein Denken einsichtig sei und der allein kann der 'Fleischestriebe Herr werden. Denn wer wird nicht die Gemüths-'bewegungen bändigen können, der nach Weisheit strebt entsprechend 'den Vorschriften der religiösen Lehre in ihrem ganzen Umfange, 'der Gott vertraut und erkennt, dass um der Tugend willen jegliches 'Leid ertragen Glückseligkeit ist? denn der Weise allein,' so schliesst diese Abschweifung (284, 5) mit jenem bekannten hier vortrefflich angewandten stoischen Paradoxon, 'der Weise allein ist tapfer und besonnen 'und Herr der Gemüthsbewegungen.' Hiermit ist denn in dem Begriff der εὐσέβεια selbst ein Unterschied gesetzt, den wir am besten bezeichnen, wenn wir das Wort bald mit 'Frömmigkeit,' bald mit

---

[1]) Der Stellen, in denen die jüdische Lehre als Grundlage aller menschlichen Weisheit erscheint, sind so viele, dass eine Auswahl zu treffen schwierig und zugleich unnöthig ist. Doch sei auf Bretschneider a. a. O. p. 71 ff. für die Apokryphen, und auf Dähne a. a. O. I p. 341 ff. für die philonische Lehre hingewiesen.

'Religion' übersetzen, wie wir es oben gethan haben. Die Religion ist die Quelle aller Tugenden, auch der εὐσέβεια in engerem Sinne der 'Frömmigkeit,' als einer subjectiven Stimmung des Herzens; der vertrauensvollen Verehrung Gottes. εὐσέβεια in jenem Sinne ist die Wurzel, εὐσέβεια in diesem die Blüthe, Religion die Mutter, Frömmigkeit die Schwester der Cardinaltugenden.[1])

Aber die Religion steht unserem Verfasser in keinem Gegensatze zur Philosophie, sondern fällt mit ihr zusammen. An Ps. Josephus selbst hatte sich ja jene Vereinigung vollzogen von nicht gewöhnlichem, philosophischen Wissen und wahrhaft religiöser Gesinnung, eine Vereinigung, die ihm ebenso sehr die stillschweigende Voraussetzung alles Denkens ist, wie allen gleichstrebenden Theologen seiner Zeit. Nur unter dieser Voraussetzung ist es erklärlich, dass eine religiöse Rede mit philosophischen Definitionen angefüllt ist; denn philosophische Wahrheit und religiöse Weisheit ist identisch. Der Philosoph ist Prediger geworden und der Prediger darf sich nicht scheuen, den heidnischen Philosophen Lehren zu entnehmen, die, so wollte es eine damals ganz allgemein verbreitete Meinung, der jüdischen Religion selbst ursprünglich angehört haben.[2]) So ist ihm φιλοσοφία die religiöse Weisheit (279, 20. 284, 2), σοφός der fromme Weise (284, 5) σοφία die durch das religiöse Gesetz erlangte Bildung (271, 24).

Hier tritt nun aber ein Gegensatz zwischen unserem Prediger und Philo zu Tage, wie er schärfer nicht gedacht werden kann. Es ist nämlich schon hervorgehoben worden, dass Ps. Josephus von vornherein darauf verzichtet, eine Vereinigung stoischer Metaphysik und jüdischer Offenbarungslehre zu Stande zu bringen. So strenge folgt er hier der Bibel, so wenig weiss er von den Interpretationskünsten Philo's, dass er auch die Annäherung an jedes andere griechische

---

[1]) Wer diesen Unterschied nicht anerkennt, lässt Ps. Josephus in einem Cirkel sich bewegen. Denn nach 279, 24 ist εὐσέβεια den übrigen Cardinaltugenden coordinirt und die Einsicht (φρόνησις) ist nach 271, 28 die umfassendste aller Tugenden. Unserer Stelle aber zufolge (283, 27 f.) soll aus εὐσέβεια alle Tugend und die Einsicht selbst hervorgehen.

[2]) Aristobul bei Eus. pr. ev. XIII, 12. 663 D f. Clem. Alex. Strom. 342 B. Philo 503, 2 f. II, 454, 5 f. und sonst. Jos. c. Ap. II, 39 und sonst. Aehnliche Anschauungen der Griechen siehe unter Anderen bei Jos. c. Ap. I, 22. Diog. L. proöm. 9. Clem. Alex. Strom. 305 D.

System scheute. So sehen wir denn, dass er den philosophischen Erörterungen aller metaphysischen Fragen ängstlich aus dem Wege geht, obgleich sein Thema sie ihm so nahe legte, und kann erinnert uns hier und da ein Wort, wie etwa θεῖος λογισμός (293, 13), dass ihm die Theologie der Stoa auch nur bekannt geworden ist. Es ist die Ethik allein, innerhalb deren er jenes Ziel zu erreichen strebte, und wir können bestimmt genug die Richtung des Weges angeben, auf dem er ging. Vor Allem ist es die biblische Lehre von Gott und seinen Eigenschaften, welche nach Ps. Josephus den Menschen erhebt und adelt. Sie flösst ihm Vertrauen zu Gott ein und das Bewusstsein, dass der tugendhafte Mann nie unglücklich sein könne; durch sie kann man das Ideal des Weisen verwirklichen, wie es die Stoa so unerreichbar hoch sich ausgemalt hatte; durch sie allein kann man der Gemüthsbewegungen Herr werden (284, 2 — 6; 287, 19).

Sodann sind es die von einem mächtigen Zuge erhabener Sittenstrenge durchwehten mosaischen Gesetze, welche ihm die Ueberzeugung gewähren, dass die göttliche Lehre seines Volkes Nichts enthalte, was der lauteren philosophischen Moral der Griechen nicht angemessen sei.

Jedes der viel verspotteten strengen Gesetze über Speise und Trank, über Zins und Erndte soll nach Ps. Josephus' Darstellung den Menschen in seinem Kampfe gegen die Leidenschaft stärken; jedes dieser Gesetze erweist, dass der Mensch die Gemüthsbewegungen besiegen kann und fordert, dass er sie besiege. (273, 5 — 274, 1.)[1])

Die von Ps. Josephus besprochenen religiösen Vorschriften haben auch an Philo einen eifrigen Vertheidiger oder Fürsprecher gefunden.

---

[1]) Die Nachweise aus der Bibel, die zu diesem Absatze Grimm und die neue deutsche Uebersetzung geben, bedürfen der Ergänzung und Berichtigung. 273, 18 f. ist auf das Sabbatjahr und nicht mit Grimm auf das Jobeljahr zu beziehen. (s. 5. B. M. 15, 1 f; Gittin 36 a; *Philonea* 15, 4 *ed. Tisch. Lips.* 1868). Die Liebe zu den Eltern heisst der Talmud da schweigen, wo sie eine Verletzung des Gesetzes von den Kindern verlangen. (Jebam. 6 a; Bab. Mez. 32 a.) Die Frau wird um eines Frevels willen vom Manne zur Bestrafung geführt nach Num. 5, 11. (Vergl. Sotah 7 a); den Nächsten zurechtzuweisen, nicht aber im Herzen zu hassen, befiehlt Levit. 19, 17. (Vergl. II Sam. 12, 1 f. 24, 13 f. Eccl. 7, 5. Abot des R' Nath. 29: 'Liebe den, der dich zurechtweist, und hasse den, der dich preist' (אהב את מוכיחך ושנא את משבחך) Bab. Mez. 32, a. und viel Aehnliches in der talmudischen Literatur.

Aber mit wie verschiedenen Augen sehen beide dasselbe Gesetz an! Unser Verfasser betrachtet Alles von dem Einen wichtigen Gesichtspunkte aus, der Zähmung unserer Leidenschaften; Philo begründet die Gesetze in der verschiedensten, möglichen und unmöglichen, oft treffenden, oft unbefriedigenden Weise.[1]) Der tiefste Grund dieses Gegensatzes liegt aber nicht in der abweichenden Exegese der Schrift, sondern in der grundverschiedenen Auffassung des Verhältnisses, in welchem der Mensch zu Gott sich befindet. Die Ethik Philo's verlangt, um es kurz zu sagen, eine passive Hingebung und Opferung des menschlichen Willens an den Willen Gottes. Sie ist so die Vorstufe der paulinisch-augustinischen Lehre. Unser Verfasser wahrt den thatkräftigen Standpunkt der alten jüdischen Zeit. Bei ihm herrscht der selbständige Eigenwille, der freilich von der Religion belehrt und beleuchtet werden soll, aber nicht zum Schattenspiele einer höheren Macht herabgesetzt wird.

Wie die laut verkündeten Ceremonialgesetze, so wirken auch jene ungeschriebenen, Fleisch gewordenen Gesetze,[2]) die Vorbilder echter Tugend, welche die Bibel uns kennen lehrt. Abraham (299, 17), Isaak, 299, 20), Jakob (274, 11), Joseph (273, 2), Moses (274, 6) David (275, 1 f), Daniel und seine Genossen (299, 20 f), sie alle stehen als gewaltige Muster von Selbstbeherrschung und Gottvertrauen uns vor Augen und der bibelkundige Prediger wird nicht müde, durch ihr Leben und Wirken seine Lehre zu begründen und seine Zuhörer zu gleicher Höhe der Gesinnung zu erheben.

In der geschicktesten Weise werden nun vom Verfasser die Einwürfe zu widerlegen versucht, welche Spötter und Zweifler, Juden und Heiden in seiner Zeit gar oft gegen das jüdische Gesetz vorgebracht haben. Aus der Geschichte ist uns bekannt, wie besonders das Ceremonialgesetz mit seinen

---

[1]) Man vergleiche unsere Schrift 273, 17 mit *Philonea* 27, 2 f. 39, 20 f *Tisch*. über das Verbot, Zinsen zu nehmen; IV MB. 273, 18 mit *Philonea* 15, 4 über den Schuldenerlass im siebenten Jahre; IV MB. 273, 20 mit Philo II, 390, 10 *Mang*. über das Verbot der Nachlese in Feld und Weinberg. Wie unser Verfasser hebt auch Philo es hervor, dass die Frömmigkeit selbst über Liebe und Feindschaft herrschen müsse s. 73, 6 *Tisch*. II, 275, 2; II, 373, 16; II, 401, 1 *Mang*. Auch Josephus kennt ganz andere Gründe für die erwähnten Gesetze als unser Prediger der fälschlich seinen Namen trägt. Vergl. besonders *Ant*. IV, 8, 21 f. 25.

[2]) Philo II, 2, 1 f. II, 180 1, f. II, 383, 1 f. II, 386, 49.

oft kleinlichen Bestimmungen Gegenstand feindlicher Angriffe war. Wir wissen, dass gerade die Strenge dieser Gesetze die Griechlinge in die Arme des Heidenthums trieb und von Cicero bis auf Rutilius Namatianus fehlt es auch unter den heidnischen Schriftstellern nicht an bald ernst, bald spöttisch tadelnden Stimmen. Ps. Josephus nun legt dem judenfeindlichen Könige einen Einwand in den Mund, der nicht der schlechteste ist von denen, die man in alter und in neuer Zeit vorgebracht hat, und gar ergreifend widerlegen ihn die edlen Märtyrer durch Wort und That.

'Unvernünftig ist es,' so spricht König Antiochus (278, 25) zu Eleasar, 'vorwurfsfreien Genüssen zu entsagen, unrecht, die Gaben der Natur zu verschmähen.' Dem entgegnet Eleasar (279, 9 f) — und Aehnliches finden wir an andern Stellen des Buches, — es sei kein menschliches, sondern ein göttliches Gesetz, das uns jene Verpflichtungen auflege und weil es ein göttliches sei, könne keine Noth die Uebertretung desselben erzwingen. Es sei aber nicht das Machtgebot eines Despoten, sondern die Liebe des Weltenschöpfers, welche dies Gesetz gegeben habe. Er habe erlaubt, was unserer Natur entspreche, verboten, was ihr schädlich sei (279, 27). Man könne einwenden, der Glaube an die Göttlichkeit des Gesetzes sei ein irriger. Nun, ihnen sei das Gesetz ein göttliches, für sie bestehe daher die Verpflichtung, es aufrecht zu erhalten (279, 12 f). Man spreche von der Kleinlichkeit der Gesetze, aber es sei ja — nach einem bekannten stoischen Paradoxon — gleich, in grossen oder kleinen Dingen zu sündigen (279, 16 f). Endlich aber müsse die Erinnerung an die Altvordern, die dem Gesetze Treue geschworen (280, 1 f), die Pietät gegen die Heldenahnen, die es in allen Fährnissen bewahrt haben, sie, die Enkel zu gleicher Treue gegen das alte göttliche Gesetz veranlassen.

Nirgends haben wir im Voraufgehenden eine Nöthigung gefunden, die Lehre Ps. Josephus' vom Werthe des Gesetzes auf allegorische Deutungen zurück zu führen. Die Gebote und Verbote bleiben, was sie dem Gesetzgeber waren; die Personen werden nicht, wie bei Philo zu psychologischen Eigenschaften verflüchtigt, sondern treten in kräftiger Gestalt vor uns auf: nur durch Vertiefung des Gedankens, durch

---

[1]) s. Josephus *Ant. proöm.* 4: πάντα γὰρ τῇ τῶν ὅλων φύσει σύμφωνον ἔχει τὴν διάθεσιν.

Hinzufügung von unbedeutenden Nebenzügen, durch geringfügige Aenderungen des Schriftwortes gewinnt der Verfasser eine Uebereinstimmung zwischen Denken und Glauben, welche als die einzige Grundlage eines tugendhaften Lebens ihm erscheint. In allen diesen Punkten steht der Verfasser den Schrifterklärungen der Palästinenser näher als den Interpretationskünsten Philo's und seiner Genossen;[1]) nur dass die Richtung seiner Gedanken natürlich eine viel freiere ist, als die nicht über das Gesetz hinausstrebende Exegese Palästinas.

Es bedarf keiner langen Ueberlegung, um zu erkennen, dass es dem nicht widerspricht, wenn Ps. Josephus behauptet, die uns erlaubten Speisen seien unsrer Natur angemessen ($οἰκειωθησόμενα\ ἡμῶν\ ταῖς\ ψυχαῖς$ 279, 28), wenn wir auch nicht errathen können, wie er bei jedem einzelnen Speisegesetze das sich gedacht habe.[2]) Ebenso wenig geht aus der verdorbenen Stelle (294, 25)[3]) hervor, dass ihm die Siebenzahl eine höhere Heiligkeit habe, als die Bibel selbst ihr beilegt. Wenn aber Grimm[4]) behauptet, der Satz Ps. Josephus', dass alle Weisheit auf dem jüdischen Gesetz beruhe, sei nur bei einer allegorischen Deutungsweise denkbar, so hat der Gang unserer Darstellung es mit sich gebracht, diese Behauptung schon im Voraus zu widerlegen.

Die Predigt vom Heldentode der makkabäischen Blutzeugen würde ihren höchsten Zweck, die Zuhörer zu gleicher Opferfähigkeit zu entflammen, sicherlich verfehlt haben, wenn die furchtbare Tragödie mit dem Tode der Märtyrer ausgespielt hätte. Dem düsteren Gemälde fehlt aber nicht alles Licht. Schon die wiederholt von Ps. Josephus ausgesprochene Ueberzeugung, dass das Blut jener glaubensstarken Dulder die Sühne für das Vergehen des ganzen Volkes ge-

---

[1]) Gründliche Belehrung über diesen Gegensatz findet man in Frankel's 'Ueber palästinische und alexandrinische Schriftforschung.' Hier ist auch (vergl. Note 5) zum ersten Male der fruchtbare Gedanke ausgesprochen, dass der allegorische Commentar Philo's 'aus öffentlich gehaltenen Vorträgen zusammengeflossen' sei.
[2]) Auch ein Mann wie R' Simeon, dem Nichts ferner lag, als die allegorisirende Methode Philo's, zieht aus 'Deutungen der Gründe des Gesetzes' praktische Consequenzen (Sotah 8 a und oft).
[3]) S. Note 13.
[4]) A. a. O. p. 305.

gewesen sei (282, 4 f. ¹) 287, 32 f, 301, 10)²); dass, von dem unerwarteten Heldenmuthe seiner Gegner erschreckt, Antiochus von Jerusalem unverrichteter Sache abgezogen, dass das Vaterland durch sie gerettet worden sei (271, 11 f. 301, 28 f.), schon diese Versicherung musste die Zuhörer über die Schreckuisse der geschilderten Scenen erheben; denn sie lässt den Untergang der Märtyrer nicht als fruchtloses Opfer, sondern als einen Act geschichtlicher Nothwendigkeit erscheinen. Aber unser Mitleid ist aufs Tiefste durch ihren qualvollen Tod aufgeregt worden und lässt sich von diesem Gedanken allein nicht zur Ruhe weisen. Unser Gefühl verlangt die Vergeltung des Verbrechens, dem sie zum Opfer gefallen sind. Der Unsterblichkeitsglaube³) liefert unserm Verfasser die Motive, durch die er den Forderungen der poetischen und der sittlichen Gerechtigkeit volle Genüge leisten kann. Das feste Vertrauen auf Gott ($\pi i\sigma\tau\iota\varsigma$)⁴) gewährt den Märtyrern die Hoffnung, dass ihr Tod nur eines neuen glückseligen Lebens Anfang sein werde (300, 9). 'Weihen wir der Hut des Gesetzes

---

¹) 282, 7 wird $\dot{a}\nu\tau i\psi\nu\chi o\nu$ in α S B C D ($\dot{a}\nu\tau i\lambda\nu\tau\rho o\nu$ in A) durch die Parallele mit $\kappa a\vartheta\dot{a}\rho\sigma\iota o\nu$ (— 6) und durch Vergleichung von 301, 10 geschützt. Lucian hat das Wort für würdig gehalten, in seinen Lexiphanes (10) aufgenommen zu werden.

²) In den talmudischen Schriften kommen Anklänge an die Lehre von der Versöhnung durch den Tod der Frommen nur sehr selten und nicht in dogmatischer Starrheit, die für dergleichen Ansichten der Talmuds überhaupt nicht kennt, sondern als vereinzelte Privatmeinung vor z. B. Moëd. Kat. 28 a: 'Es sagte R' Eleasar: Warum steht die Erzählung von den Priestergewändern neben der vom Tode Aarons? Weil der Tod der Frommen versöhnt, wie die Priestergewänder versöhnen.' אמר ר' אלעזר : למה נסמכה מיתה אהרן לבגדי כהנה ? מה בגדי כהנה מכפרין אף מיתתן של צדיקים מכפרת. Darzulegen, wie diese Lehre weit über die Anschauungen des IV MB. und des Talmuds hinaus im N. T. fort entwickelt wurde, ist nicht die Aufgabe dieser Untersuchungen. Auch sonst sind der Berührungspunkte zwischen dieser Rede und den neutestamentlichen Schriften viel weniger, als unser von christlichen Abschreibern stark interpolirter Text auf den ersten Blick es glauben macht. S. Note 14.

³) Die Eschatologie der Apokryphen, Philo's und des N. T.'s ist so häufig dargestellt worden, dass ich mich im Nachfolgenden mit den dürftigsten Nachweisungen begnügen kann.

⁴) $\pi i\sigma\tau\iota\varsigma$ in diesem Sinne (297, 21. 299, 23. 300, 5) entfernt sich nicht vom klassischen Gebrauche des Wortes und ist mit dem neutestamentlichen Begriffe nicht zu vergleichen.

unseren Leib', so können die Heldenbrüder einander zurufen (293, 9); denn ihre Seele ist unsterblich, Frömmigkeit rettet sie in ein ewiges Leben[1]) (295, 31).

Der hohen Lehre Philo's entsprechend, ist es die selige Gemeinschaft mit Gott, die den frommen Seelen beschieden ist.[2]) Sie leben bei Gott (παρὰ θεῷ (286, 30) nach dem Willen Gottes κατὰ θεὸν (295, 32)[3]) und in einem kühnen, schon früher erklärten Bilde heisst es, dass sie am Throne Gottes stehen (301, 3)[4]) und ein glückliches, seliges Leben führen (295, 31). Dies glückselige Leben wird ihnen in Gemeinschaft mit denen zu Theil, die ihnen im Leben glichen und im Tode voraufgegangen sind. Dem Chore der Väter schaaren sie sich an, so heisst es 303, 6. (Vergl. 293, 14.)

Der Ort dieses seligen Lebens ist der Himmel (300, 13). 'Du', so redet der Verfasser hier die Mutter der Sieben an, 'stehst jetzt mit ihnen im Himmel.' Keine Kunst der Interpretation wird hier Grimm's Erklärung einer Bekker'schen Conjectur annehmbar machen,

---

[1]) Vergl. Sap. 1, 15. 3, 1 f. 3, 14. 5, 16 und vieles Andere. Philo 35, 1. 244, 26 und oft.

[2]) 95, 36 f. 264, 5 f. 555, 5. 28 f. 643, 34 und an unzähligen anderen Stellen. Diese Lehre geht zuletzt auf Platon *(Theaet.* 176 A f. *Phaedon* 82 B) zurück, wie das durch Philo 555, 32 klar erwiesen wird.
Uebrigens bezeichnet Philo eine höhere Entwickelungsstufe dieser Lehre. Er erblickt in der Tugend selbst die Unsterblichkeit, im Laster die ewige 'Strafe des Bösen. (s. *leg. all.* 1. Ende 554, 20 f. *Quaest. in Gen.* II § 12. 23.) Daher beginnt die Unsterblichkeit im zeitlichen Leben. (s. 513, 5. 643, 34.) Hier mag auch an das schöne Wort Epikur's erinnert sein (bei D. L. X, 135) οὐδὲν γὰρ ἔοικε θνητῷ ζῴῳ ζῶν ἄνθρωπος ἐν ἀθανάτοις ἀγαθοῖς. Ein seliges 'Schauen Gottes' als Inhalt des zukünftigen Lebens lehrt auch der Talmud. Berach. 17 a: 'In der zukünftigen Welt giebt es nicht Essen, nicht Trinken, nicht Begattung, nicht praktische Thätigkeit, nicht Neid, nicht Hass, nicht Streit; sondern die Frommen sitzen, ihre Kronen auf dem Haupte und erfreuen sich des Glanzes der Gottheit' Die 'künftige Welt' ist aber hier und an vielen andern Orten 'die neue Erde' nach der Auferstehung der Todten. Vergl. noch die Ausdrücke 'das Antlitz göttlicher Herrlichkeit schauen' (מקבלח פני השכינה) Sanh. 103 a) und 'zu Gottes Sitz Jemanden führen' (של הק״בה מכניסין אחו במחיצתו) Bab. Bat. 98 a) für 'selig werden.'

[3]) *Philonea* 103, 7 *Tisch*. τὸ μὲν οὖν κατὰ θεὸν ζῆν ἐν τῷ ἀγαπᾶν αὐτὸν ὁρίζεται Μωϋσῆς.

[4]) Vergl. Sabb. 152 b 'Die Seelen der Frommen werden unter dem Throne Gottes aufbewahrt.'

wonach an letzterem Orte zu lesen sein soll: *ἡστέρισαι* (statt *ἐστήρισαι*)[1]) *ἐν οὐρανῷ* in der Bedeutung: '*Du bist in einen Stern gewandelt, zu einem Stern gemacht worden.*' Die Conjectur ist ebenso unnöthig, wie die Erklärung ungerechtfertigt. Vergebens wird man einen derartigen heidnischen Satz innerhalb der jüdischen Literatur suchen und ganz schief ist die Vergleichung von Daniel 12, 3; B. Henoch 104, 2,[2]) wonach die Gerechten glänzen, 'wie die Sterne des Himmels', aber doch wahrlich nicht 'zu Sternen gemacht worden sind.'

Von den Herrlichkeiten und Schrecknissen, womit eine ausschweifende Phantasie die ewige Heimath der Seligen und den Aufenthaltsort der abgeschiedenen Sünder versehen hat, findet sich kaum eine Spur bei unserem, auch in dieser Beziehung bescheidenen Verfasser. Aber dass furchtbare, ewige Strafen den Frevlern bevorstehen, lässt er die Märtyrer im Uebermaasse ihrer Leiden ihrem Peiniger sagen (286, 31. 291, 32. 293, 11. 303, 3), und dass diese Strafen in Feuerqualen bestehen werden, fügen sie hinzu (292, 1). Wir haben schon gesehen, auf Grund welcher psychologischen Lehre die Seele noch nach ihrer Scheidung vom Körper Feuerstrafen ausgesetzt sein kann, und es ist dieselbe sinnliche Anschauung, die den Verfasser an einer anderen Stelle (289, 15) auch von einem ewigen Untergange des Tyrannen (*αἰώνιος ὄλεθρος*) sprechen lässt.[3])

Die Auferstehung des Leibes muss von unserem Verfasser geradezu geläugnet worden sein. Kein Wort verräth, dass seine Vorlage, das zweite Makkabäerbuch oder dessen Quelle von dieser Idee wie durchtränkt war.[4]) Alles, was ihr Entsprechendes im achtzehnten Capitel sich findet, ist späte Zuthat des ungeschicktesten aller Interpolatoren.

Hervorgehoben muss endlich noch werden, dass diese Anschauungen des Verfassers zuweilen in formelhaften festen Phrasen niedergelegt

---

[1]) Wer diese unklassische aber bei Kirchenschriftstellern gebräuchliche Form unserem Verfasser nicht zutraut, darf getrost *ἰστήριξαι* lesen.

[2]) Grimm p. 361.

[3]) Von der Möglichkeit einer Vernichtung der Seele durch Feuer sprechen auch talmudische Stellen Rosch. Hasch. 17 a. Sanh. 90 b. Sabb. 113 b.

[4]) s. II MB. c. 7. Es macht den unangenehmsten Eindruck zu sehen, wie Dähne (II, 184 f.) die entschiedensten Beweise für das Vorhandensein dieser Lehre im II M B. wegzudeuteln wagt, bloss um den Verfasser in einen Alexandriner nach bekanntem Modelle umformen zu können.

sind. Sie zeigen, dass diese Ideen nicht neu vom Verfasser geschaffen wurden [1]), sondern längst im Volke lebten und, um verstanden zu werden, einer grösseren Ausführlichkeit nicht bedurften.

Sollen wir jetzt das Gesammtergebniss dieser Untersuchung kurz darlegen, so wäre etwa Folgendes zu sagen. Ps. Josephus ist kein speculativer Kopf im wahren Sinne des Wortes; denn nirgends finden wir Züge wirklicher Originalität des Denkens. Er ist auch nicht der Mann, der die philosophischen Gedanken Anderer durch eine glänzende Darstellung wie neugeschaffen erscheinen lassen könnte. Die trockenen Excurse 282, 11 f; 292, 14 f. und die Eintönigkeit grosser Theile des Ganzen erweisen es. Aber er ist ein klar denkender Kopf, der aus verschiedenen Systemen mit reifem Urtheil zusammensucht, was seiner Denkungsart sich fügen will, der, obgleich Stoiker in den Grundzügen seiner Ethik, sich gänzlich lossagt von ihrer Metaphysik und auch ihrer rigoristischen Moral kühn entgegentritt, ja sich nicht scheut, dem mehr geschmähten als gekannten Epikur in einzelnen Sätzen sich anzuschliessen.[2]) Ihm ist die Freude am Leben nicht vergällt durch das schwere Gewölk, das sich immer düsterer und düsterer um sein Vaterland zusammenzog; er eifert nicht wie Philo und spätere Martyrologienschreiber gegen das 'süsse Leben' (285, 32) und die 'Gaben der Natur' (279, 23. 27) und gegen die Sinnlichkeit als solche. Wir finden in ihm keine Spur von jener lebensmüden Askese der späteren Zeit; so vielen Anlass zu dergleichen Betrachtungen die schlimme Zeit und der schreckliche Stoff ihm auch bieten mochte.

---

[1]) So die oben angeführten Ausdrücke $\zeta\tilde{\eta}\nu$ $\varkappa\alpha\tau\dot{\alpha}$ $\vartheta\varepsilon\acute{o}\nu$, $\pi\alpha\varrho\dot{\alpha}$ $\vartheta\varepsilon\tilde{\omega}$. Wenn dagegen Gfrörer p. 193 in $\tau\alpha\mu\iota\varepsilon\acute{\upsilon}\varepsilon\sigma\vartheta\alpha\iota$ (292, 32) 'etwas Mystisches' erblickt, so haben ihm gewiss Stellen wie die folgenden nicht zur Vergleichung gedient: *Philonea* 60, 1. *Tisch.* 64, 8. *Tisch.* II, 65, 3. II, 75, 21. II, 400, 5. II, 401, 12. 17 *Mang.* und sonst. Für zufällig halte ich das Zusammentreffen mit dem entsprechenden ומ in Sätzen wie dem oben S. 69, 4 angeführten.

[2]) Der Lehre Epikur's oder der Skeptiker entlehnt ist auch $\mu\varepsilon\tau\dot{\alpha}$ $\dot{\alpha}\tau\alpha\varrho\alpha\xi\acute{\iota}\alpha\varsigma$ $\zeta\tilde{\eta}\nu$, das nothwendig 286, 5 aus allen codd. wiederherzustellen sein wird. Das Thema, Herrschaft der Vernunft über Affecte und Leidenschaften ist so wenig stoisch — wie Grimm p. 288 meint — dass man sagen darf, es sei so alt wie die Ethik selbst. Einzelnes aus der erdrückenden Zahl von Belegen hier herauszugreifen, widerräth sich von selbst.

Es ist sein entschiedener Vorsatz, darzuthun, dass das jüdische Gesetz allen Forderungen des Denkens entspreche; aber er erweist das durch einfache Deutungen der Schrift, nicht durch gewaltsame allegorische Denteleien, die aus Griechenland in die jüdisch-hellenistischen Kreise gedrungen, die dunkelsten Schatten auf die jüdische Religionsphilosophie geworfen haben. So wird das Verdienst unsrem Ps. Josephus Niemand streitig machen können, dass er, verzichtend auf alle künstlichen Vermittelungsversuche, einen ehrlichen Bund zwischen Glauben und Denken zu schliessen unternahm auf Grund der Erkenntniss, dass seine Religion nicht eine Religion unnatürlicher Weltflucht, sondern kräftiger Selbstbeherrschung sei.

III.

Unabweislich tritt bei der Betrachtung der historischen Bestandtheile unseres Buchs die Frage an uns heran, in welchem Verhältniss sie zu den sonstigen Berichten über die Zeit der Makkabäer, wie man nun einmal zu sagen gewohnt ist, stehen. Eine ausführlichere Erörterung des Sachverhaltes wird um so mehr am Orte sein, als wir bei dieser Gelegenheit am bequemsten einen Einblick in die historische Rüstkammer unseres Verfassers gewinnen können.

Unsere Schrift zeigt in der Behandlung des Stoffes, in Worten und Gedanken eine auffallende Uebereinstimmung mit dem zweiten Makkabäerbuche, die sich nur durch eine von folgenden Annahmen erklären lässt:

1) II MB. und IV MB. behandeln denselben Stoff unabhängig von einander auf Grund einer gemeinsamen mündlichen Ueberlieferung.
2) Eines von beiden Büchern hat das andere benutzt, und es fragt sich, welches ist Original, welches Copie.
3) Beide Bücher sind selbständige Bearbeitungen eines und desselben älteren Geschichtswerkes.

Schon bei der oberflächlichsten Vergleichung der einander entsprechenden Stellen[1] erledigt sich die erste Frage. Die oft wörtliche Gleichheit des Ausdrucks und die durch mehrere Sätze hindurchgehende Uebereinstimmung der Gedanken beweisen, dass ein viel innigeres Verhältniss zwischen beiden Büchern besteht, als dass man glauben dürfte, bloss der gemeinsame Stoff verbinde sie und das IV MB. habe seine Kenntniss der geschilderten Ereignisse 'aus halb verklungener Sage' geschöpft.[2])

Ebenso entschieden ist die Annahme abzuweisen, das IV MB. habe dem Verfasser des II MB. vorgelegen. Das II M B. ist nach der eigenen Angabe des Verfassers (2, 19 f.), an der zu zweifeln uns Nichts berechtigt, ein Auszug aus dem grossen, fünf Bücher umfassenden Werke des Jason von Kyrene. Unglaublich ist es, dass der Epitomator neben dieser eigentlichen Quelle, an deren Bearbeitung er schon so viel Schweiss und Mühe gewendet haben will (2, 26), noch eine andere Schrift benutzt haben sollte, und das, ohne ihrer trotz seiner Ruhmredigkeit zu gedenken und das, obgleich diese zweite Quelle so dürftig ist neben der Ueberfülle von Stoff, die, wie der Arme (2, 24) klagt, Jason ihm darbot.

Somit haben wir nur noch zu entscheiden, ob l's. Josephus das zweite Makkabäerbuch, oder dessen Quelle, Jason von Kyrene benutzt hat. Soll aber eine rechte Beantwortung dieser Frage möglich sein, so haben wir vor Allem eine gewisse Scheu davor zu überwinden, unsere Schrift zu einem Werke in das innigste Verhältniss zu setzen, von dem keine Zeile uns erhalten ist, dessen Verfasser bis auf die einmalige Erwähnung seines Namens im zweiten Makkabäerbuche (2, 23) gänzlich verschollen ist. Diese Scheu vor dem Unbekannten hat Nichts mit wirklichen Gründen gemein; nur wissenschaftlicher Kleinmuth könnte ihr den geringsten Einfluss auf sein Urtheil einräumen. Freilich haben fast Alle, die bisher über diesen Punkt ihr Urtheil

---

[1]) Man vergleiche II. MB. 3, 1—37 mit IV MB. 275, 31—277, 12; II MB. 4, 7—16 mit IV MB. 277, 12—24; II MB. 6, 18 f. mit IV MB. 278, 14 f.; II MB. 6, 21 f. mit IV MB. 281, 7 f. II MB. 6, 30 mit IV MB. 282, 1 f.; II MB. 7, 2 mit IV MB. 286, 12 f.; II MB. 7, 7 mit IV MB. 288, 5 f. Ueber den Text von IV MB. 275 31 ff. siehe Note 15.

[2]) Gfrörer a. a. O. p. 198. Ueber die Beziehungen zwischen II und IV MB. spricht er kein Wort.

abgegeben haben¹), sich für die Abhängigkeit des IV vom II MB.
erklärt: Gründe aber für dies Urtheil hat Keiner angeführt und entscheidende Gründe wird auch die sorgsamste Forschung nicht aufspüren können. Denn was nützt es, zum Erweise dieser Annahme die Uebereinstimmung zwischen beiden Büchern hervorzuheben, die das IV MB. in jedem Falle, sowohl bei der Benutzung des II MB. als Jason's aufweisen musste? Zu behaupten, dass zwei von einander unabhängige Auszüge nicht dermaassen mit einander übereinstimmen können, wie es beim II und IV MB. der Fall ist, hiesse vorschnell über Möglichkeit oder Unmöglichkeit eines solchen Zusammentreffens aburtheilen. Ja erinnern wir uns, wie weit die Gewissen der Alten in Bezug auf Plagiate waren; bedenken wir, wie oft unverarbeitete Auszüge und Zusammenstellungen als selbständige Geschichtswerke nicht bloss bei Orientalen, sondern auch bei Griechen und Römern aufzutreten pflegten, so werden wir uns, selbst wenn nicht das II MB., sondern Jason's Werk unserem Ps. Josephus vorgelegen hat, nicht darüber wundern, dass die beiden Bearbeitungen Jason's so häufig, sondern dass sie so selten zusammengehen.

Die blosse Uebereinstimmung der beiden Schriften in Worten und Gedanken²) kann also als brauchbares Kriterium für die Entscheidung unserer Frage nicht anerkannt werden. Giebt es aber nicht andere Mittel, zu einer befriedigenden Lösung zu gelangen? Der Verfasser

---

¹) Ewald Geschichte IV² 633, Graetz Geschichte III² 445, Geiger Urschrift p. 229 und Andere. Grimm schwankt zum II MB. p. 20, zum IV MB. p. 293; nimmt aber die Abhängigkeit Ps. Josephus' vom II MB. an zum IV MB. p. 286. 316. Die Abhängigkeit Ps. Josephus' von Jason behauptet allein Dr. Nicolaus Schack in: *De libro τῆς Μακκαβαίους qui Flavio Josepho vulgo tribuitur.* Hauniae 1814. Aber auch Herzfeld Geschichte des Volkes Israel Bd. II und Flathe Geschichte Macedoniens Bd. II citiren Ps. Josephus als selbständige Quelle.

²) Am genauesten trifft die Erzählung der Vorgeschichte im II MB. 3, 1 f. mit der im IV MB. 275, 31 f. gegebenen aus guten Gründen zusammen; denn Jason's eigentliches Thema sind nach II MB. 2, 20 die Kriege unter Antiochus Epiphanes und Eupator. Die fehlgeschlagene Unternehmung des Seleukus Philopator gegen den Tempel kann bloss als Einleitung gegeben und gewiss nicht viel ausführlicher erzählt worden sein, als in unseren Berichten. Was Wunder, dass auch das II und IV MB. diese tröstliche Erzählung Jason's ihrem eigentlichen Thema vorausschickten, und dass gerade die ersten Sätzchen dieser, aus dem angeführten Grunde schon von Jason etwas kürzer behandelten Erzählung eine Aehnlichkeit zeigen, die sich sonst nicht findet.

des II MB's ist ein Epitomator der schlimmsten Art. Er giebt keinen verständigen, in einem steten Verhältniss durchgeführten Auszug aus Jason, sondern liefert eine ganz ungleichmässige Stückelei; seine Scheere arbeitet bald einem bestimmten Parteistandpunkte zu Gefallen[1]), bald nach blosser Willkühr, wie die Hand gerade zuckt. Hier werden wichtige Nachrichten unterdrückt, dort grössere Berichte bis zu wenigen Schlagwörtern verstümmelt; Personen treten als bekannt auf, von denen noch Nichts berichtet war; Erzählungen werden inmitten ihrer Entwicklung abgebrochen; Thatsachen werden mit einer Kürze berichtet, die sie Jedem unverständlich machen, der das Original nicht gelesen hat; ja oft wird geradezu Widersinniges aufgenommen oder Widersprechendes dicht neben einander gestellt.[2]) Die Zahlenangaben Jason's sind ihm eine erdrückende Last 'ein Schwall von Zahlen', den er daher fast ganz beseitigen zu müssen glaubt (2, 24): daher die Verworrenheit der Chronologie, die in Uebereinstimmung mit der glaubhafteren Nachricht Anderer, besonders des ersten Makkabäer-Buches, zu bringen Theologen, Chronologen und Historiker seit Petavius und Scaliger vergebens sich abgemüht haben. Ein solcher Epitomator muss sich denn, falls Ps. Josephus nicht ihn selbst, sondern seine Quelle selbstständig benutzt hat, aus diesem geradezu corrigiren, Irrthümer in der Auffassung des Originals werden sich durch Vergleichung des vierten Makkabäerbuches nachweisen lassen, und das können wir trotz der geringen Ausdehnung der parallelen Stücke allerdings noch an mehreren Stellen.

Nach dem II MB. (6, 30) hat Eleasar vor seinem Tode Folgendes gesagt: Gott weiss, 'dass ich, während ich mich vom Tode retten konnte, mit meinem Körper schwere Schmerzen trage, freudig aber in meiner Seele aus Gottesfurcht leide.' Und so starb dieser, fährt II MB. fort, unbekümmert darum, dass so, wie Jeder einsehen muss und wie auch die Parallelstelle VII, 37 lehrt, die Rede Elenasar's in der Mitte abgebrochen ist. Ps. Josephus hat (282, 1 f.) dieselben Worte aus Jason aufgenommen, aber den nothwendigen Schluss nicht

---

[1]) Geiger Urschrift p. 219 f.
[2]) Belege hierfür geben Wernsdorff *de fide histor. etc.*, die neueren Geschichtschreiber der makkabäischen Zeit und die Commentatoren zum II MB. in überreicher Zahl.

wie der Epitomator des II MB. abgeschnitten. Er lässt Eleasar sagen: 'Du weisst, o Gott, dass ich, während ich mich retten konnte, 'in Flammenqualen sterbe um des Gesetzes willen. Darum begnade 'Dein Volk wieder, zufrieden mit meinem Tode für sie. Lass als 'Sühne mein Blut gelten und empfange als Lösung ihres Lebens das 'meine.' [1]) Man vergleiche den griechischen Text:

IV MB.

καὶ μέλλων λιποθυμεῖν . . . . . εἶπε
'σὺ οἶσθα, Θεὲ, ὅτι παρόν μοι
σώζεσθαι βασάνοις καυστικαῖς
ἀποθνήσκω διὰ τὸν νόμον. τοιγαροῦν ἵλεως γενοῦ τῷ ἔθνει σου,
ἀρκεσθεὶς τῇ ἡμετέρᾳ ὑπὲρ αὐτῶν
δίκῃ· καθάρσιον αὐτῶν ποίησον τὸ
ἐμὸν αἷμα καὶ ἀντίψυχον αὐτῶν
λαβὲ τὴν ἐμὴν ψυχήν.'

II MB.

μέλλων δὲ ταῖς πληγαῖς τελευτᾶν
ἀναστενάξας εἶπε 'Τῷ κυρίῳ τῷ
τὴν ἁγίαν γνῶσιν ἔχοντι φανερόν
ἐστιν ὅτι δυνάμενος ἀπολυθῆναι
τοῦ θανάτου σκληρὰς ὑποφέρω κατὰ
(Vat. add. τὸ) σῶμα ἀλγηδόνας μασ-
τιγούμενος, κατὰ ψυχὴν δὲ ἡδέως
διὰ τὸν αὐτοῦ φόβον ταῦτα πάσχω.'

Je weniger dieser Zusatz mit dem philosophischen Thema Ps. Josephus' irgend welche Verwandschaft zeigt, je natürlicher er vielmehr aus dem Zusammenhange herauswächst und mit dem religiösen Charakter stimmt, der allen Anzeichen nach der Grundschrift Jason's eigen war, desto zwingender wird der Schluss, dass hier eine Entlehnung aus dieser und nicht aus dem II MB. stattgefunden hat.

Ein etwas anderes Verhältniss finden wir an einer anderen Stelle, wo nach dem II MB. 7, 2 einer der sieben Brüder als Sprecher derselben, nach dem IV MB. (286, 11 f.) 'sie Alle zumal mit einem Munde wie aus einer und derselben Seele Folgendes zu Antiochus sagen:

IV MB.

Τί μέλλεις, ὦ τύραννε; ἕτοιμοι
γάρ ἐσμεν ἀποθνήσκειν ἢ παραβαίνειν τὰς πατρίους ἡμῶν ἐντολάς.

II MB.

Τί μέλλεις ἐρωτᾶν καὶ μανθάνειν
παρ' ἡμῶν; ἕτοιμοι γὰρ ἀποθνήσκειν ἐσμὲν ἢ παραβαίνειν τοὺς
πατρίους νόμους.[2])

---

[1]) Wir haben hier also ein ähnliches Verhältniss, wie es zwischen 1. Chron. 21. und 2 B. S. 24 besteht. In letzterem (v. 25) bricht die Erzählung plötzlich ab und wird aus der beiden gemeinsamen Quelle in der Chron. 21, 28 f. ergänzt.
[2]) Vgl. ass. Mos. XI, 14 Volkm. und Anderes.

Ps. Josephus strebt hier nicht nach Kürze, es folgt bei ihm noch eine lange Rede bis 286, 32; er hätte also, wäre das II MB. benutzt worden, schwerlich die Worte ἐρωτᾶν καὶ μανϑάνειν παρ' ἡμῶν ausgelassen. Diese aber standen gar nicht in Jason und sind vom II MB. hinzugefügt, weil er μέλλειν in dem bei ihm gewöhnlichen Sinne 'gedenken oder bevorstehen'[1]) nahm, in welchem allein es bei den LXX vorkommt. Da musste denn ein Infinitiv dazugesetzt werden, durch den aus den schönen Worten bei Jason: 'Was zögerst du Tyrann! 'denn wir sind bereit lieber zu sterben, als das Gebot der Väter zu 'übertreten,' etwas so Gewöhnliches ward, wie: 'Was willst du uns fragen und von uns erfahren? denn wir sind bereit u. s. w.' Nun aber zu glauben, dass Ps. Josephus das II MB. vor sich gehabt und durch Streichung von fünf Worten dem beibehaltenen τί μέλλεις eine ganz andere, weniger gangbare Bedeutung gegeben und damit einen vortrefflichen, hier einzig passenden Gedanken aus einem immerhin verständlichen Satze herausgeschält habe, das heisst doch das einfachste Verhältniss unnöthig verwickeln, um eine unhaltbare Annahme nicht aufgeben zu müssen.

Zu diesen rein stilistischen Beweisen einer Abhängigkeit Ps. Josephus' nicht vom II MB., sondern von Jason treten sachliche Gründe in grösster Zahl hinzu, die alle entgegenstehenden Bedenklichkeiten überwinden müssen. Sind II MB. und IV MB. unabhängig von einander entstanden, so wird das IV MB. Manches aus Jason entlehnt haben müssen, was im II MB. fehlt, so gut wie das II MB. einen Reichthum an historischen Nachrichten mittheilt, die sich im IV MB. nicht finden. Vollkommen unmöglich aber ist es, dass wenn Ps. Josephus das II MB. benutzt und ausgeschrieben hat, die Predigt geschichtliche Thatsachen enthalte, die wir bei dem Geschichtschreiber nicht finden, dagegen Motive unbeachtet gelassen habe, die das II MB. mittheilt und die Ps. Josephus für seinen Zweck fruchtbar verwenden konnte. Einen grossen Ueberschuss von wichtigen, geschichtlichen Nachrichten dem zweiten Makkabäerbuche gegenüber können wir nun freilich in keinem Falle im IV MB. zu finden hoffen, weil dieses die viel kürzere Epitome ist. Vom IV MB. werden überhaupt nur drei Ereignisse mitgetheilt: die versuchte Plünderung des Tempels unter

---

[1]) Vgl. 1, 18. 2, 16. 3, 18.

Seleukus, das Martyrium Eleasar's und das der Mutter und ihrer Söhne. Das zweite und dritte Ereigniss, die Hinrichtung Eleasar's, der Mutter und der sieben Brüder ist im IV MB. allerdings sehr ausführlich geschildert und es enthält auch manche Nebenumstände, die wir im II MB. vergebens suchen. Diese könnten wir eben für Nachrichten gelten lassen, die ursprünglich schon Jason gab, die das II MB. als gleichgültig überging, Ps. Josephus aber mittheilte, weil sie sehr geeignet waren, sein Thema von der Herrschaft der Vernunft zu beweisen, oder weil sie die Geschichte, an die er sein Thema knüpfte, ausschmückten und verbrämten. Aber gerade weil sie so vortrefflich zu der Tendenz des IV MB. passen, können sie vom Verfasser sehr wohl frei erfunden sein: es darf daher auf sie für die Entscheidung unserer Frage kein Gewicht gelegt werden. Hierzu sind selbst Angaben wie die zu zählen, dass Eleasar der Lehrer der Sieben und priesterlichen Stammes gewesen sei (286, 25. 278, 15). Freilich, wer kühn genug ist, die für das II MB. überzeugende Beweisführung Geiger's von der Parteistellung dieses Buches[1]) auf das IV MB. zu übertragen, kann auch in der Angabe, Eleasar sei ein Priester gewesen, eine Bestätigung unserer Hypothese finden. Denn Ps. Josephus steht dem Priestergeschlechte der Hasmonäer wenn nicht feindlich, so doch gleichgiltig gegenüber. In seiner Rede, die der Feier makkabäischer Heldenzeit geweiht ist, wird auch nicht mit der leisesten Anspielung des Mannes und der Familie gedacht, an deren Namen die glorreiche Erhebung jener Tage geknüpft ist. In dieser Haltung stimmt Ps. Josephus mit einer ganzen Reihe jüdischer Schriften überein, denen die schlimmen Thaten der späteren Hasmonäer den Ruhm ihrer Vorfahren verdunkelten oder verlöschten[2]). Nennt nun Ps. Josephus, abweichend vom II MB., Eleasar einen Priester, so scheint das eine unparteiische Entlehnung aus Jason, nicht eine ganz unmotivirte Erfindung zu sein. Ich halte aber diesen Schluss trotz Geiger's nachdrücklicher Betonung der Thatsache[3]) für gewagt, denn mit dem Hasse

---

[1]) A. a. O. p. 219 f.
[2]) Henochbuch 90, 3a. Psalm. Salom. 1, 5. 17, 6 f. Volkmar Mose' Proph. p. 32. 71. Langen a. a. O. p. 66. 68. Hilgenfeld Zeitschr. 1868 II p. 162 f., insbesondere aber Geiger a. a. O.
[3]) A. a. O. p. 223.

oder der Nichtachtung des priesterlichen Hasmonäergeschlechtes ist eine Feindschaft gegen die Priester überhaupt noch nicht gesetzt. Doch sei hier wenigstens Einer Differenz gedacht, die einem nicht gar zu peinlichen Richter allein genügen wird, für erwiesen zu halten, was hier erwiesen werden soll. Ueber den Tod der Mutter lesen wir im IV MB. (299, 32 f.) Folgendes:

Ἔλεγον δὲ καὶ τῶν δορυφόρων τινὲς, ὡς ὅτι ἔμελλε συλλαμβάνεσθαι καὶ αὐτὴ πρὸς θάνατον, ἵνα μὴ ψαύσειέ τις τοῦ σώματος αὐτῆς, ἑαυτὴν ἔρριψε κατὰ τῆς πυρᾶς.	Es erzählten aber auch einige der Lanzenträger, dass, als auch sie ergriffen und zum Tode geführt werden sollte, sie sich selbst in die Flamme warf, damit Niemand ihren Leib berühre.

Auffallend ist, dass hier als Erzählung 'einiger der Lanzenträger' angegeben wird, was nach der sonstigen Gewohnheit Ps. Josephus' als wirkliche Thatsache hätte berichtet werden sollen. Das II MB. sagt Nichts von einem Selbstmorde der Mutter, sondern giebt ganz kurz an (7, 41): ἐσχάτη δὲ τῶν υἱῶν ἡ μήτηρ ἐτελεύτησεν. Man wird sagen, der Redner habe den Selbstmord der Mutter frei erdichtet. Aber dann würde er dies schwerlich als blosse Erzählung 'einiger der Lanzenträger' mitgetheilt und sicherlich in der weitschweifigen Deklamation, in der der Heldenmuth der Mutter bis zu den Sternen gehoben wird, mit Einem Worte auf diese seine Erdichtung Rücksicht genommen haben. Da nun auch in den talmudischen Quellen erzählt wird, die Mutter habe sich selbst getödtet,[1]) so wird man nicht zweifeln, dass hier Ps. Josephus nicht das II MB. benutzt, sondern aus einer älteren Quelle, d. h. aus Jason von Kyrene geschöpft hat. Damit ist ebenso die eigenthümliche Fassung der Worte, wie die Abweichung des Epitomator's im II MB. erklärt.

Mit welchen Augen nämlich die strengen Anhänger des Gesetzes den Selbstmord ansahen, lehrt ein Beispiel aus nicht viel späterer Zeit. R' Chanania, Sohn Teradjon's[2]) starb unter Hadrian den furchtbaren Tod in den Flammen eines Scheiterhaufens. Seine Schüler baten ihn, er möge den Mund weit öffnen, um durch die einströmende Gluth den Tod schneller herbeizuführen. R' Chanania aber erwiderte:

---

[1]) s. unten. Nach II MB. hat Josippon (III, 6) gearbeitet.
[2]) Abod. Sar. 18 a. Zur Sache vergl. Jos. b. J. III, 8, 5; Pseudo-Philo *Paralip*. p. 612 *Auch*.

'Er mag mir die Seele nehmen, der sie mir gegeben hat, nicht aber darf ich mich selber tödten.'

Der Verfasser des II MB., der auf demselben streng gesetzlichen Standpunkte steht, will von der Märtyrerin nicht berichten, dass sie aus irgend welchem Grunde einen Selbstmord begangen habe, und unterdrückt darum die Nachricht Jasons durch das zweideutige Wort: ἡ μήτηρ ἐτελεύτησεν. Ps. Josephus erzählt, was er fand, weil er von ihrem Tode berichten musste und eine Lüge nicht berichten wollte. Aber offenbar thut er das nur widerwillig. Das beweist die Angabe, dass es bloss 'einige der Lanzenträger berichtet hätten', die Entschuldigung, dass sie es gethan, 'damit Niemand ihren Leib berühre' und die Uebergehung dieses sonst so wirksamen Motivs in der voraufgehenden und nachfolgenden überschwänglichen Lobpreisung ihres Heldenmuthes. Hätte er die Worte des II MB. vor sich gehabt, 'als letzte starb die Mutter', so würde er bei seiner gesetzestreuen Gesinnung nimmer diese unverfänglichen Worte zu einer Angabe umgearbeitet haben, die ebenso sehr von dem Heldenmuthe der Mutter wie von einer Verletzung des strengen Gesetzes Kunde giebt.

Die versuchte Plünderung des Tempels unter Seleukus enthält in der Schilderung des IV MB. eigentlich nur die Hauptumstände, die daher auch vom II MB. als dem ausführlicheren Auszuge mitgetheilt werden mussten. Sieht man sich aber die beiden Erzählungen genauer an, so finden sich im historischen Beiwerke doch zahlreiche Abweichungen und diese müssen uns hier gerade um so bedeutsamer erscheinen, wenn wir des Standpunkts nicht vergessen, von dem aus Ps. Josephus und der Verfasser des II MB. dies Ereigniss ansehen. Für das II MB. ist die Erzählung von der versuchten Plünderung des Tempels unter Seleukus Philopator immerhin von Wichtigkeit, weil sie das Vorspiel der Entweihung desselben unter Antiochus Epiphanes bildet und dem Verfasser des II MB. für seine theokratische Auffassung der späteren Ereignisse eine unentbehrliche Handhabe giebt. Für Ps. Josephus ist jenes erste Ereigniss von geringer Bedeutung; denn es steht nicht eigentlich mit seinem Thema in Verbindung. Eine Erweiterung dieser Erzählung durch geschichtliche Thatsachen ist von ihm nicht zu erwarten. Die geringsten Zusätze, die sich im II MB. nicht finden, müssen da, wo sonst die Uebereinstimmung mit ihm und das Streben nach Kürze so deutlich hervortritt, wie in dieser Erzählung, gegen die Abhängigkeit von ihm entscheiden. Solche Zusätze finden sich nun aber in Menge. Z. B.: 276, 3—5 καὶ τὴν πολιτείαν αὐτῶν ἀποδέχεσθαι, τότε δή τινες πρὸς τὴν κοινὴν νεωτερίσαντες, ὑμόνοιαν, πολυτρόποις ἐχρήσαντο συμφοραῖς. Ferner 276, 7: ⟨ὄντα⟩ διὰ βίου καλὸν καὶ ἀγαθὸν ἄνδρα, ἐπειδὴ πάντα τρόπον διαβάλλων κατὰ τοῦ ἔθνους οὐκ ἴσχυσι κακῶσαι, φυγὰς ᾤχετο τὴν πατρίδα προδώσων.[1]) 276, 11 f. ist aus einer unklaren, in indirecter Rede vom II MB. angeführten Aeusserung Simon's ein noch etwas ausführlicherer, in directer Rede vorgetragener Bericht geworden. 276, 15 erzählt Ps. Josephus, was im II MB. ebenfalls vermisst wird: τούτων δὲ ἕκαστα γνοὺς ὁ Ἀπολλώνιος τὸν μὲν Σίμωνα τῆς εἰς τὸν βασιλέα κηδεμονίας ἐπῄνει: ebenso 276, 20: μετὰ τοῦ καταράτου Σίμωνος καὶ βαρυτάτου στρατοῦ ἀνέβη ebenso IV, 12: ὡμολόγει γὰρ ἡμαρτηκέναι, ὥστε καὶ ἀποθανεῖν ἄξιος ὑπάρχειν, πᾶσί τε ἀνθρώποις ὑμνήσειν σωθεὶς τὴν τοῦ ἱεροῦ τόπου ἀρετήν.[2]) Geschichtlich bedeutungslose Züge, wie die sonst unbekannte Notiz, dass Simon den Hohenpriester erst beim Volke verleumdet habe, dass in seiner Begleitung und mit einem grossen Heere Apollonius gegen Jerusalem gezogen sei, gewinnen hier eine grössere Bedeutung, weil wir schon oben nachweisen konnten, dass Ps. Josephus kein Plagiator gewöhnlichen Schlages ist. Jemand, der eine Disposition mit solch unerbittlicher Strenge durchführt, erdichtet da, wo er einem früheren Berichte folgt, nicht dergleichen Zusätze, die zu seinem Thema in keiner Beziehung stehen, die auch zur Ausschmükkung der Rede Nichts beitragen. Je grösser aber gerade bei der Erzählung der Vorgeschichte die Uebereinstimmung mit dem II MB. ist, desto weniger darf man sie aus blosser Freiheit der Nachbildung hervorgehen lassen. Ps. Josephus hat hier nachgeahmt und hat treu nachahmen wollen. Wozu Aenderungen ohne jede Veranlassung? Und wie entstanden Zusätze ohne jede Beziehung zum Zwecke des Verfassers?

---

[1]) Ueber die Einfügung von ὄντα nach ἐόντα und über die Lesart διαβάλλων κατὰ τοῦ ἔθνους im Sinne von 'verleumden beim ganzen Volke' statt der in vielen Handschriften befindlichen Vulgata ὑπὲρ siehe Note 15.

[2]) Entscheidende Bedenken gegen diesen, in den Handschriften der zweiten Classe zwar ein wenig zugestutzten, aber doch besser als in ℵ erhaltenen Satz scheinen nicht vorzuliegen.

Enthält so das IV MB. Zusätze, die sich nur aus der Benutzung des älteren, umfangreicheren Geschichtswerkes erklären lassen, so suchen wir in demselben vergebens manche Motive, die wir im II MB. finden und die gerade dem Prediger die besten Dienste hätten leisten können. Vergegenwärtigen wir uns nur Folgendes. Ps. Josephus wollte kein Geschichtswerk schreiben, sondern einer andächtigen Versammlung einen zugleich religiösen und philosophischen Gedanken durch Belege aus der Vorzeit erweisen. Ihm ist es daher nicht um historische Wahrheit, sondern um erbauliche Ausnutzung jener alten Erzählung zu thun. Wo es seinem Zwecke dient, scheut er selbst starke Uebertreibungen nicht und er hat einen Ueberschuss von dergleichen glänzenden Unwahrheiten selbst vor dem arg flunkernden II MB. voraus. Nur Einzelnes sei hervorgehoben:

Ein Statthalter Kölesyrien's und Phönikien's ist Apollonius im II MB. Dies scheint dem IV MB. eine zu geringe Würde und er wird gegen alle Wahrscheinlichkeit zum Statthalter von Syrien, Phönikien und Kilikien gemacht (276, 10). Lanzenträger begleiten den Heliodor in den Tempel nach II MB. 3, 24, ein grosses wohlgerüstetes Heer den Apollonius nach IV MB. 276, 20. 30. Jason verspricht dem Könige für die Uebertragung der Hohenpriesterwürde 590 Talente nach II MB. 4, 8 f., 3660 Talente jährlich nach IV MB. 277, 19. Dass die Syrer grausam in Jerusalem auftraten, berichtet auch das II MB.; aber dass 'Jeder Einzelne von den Hebräern herbeigeschleppt wurde', um seinen Glauben zu verleugnen oder gefoltert zu werden, erdichtet allein das IV MB. 278, 10. Eleasar stirbt nach II MB. 6, 30 den Tod durch Geisselhiebe, durch die furchtbarsten Folterqualen nach IV MB. 280, 20 f. 281, 30 f.

Mit diesem offenbaren Streben nach Uebertreibungen, das aus vielen anderen Thatsachen in gleicher Weise hervorgeht, stimmt es nun aber recht schlecht, dass das IV MB. zuweilen die übertriebenen Angaben des II MB. auf das bescheidenste Maass zurückführt. Würde Ps. Josephus sich mit der kühlen Angabe begnügt haben, König Seleukus habe 'einiges Geld' ($\chi\varrho\eta\mu\alpha\tau\alpha$) zum Opferdienste gegeben (276, 2), wenn er die Angabe des II MB. (3, 3) gekannt hätte, wonach jener 'alle Kosten' getragen haben soll? Würde Ps. Josephus die einfachen, farblosen Worte (276, 23 f.) gebraucht haben, wenn er die überschwängliche Schilderung vor sich gehabt hätte, die das II MB.

(3, 14 f.) von den Jammerscenen in Jerusalem bei dem Versuche Heliodor's auf den Tempel entwirft? Ps. Josephus sucht auf jede Weise den Tempel zu verherrlichen und ist ganz dem Engelglauben seiner Zeit ergeben. Würde er die effectvolle Schilderung der Engelserscheinung, wie wir sie II MB. 3, 25 f. lesen, in den schmucklosen Bericht 276, 32 f. umgewandelt haben?[1]) Nein, Ps. Josephus hat aus Jason von Kyrene geschöpft und des II MB. Schilderung gehört, wenigstens dem malerischen Detail nach, nicht der Quelle, sondern dem Bearbeiter selbst an. So allein erklärt es sich, dass das Geschichtsbuch pomphaft übertreibt, was nüchtern die sonst nicht weniger prunksüchtige Predigt erzählt.

Es lässt sich auch nicht wohl denken, dass Ps. Josephus manchen feinen Zug sollte unbeachtet gelassen haben, den zum Erweise des Themas das II MB. ihm darbieten konnte. Freiwillig überliefert sich Eleasar den Henkern, und ungeheissen tritt er an das Marterwerkzeug heran 6, 19. 28. Das ist ein Motiv, das ein nach Effect so begieriger Mann, wie Ps. Josephus ist, schwerlich übergangen hätte; denn was konnte die Macht des Geistes über den Körper, die Herrschaft der Vernunft über Schmerz und Leid besser in's Licht setzen, als dieser rührende Zug, der obendrein vollkommen der Gesinnung der Stoa entspricht?[2]) Auch manche Wendung, in welcher ausnahmsweise der bis zum Ueberdruss schön redende Epitomator feinen Geschmack zeigt, wäre von Ps. Josephus sicherlich eher benutzt worden, als vieles Gleichgiltige oder Unschöne. So z. B. das schöne Wort (7, 21): $\vartheta\tilde\eta\lambda\upsilon\nu$ $\lambda o\gamma\iota\sigma\mu\grave{o}\nu$ $\check{a}\varrho\sigma\varepsilon\nu\iota$ $\vartheta\upsilon\mu\tilde\omega$ $\delta\iota\varepsilon\gamma\varepsilon\acute\iota\varrho\varepsilon\tau\alpha\iota$, wo in geschickter Antithese gerade das Schlagwort von Ps. Josephus Verwendung gefunden hat.

---

[1]) Dass man aber nicht mit Salianus *Annales A. M.* 3870, XVI annehmen darf, er habe absichtlich die Wundererzählung des II MB. gemildert, weil er den Spott der Heiden fürchtete, ist darum klar, weil er nicht für Heiden schrieb, sondern vor Juden predigte.

[2]) Seneca billigt die Worte des Kynikers Demetrius von ganzem Herzen *De provid.* V, 5: hoc unum de vobis, di inmortales, queri possum, quod non ante mihi voluntatem vestram notam fecistis, prior enim ad ista venissem, ad quae nunc vocatus adsum. Vultis liberos sumere: vobis illos sustuli. Vultis aliquam partem corporis: sumite . . . . Vultis spiritum: quidni? nullam moram faciam, quominus recipiatis quod dedistis. A volente feretis, quidquid petieritis. Quid ergo est? Maluissem offerre quam traderet etc.

Noch sind zwei Abweichungen zwichen beiden Büchern zu besprechen, die, weil sie zunächst in die Augen fallen, bisher fast allein hervorgehoben worden sind. Die erste von diesen beiden besteht darin, dass nach dem II MB. Heliodor der Reichskanzler, nach dem IV MB. Apollonius der Statthalter von Syrien, Phönikien und Kilikien den Versuch auf den Tempel in Jerusalem unternimmt. Nicht weniger als 13 mal wird der Name des Heliodor, nur dreimal der des Apollonius vom II MB.[1]) genannt. Ja man begreift kaum, warum er überhaupt genannt ist; denn handelnd tritt er hier nicht auf. Die viermalige Wiederholung des Namens Apollonius im IV MB. schliesst auch hier die Annahme eines Schreibfehlers aus; die Verwechselung der Namen ist nicht zu erklären, wenn das II MB. Ps. Josephus vorgelegen hat. Grimm zum IV MB. (3, 19) nimmt, um diese Abweichungen zu erklären, eine 'bloss gedächtnissmässige Benutzung' des II MB. an. Aber das wäre doch ein eigenthümlich construirtes Gedächtniss, das nicht bloss einzelne Wörter behält, sondern ganze Satzreihen in überraschender Aehnlichkeit nachbildet und unmittelbar darauf einen Namen, der 13 mal ihm eingeprägt wird, den Namen eines hohen Würdenträgers zumal, eines Thronprätendenten mit dem Namen eines untergeordneten Statthalters verwechselt![2])

Ebenso wenig lässt sich annehmen, dass das IV MB. aus anderweitigen Quellen die Nachricht des II MB. berichtigt habe. Unser Verfasser zeigt seine Unkenntniss und Sorglosigkeit um Geschichte so offen, dass jeder andere Ausweg zugänglicher erscheinen muss, als dieser. Ein Mann, der den ersten mit dem vierten Seleukus verwechselt (276, 2), der Antiochus Epiphanes den Sohn des Seleukus nennt

---

[1]) 3, 5. 7. 4, 4. An letzterer Stelle ist eine Interpolation sicher zu erkennen. συνορῶν ὁ Ὀνίας τὸ χαλεπὸν τῆς φιλονεικίας, καὶ Ἀπολλώνιον μαίνεσθαι ὡς τὸν Κοίλης Συρίας καὶ Φοινίκης στρατηγὸν συναύξοντα τὴν κακίαν τοῦ Σίμωνος. Das hat überhaupt keinen Sinn. ὡς vor τὸν könnte aus dem nächstfolgenden Satze ὡς τὸν βασιλέα hierhin verschlagen sein; aber wegen des Part. Fut. συναύξοντα kann es nicht wohl entbehrt werden. Die abermalige Bezeichnung des Ranges Apollonius', nachdem derselbe schon 3, 5 angegeben worden war, ist auffallend und auch im II MB. ungewöhnlich: τὸν Κοίλης Συρίας καὶ Φοινίκης στρατηγὸν ist also als Interpolation, die wenigstens vor ὡς gesetzt werden musste, zu streichen.

[2]) Flathe a. a. O. II p. 601 macht aus Apollonius und Heliodor ein Zwittergeschöpf Apollodor. Seine Darstellung ist auch hier ein Gemisch von Ungenauigkeiten und groben Verstössen.

(277, 12), der einen Hohenpriester für sein Amt eine jährliche Steuer von 3660 Talenten zahlen lässt (277, 17), der das grausame Auftreten des Königs Antiochus damit motivirt, dass die Jerusalemiter über seinen vermeintlichen Tod 'sich höchlichst gefreut hätten' (277, 26), der Uebertreibungen wie die oben angeführten sich zu Schulden kommen lässt, sucht nicht nach verborgenen Geschichtsquellen und corrigirt seine Vorlage, der er sonst ziemlich treu folgt, nicht nach Nachrichten, von denen sich uns auch nicht eine Spur erhalten hat.

Geben wir die von allen Seiten durchlöcherte Theorie der Abhängigkeit des IV vom II MB. auch hier auf; nehmen wir an, dass Ps. Josephus Jason benutzt habe, so können wir höchstens in Verlegenheit sein, welche von den vielen Erklärungen der obigen Thatsache, die sich uns von selbst darbieten, als die wahrscheinlichere zu gelten habe.

Jason brauchte bloss einige Male statt der Eigennamen Pronomina geschrieben, bei der versuchten Beraubung des Tempels beiden syrischen Grossen Apollonius und Heliodor eine Rolle gegeben zu haben[1]) und ein leichtes Missverständniss eines der beiden nicht eben gründlichen Epitomatoren erklärt uns die Differenz in ihren Angaben.

Es ist schon oben hervorgehoben worden, dass nicht ohne Absicht Apollonius aus einem Statthalter Kölesyrien's und Phönikien's, der er im II MB. ist, bei IV MB. Statthalter von Syrien, Phönikien und Kilikien wird. Je bedeutender der Besiegte, desto herrlicher der Sieg. Möglich daher, dass mit Absicht auch der Verfasser des II MB. aus dem Statthalter Apollonius bei Jason den Reichskanzler Heliodor gemacht hat. Denn fragen wir uns, ohne die aus anderen Thatsachen erkannte Autorität der beiden Bücher mit in Anschlag zu bringen, welchem Berichte wir in diesem Punkte Glauben schenken sollen, so kann wohl Niemand anstehen, sich für das IV MB. zu entscheiden. Es berichtet einfach und schmucklos, was das II MB. in verzerrter Uebertreibung erzählt. Es lässt sich ferner kein Grund finden, warum Apollonius, der Statthalter von Phönikien war, der dem Könige über die Sachlage Bericht erstattet hatte, nicht selbst den Auftrag übernommen, warum mit der Plünderung des Tempels der höchste Wür-

---

[1]) Vergl. II MB. 4, 4.

denträger des Seleukidenreiches Heliodor beauftragt ward.¹) Doch man mag dem Berichte des II oder des IV MB. mehr Glauben schenken, oder alle Beide, was das Richtige zu sein scheint, als verdächtige Zeugen verwerfen, so viel steht fest, aus dem II MB. sind die Angaben des IV MB. nicht hervorgegangen.²)

Eine andere Differenz zeigt sich bei der Schilderung der Blutscenen in Jerusalem. Nach dem II MB. (c. 5 f.) erobert der König auf seinem zweiten Zuge nach Aegypten Jerusalem, plündert den Tempel, tödtet 80,000 Menschen und zieht beutebeladen nach Antiochien ab. Seine Beamten sind es, denen der Auftrag ertheilt wird, das jüdische Volk zur heidnischen Religion und Sitte zu bekehren, und sie führen die Befehle des Königs mit schrecklichem Gehorsam an Frauen und Kindern, zuletzt an dem greisen Eleasar aus. Erst beim Martyrium der Mutter und der sieben Brüder tritt plötzlich der König selbst wieder auf und lässt diese ihre Treue gegen die väterliche Religion mit einem furchtbaren Tode büssen. Nach dem IV MB. (277, 24 f.) bleibt der König in Jerusalem; er selbst lässt Eleasar herbeischleppen und tödten, und auf seinen Befehl und in seiner Gegenwart wird die Mutter mit ihren sieben Kindern gemartert und hingerichtet.

Wer Lust hat, kann auch hier vermuthen, dass Ps. Josephus' Erzählung aus einer ungenauen Zusammenziehung des II MB. entstanden sei, obgleich es denn doch gar seltsam wäre, auch hier in dem schlechten Auszuge einen einfachen und glatt fortlaufenden Bericht zu lesen, den verworren und mit einer anderen Erzählung verknotet das Original giebt. Nun aber stimmen mit IV MB. gerade in diesem Punkte die Berichte anderer Geschichtsschreiber überein, die weder das II MB. noch Ps. Josephus benutzt haben. Vor Allen spricht für die Anwesenheit des Königs, wenn nicht in Jerusalem selbst, so doch

---

¹) Syncellus *(Chron.* 529, 7 *Bonn.)* zeigt daher Tact, wenn er mit unscheinbarer Aenderung den Heliodor aus einem Reichskanzler (ὁ ἐπὶ τῶν πραγμάτων) zu einem Schatzmeister (ὁ ἐπὶ τῶν χρημάτων) macht.

²) Ewald nimmt an (IV² 380), 'dass diese ganze malerische erzählung' des II MB. 'sicher erst dem letzten verfasser des buches angehöre.' Wie weit diese Behauptung zu beschränken ist, geht aus dem oben Ausgeführten hervor. Das Thatsächliche und selbst die Darstellung zum Theil geht auf Jason zurück; die übertreibende Ausschmückung ist tendenziöse Zugabe des Epitomators.

in der Nähe desselben, auch bei seinem zweiten Unternehmen gegen die Stadt, die älteste Quelle Daniel 11, 44 f.[1]) Auch Flavius Josephus[2]) und Johannes Antiochenus[3]) wissen Nichts von der Ausführung jener Pläne des Königs durch Gesandte und lassen den König selbst bei den Blutscenen gegenwärtig sein. Ist die Darstellung des IV MB. daher eine irrthümliche, aus blosser Nachlässigkeit des Epitomators entstanden, woher die Uebereinstimmung mit diesen Schriftstellern? Denn dass Ps. Josephus neben seiner eigentlichen Quelle noch andere Berichte sollte zu Rathe gezogen haben, denen dann auch die übrigen Geschichtswerke hier gefolgt wären, das ist eine Annahme, die wir oben entschieden zurückweisen mussten. Wir sehen uns daher nach einer anderen Erklärung um und diese liegt nicht eben weit ab.

Die Berichte über die Heerfahrten des Antiochus nach Aegypten, insbesondere über seine Unternehmungen gegen Jerusalem, sind, wie sie in den Quellen vorliegen, in kaum zu lösender Verwirrung gegeben worden. Von zwei Unternehmungen gegen Jerusalem berichtet das I MB. Im Jahre 170 v. Chr. (143 Sel.) kommt der König selbst nach Jerusalem, plündert den Tempel und tödtet viele Menschen; im Jahre 168 (145 Sel.) schickt er Gesandte, welche Stadt und Land ihrem Glauben entfremden sollen. Er selbst hält sich fern.

Nach Flavius Josephus' erstem Berichte[4]) kommt der König nur Einmal nach Jerusalem, aber im Jahre 168, weil 3½ Jahre vor der Wiedereinrichtung des Tempeldienstes und dem Tode des Königs.[5]) Was vom I MB. auf die zwei Züge in den Jahren 170 und 168 vertheilt wird, das wird hier von Einem berichtet. Ungewiss aber bleibt es nach dieser Darstellung, ob Antiochus selbst oder sein Feldherr Bakchides bei den Martyrien zugegen war.

In den Antiquitäten[6]) schwankt Josephus zwischen dem Berichte des I MB., seinen frühern Angaben und sonstigen Nachrichten. Er unterscheidet, wie das I MB., zwei Züge vom Jahre 170 und 168, überträgt aber Ereignisse des ersten Jahres auf das letzte und setzt

---

[1]) Vergl. auch Hieronymus zu Dan. 11, 44.
[2]) *Ant.* XII. 5, 4.
[3]) Müller *fragm. hist. Gr.* IV p. 558.
[4]) *b. J.* 1, 1, 1 f. Vergl. auch V. 9, 4.
[5]) XII, 5, 2.

Thatsachen, die das I MB. vom Jahre 170 berichtet, in das Jahr 168. Schon im Jahre 170 soll Antiochus aus Furcht vor den Römern von Aegypten abgezogen sein und im Jahre 168 kommt er wieder selbst nach Jerusalem, plündert den Tempel, entweiht ihn und lässt die Anhänger des jüdischen Glaubens unter schrecklichen Martern sterben. Das erste aber ist nur vom Jahre 168 richtig und das letzte erzählt das I MB. vom Jahre 170. Die Angaben des Josephus über das Jahr 168 aber fallen um so schwerer in's Gewicht, als er gewiss nicht ohne Grund von dem klaren Berichte seines früheren zuverlässigen Gewährsmannes, eben des I MB., abgewichen sein wird.

Johannes Antiochenus setzt ebenfalls, was das I MB. von zwei verschiedenen Jahren berichtet, in ein einziges, aber nicht wie Josephus in das Jahr 168, sondern in 170, nämlich unmittelbar nach der Verbindung des Antiochus mit Ptolemäus Philometor. Bei den Martyrien ist der König selbst zugegen.[1]) Dass dasselbe auch aus Daniel 11, 44 und Hieronymus[2]) hervorgehe, ist schon bemerkt worden.

Dass nun bei solchen Differenzen zwischen den Berichten über diese Zeit auch in dem grossen Werk des Jason sich Spuren derselben werden gefunden haben, lässt sich a priori annehmen, auch wenn die schlechte Epitome des II MB. sie nicht deutlich erkennen liesse. Denn wie schon die grosse Bücherzahl bei einem verhältnissmässig kleinen Zeitraum und die Masse des Stoffes, über die der Epitomator klagt, wahrscheinlich machen, war Jason's Schrift eines jener Sammelwerke, wie sie in der nachalexandrinischen Zeit der Polyhistorie so häufig wurden. Dies wird dadurch zur Gewissheit, dass wir noch in dem dürftigen Auszuge des II MB., dessen Verfasser nur Jason von Kyrene gefolgt sein will, über einen und denselben Gegenstand zwei ganz verschiedene Berichte neben einander gestellt finden. Schon Grotius[3]) hat es nämlich erkannt und nach Ewald's Erörterung der Thatsache[4]) wird es trotz der Gegenbemerkungen Grimm's kaum mehr bezweifelt werden dürfen, dass II MB. 12, 2—45 die Kriege Juda's mit den

---

[1]) A. a. O. δειναῖς τε τιμωρίαις κτλ. ... ἐντεῦθέν τε ἐπὶ τὴν Σαμάρειαν ἀνῆλθεν.
[2]) zu Dan. das.
[3]) Einl. in II MB. und zu 12, 2; 13, 1.
[4]) IV³ p. 415. s. Grimm zu II MB. p. 165.

Nachbarvölkern, 13, 1—26 die Unternehmungen des Lysias unter Antiochus Eupator gegen die Juden zum zweiten Male erzählt werden, die schon früher 10, 9—38 und 11, 1 — 12, 1 geschildert worden waren. Auf solche verschiedene Berichte lassen auch Widersprüche anderer Art schliessen, wie die Thatsache, dass Timotheus 10, 37 getödtet sein soll, der im zwölften Capitel wieder einen Feldzug gegen die Juden unternimmt, wie das II MB. 9, 29 und 13, 23 von Philippus Erzählte, verglichen mit I MB. 6, 63 und Josephus Ant. XII, 9, 7, sowie die Widersprüche in den Angaben über das Ende des Antiochus[1]) und Anderes. Ist nun hieran nicht zu zweifeln, so ist es auch leicht erklärlich, woher der widerspruchsvolle Bericht des II. MB. und die Abweichungen im IV MB. stammen. Jason hatte zwei von einander abweichende Berichte mitgetheilt, das II MB., dessen Verfasser nirgends fahrlässiger ist als gerade hier, sie in einander gewirrt, das IV MB. bloss den kürzesten von beiden gegeben.

Diese Erörterungen, so kleinlich sie zu sein scheinen, führen doch zu nicht ganz unwichtigen Resultaten. Forschungen über das Verhältniss des zweiten Makkabäerbuches zu seinem Original sind eben so häufig wie vergeblich unternommen worden; denn es gab kein sicheres Mittel, die Zuthaten des Epitomators von dem Stoffe, den die Quellenschrift ihm bot, zu scheiden, und selbst richtige Urtheile blieben, was sie waren, Vermuthungen. Ist diese Untersuchung aber in der richtigen Weise geführt worden, so haben wir im vierten Makkabäerbuche eine zweite, wenn auch sehr dürftige Epitome aus Jason anzuerkennen. Damit ist nicht bloss ein sicheres Urtheil über den Werth und Unwerth l's. Josephus' als Historikers gewonnen, sondern auch ein Einblick in die Composition des zweiten Makkabäerbuches und eine wenn auch beschränkte Kenntniss, ja selbst die theilweise Restitution der Jasonischen Schrift; denn damit stehen unter anderen folgende Ergebnisse fest:

1) In Jason's Werk sprach sich eine ähnliche religiöse Gesinnung aus, wie im II MB.; aber es war keine Parteischrift, wie dieses ist.

2) Einzelne Reden, die schon Jason's Werk den handelnden Personen

---

[1]) Grimm zum II MB. p. 154.
[2]) Mit der kühnen Hypothese Herzfeld's (A. a. O. II p. 445 ff.) mich auseinanderzusetzen, scheint nicht geboten, da sie wohl als aufgegeben zu betrachten ist.

unterlegte, sind uns durch das Zusammentreffen vom II MB. und IV MB. erhalten. Die vom II MB. gegebenen Reflexionen sind dagegen Zuthat des Epitomators.

3) Die von Jason gegebenen Berichte über Engelserscheinungen sind vom Verfasser des zweiten Makkabäerbuches mit besonderer Vorliebe erweitert und ausgeschmückt worden.

4) Jason's Werk war eine Sammelschrift, welche über dasselbe Ereigniss oft ganz von einander abweichende Berichte gab. II MB. hat diese bisweilen neben einander gestellt, bisweilen kritiklos zusammenfallen lassen.

5) Ein grosser Theil der sprachlichen und sachlichen Schwierigkeiten im zweiten Makkabäerbuche fällt dem Epitomator zur Last.

6) Der Bericht Ps. Josephus' von der versuchten Tempelplünderung unter Seleukus IV. ist glaubwürdiger, als der des zweiten Makkabäerbuches.

7) Bei den Verfolgungen der Gesetzestreuen im Jahre 168 war König Antiochus selbst eine Zeitlang gegenwärtig.

8) Ueberall, wo Ps. Josephus mit dem zweiten Makkabäerbuche wörtlich übereinstimmt, sind Fragmente aus Jason's Werke erhalten.

9) Das Verhältniss zwischen den hier in Betracht kommenden Schriften wird etwa durch folgendes Stemma veranschaulicht:

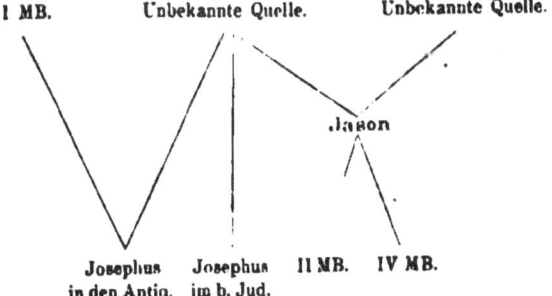

IV.

Seit den ältesten Zeiten bis zur Gegenwart herab, von Eusebius[1]) bis auf Langen,[2]) hat die historische Kritik in seltener Uebereinstimmung das erste nachchristliche Jahrhundert als den Zeitraum angesehen, innerhalb dessen die Abfassung unserer Schrift anzusetzen sei. Diese Annahme wird durch Alles das bestätigt, was die voraufgeschickten Untersuchungen über Form und Inhalt unserer Predigt festzustellen vermocht haben.

Als sie entstand, muss schon eine längere Zeit über die grossen Glaubenskämpfe unter Antiochus Epiphanes hinweggegangen sein. Die Ueberlieferung ist schon zur Sage geworden; die Personen treten in der unbestimmt schwankenden, verklärten Gestalt auf, die sie erst anzunehmen pflegen, wenn die frische Erinnerung an selbst Erlebtes oder von Augenzeugen Gehörtes verschwunden ist und eine ferne Vergangenheit einen Heiligenschein um ihre Helden verbreitet. In diesem verklärten Lichte heiliger Sage erscheinen aber die geschilderten Ereignisse schon in der Quelle des zweiten und vierten Makkabäerbuches, dem Werke Jason's von Kyrene: wir werden daher mindestens in das erste vorchristliche Jahrhundert hineingewiesen, wenn wir den Zeitpunkt bestimmen wollen, jenseits dessen unsere Schrift nicht abgefasst sein kann.[3]) In das erste nachchristliche Jahrhundert aber heraufzusteigen, zwingen uns wenn auch nicht unbestreitbare Daten, so doch Wahrscheinlichkeitsgründe von nicht geringem Gewichte.

Unsere Predigt kann nicht lange vor der Zeit entstanden sein,

---

[1]) h. eccl. III, 10.
[2]) A. a. O. p. 81.
[3]) Ein höchst unsicherer Anhaltspunkt für die Beantwortung unserer Frage ist die Stelle 298, 21. Aus ihr will Grimm (p. 358 f.) schliessen, dass Ps. Josephus schon die apokryphischen Zusätze zu Daniel gekannt habe, weil er die Genossen Daniel's wie in den LXX (3, 25) bei ihrem hebräischen Namen nenne. Wie dieser Schluss an und für sich ein überaus gewagter ist, so macht ja Grimm selbst auf eine Abweichung von den LXX aufmerksam. Wenn aber Grimm (p. 294) und mit ihm Langen a. a. O. p. 82 aus 276, 7 schliessen wollte, das Buch müsse nach dem Sturze der Hasmonäer verfasst sein, so ist durch die oben (S. 81) angeführte und Note 15 begründete Emendation der Stelle dieser Beweis hinfällig geworden.

in der Philo und Josephus gelebt haben und über deren Strebungen, Anschauungen und Zustände — die religiösen zumal — diese beiden Männer in ihren weitschichtigen Werken uns eine, wenn auch nicht immer zuverlässige, so doch ungemein reiche Kunde geben. Wir wüssten sicherlich mehr von kunstgerechten Predigten, wenn längere Zeit vor dem schriftstellerischen Wirken dieser zwei bedeutendsten Vertreter des jüdischen Hellenismus man nach Art unseres Ps. Josephus zu predigen gewohnt gewesen wäre. Wenn wir nun auch vom Geschichtschreiber Josephus eine genaue Beschreibung der Predigtformen seiner Zeit bei der geringen Zahl der einschlägigen Stellen nicht verlangen dürfen, so berichtet doch Philo gerade über Vorträge und Vorlesungen ausführlich genug, um einzelne Hinweisungen auf die höchste aller derartigen Kunstformen erwarten zu lassen, wenn sie ihm überhaupt bekannt geworden wäre. Keine Andeutung aber verräth, dass er von schulgerecht disponirten und gearbeiteten Predigten je Etwas erfahren habe; vielmehr weisen alle seine Mittheilungen auf eine kunstlose, homilienartige Form der Vorträge hin, und unter seinen Schriften, die ja zum Theil aus wirklichen Kanzelreden hervorgegangen sind, ist keine, die in ihrem äusseren Zuschnitte der Gestalt unserer Predigt auch nur nahe käme.

Man könnte einwenden, dass dieselbe vielleicht in einer von Alexandria weit entfernten Stadt lange Zeit vor Philo könne gehalten worden sein, ohne dass irgend eine Kunde davon nach Alexandria gedrungen wäre. Möglich ist es ja freilich, aber doch höchst unwahrscheinlich, dass trotz des lebhaften Verkehrs zwischen allen Punkten der Hellenistischen Welt und ihrem Mittelpunkte, Alexandria, eine so merkwürdige und gewiss so viel Aufsehen erregende Predigerthätigkeit, wie die unseres Ps. Josephus, hier unbekannt geblieben sein sollte.

Auf die Mitte des ersten nachchristlichen Jahrhunderts, als den frühesten Termin ihrer Entstehung, weist ferner Alle, die mit Graetz[1]) die 'Weisheit Salomonis' unter Caligula entstanden denken, ein Citat aus dieser schönen Schrift; denn schwerlich ist das Zusammentreffen anders zu bezeichnen, das zwischen Sap. 8, 7 und IV MB. 279, 21 f. besteht. Man vergleiche:

---

[1]) III⁴ 442 f.

Sap.	IV MB.
σωφροσύνην γὰρ καὶ φρόνησιν ἐκδιδάσκει (ἡ σοφία), δικαιοσύνην καὶ ἀνδρείαν,	σωφροσύνην τε γὰρ ἡμᾶς ἐκδιδάσκει (ἡ φιλοσοφία), ὥστε πασῶν τῶν ἡδονῶν καὶ ἐπιθυμιῶν κρατεῖν, καὶ ἀνδρείαν ἐξασκεῖ, ὥστε πάντα πόνον ἑκουσίως ὑπομένειν, καὶ δικαιοσύνην παιδεύει, ὥστε κτλ.... καὶ εὐσέβειαν ἐκδιδάσκει, ὥστε
ὧν χρησιμώτερον οὐδέν ἐστιν ἐν βίῳ ἀνθρώποις.	κτλ. 271, 25 ἡ τοῦ νόμου παιδεία, δι' ἧς... τὰ ἀνθρώπινα συμφερόντως μανθάνομεν.

Bei unbefangener Vergleichung ist es schwer zu leugnen, dass Ps. Josephus, als er den ersten der angeführten Sätze schrieb, die Sapientia vor sich gehabt und in seiner hinlänglich erkannten Vorliebe für zierlich gerundete Perioden die einfachen, gedrungenen Worte der Vorlage zu einem schön gebauten Satzvereine umgearbeitet habe.

Es ist ferner das Jahr 70 als die äusserste Grenze bezeichnet worden, über welche die Entstehungszeit nicht herabgerückt werden dürfe und auch dies mit vollem Rechte. Denn ein Ereigniss wie die Zerstörung des zweiten Tempels musste mit seiner ganzen niederschmetternden Wucht auf einen so feurigen Patrioten niederfallen, wie Ps. Josephus ist, und der Eindruck dieses schwersten aller Unglücksschläge, welche die jüdische Nation seit der Zerstörung des ersten Tempels getroffen haben, musste in einer Predigt kenntlich hervortreten, die von ähnlichem Leide und von glorreicher Befreiung, von der makkabäischen Heldenzeit und der Rettung des Heiligthumes handelt. Statt dessen aber erinnert auch nicht ein einziges Wort an diese Schreckenszeit; auch nicht in dem leisesten Klagelaute macht sich der Schmerz Luft, welcher nach dem furchtbaren Untergange des jüdischen Staates so viele wackere Patrioten in eine dumpfe Betäubung und in die ödeste Weltentsagung bannte.[1]) An Einer Stelle unserer Schrift wird sogar die verhältnissmässige Ruhe der Gegenwart den Leiden der Vergangenheit scharf entgegengesetzt (294, 28 f.) und von der 'Burg unseres Vaterlandes' (277, 21) vom Tempel (276, 28 f.) und den Priestern (283, 7 f.)[2]) wird in einer Weise gesprochen, die zeigt, dass

---

[1]) Graetz IV² 10 f.
[2]) Ich lese hier τοιούτους δεῖ εἶναι ἱερεῖς τοὺς δημιουργοῦντας κτλ. S. Note 2.

die jüdische Welt noch ein Heiligthum verehrte und ein Vaterland besass.[1])

Wenn man nun auch an der Bündigkeit dieser Beweisführung wenigstens für die ersten Jahrzehnte nach dem Untergange des Tempels nicht zweifeln darf, so könnte doch bei einer anderen Annahme wenigstens der erste Beweis seine zwingende Kraft zu verlieren scheinen. Was hindert uns, zwischen jenes Ereigniss und die Abfassung unserer Predigt einen Zeitraum einzuschalten, gross genug, um auch den gewaltigsten Schmerz zu lindern und leidvoll genug, um selbst die Erinnerung an jenes Unglück in dem frischen Gefühle eines neuen grossen Wehes untergehen zu lassen?

Das mag wohl Volkmar sich gesagt haben, als er unsere Schrift in das zweite Jahrhundert und zwar nach der hadrianischen Verfolgung setzte. Er will nämlich nicht die Zeit der Makkabäer in ihr geschildert sehen, sondern glaubt, es solle in ihr 'das geschichtliche 'Martyrium der sieben treuen Söhne der Judäa-Mutter in derselben 'neuen Epiphanes-Verfolgung des Judeseins auf den Tod vor Augen 'gestellt werden.'[2])

Das soll besagen: die Personen unserer Schrift sind nicht die, als welche sie auftreten. Antiochus ist Hadrian oder sein Feldherr Rufus; der Märtyrer Eleasar ist der 'Taxo' der Ascensio Mosis d. h. R' Akiba nach Volkmar's Ansicht; die Mutter der Sieben ist das Land Judäa und ihre sieben Söhne sind sieben von den zehn Gesetzeslehrern, die in der hadrianischen Verfolgung als Märtyrer starben. In unserem

---

[1]) Im Wesentlichen ist dies schon richtig von Gfrörer hervorgehoben worden (a. a. O. p. 177). 'Dass aus den anspielungen auf treue beobachtung der ackergesetze es nicht gerade nothwendig folge,' dass das Buch vor der Zerstörung Jerusalems geschrieben sei, hebt Ewald hervor (IV² 634). Nur wird man entschiedener sagen müssen, dass aus jenen Anführungen der Ackergesetze nicht das mindeste über Zeit und Ort der Abfassung gefolgert werden dürfe; denn sie sind auch nach dem Untergange des Staates noch in Kraft nach Talm. Jer. Schebiit IV. 2. 3; Talm. Bab. Gittin 36a f.; Chulin 104b und vielen anderen Stellen. Zudem konnten jene Gebote angeführt und als Normen des sittlichen Verhaltens gepriesen werden, selbst wenn sie längst nicht mehr wären beobachtet worden. So bespricht ja auch Philo in ähnlicher Weise die Gesetze über Jobeljahr und andere längst abrogirte Vorschriften der jüdischen Lehre.

[2]) Mose Prophetie p. 82. Zunächst vom II MB. gesagt, gelten diese Worte in ihrer ganzen Ausdehnung auch vom IV MB.

Buche und in der grossen Mehrzahl der übrigen Apokryphen habe, meint Volkmar, 'das jüdische Herz mehr denn je sich genöthigt 'gesehen, nur im Versteck oder ἐν ἀποκρύφῳ, nur in alttestamentlicher 'Verhüllung seine Schmerzen und Hoffnungen, seine kurzen Freuden 'und langen Leiden, seinen für den Augenblick blitzenden Jubel oder 'andererseits Trost auszusprechen, oder gemeinsamen Rath zu pflegen.'[1] Volkmar hat für das IV MB. diese seine Ansicht nicht weiter begründet, sondern sie ganz kurz im Zusammenhange mit seiner Hypothese über die Entstehung und den Charakter der alttestamentlichen Apokryphen vorgetragen — einer Hypothese, an deren Begründung von ihm ein Reichthum von Scharfsinn und Gelehrsamkeit gewendet ist, der nicht verkannt werden soll, die aber zu bestätigen oder zu widerlegen weder hier des Ortes noch überhaupt meines Amtes ist. Es liegt kein Grund vor, auf die Umdeutung der im IV MB. geschilderten Personen und Ereignisse näher einzugehen. So lange nicht Erweise ganz anderer Art hinzukommen, bleibt ein solches Allegorisiren ein mehr oder minder geistvolles, immer aber willkürliches Spiel und wird nimmer zu einem wissenschaftlichen Beweise. Was aber von anderer Seite für diese Annahme geltend gemacht werden könnte, das muss um der Wahrheit willen gesagt werden, selbst wenn hiermit dem Gegner viel schneidigere Waffen in die Hand geliefert werden sollten, als es in Wirklichkeit giebt.

Für die Volkmar'sche Hypothese lassen sich mehrere Stellen aus der talmudischen Literatur anführen, welche die wichtigsten Thatsachen aus unserer Schrift ebenfalls in die hadrianische Zeit versetzen. Der älteste Bericht[2] sei hier in einer möglichst getreuen Uebersetzung mitgetheilt nicht bloss als scheinbare Grundlage für die Zeitbestimmung der Schrift, sondern weil er auch an und für sich um des Gegensatzes willen interessant genug ist, den seine echt jüdische Färbung und rührende Einfachheit mit der weitschweifigen Declamation des griechisch gebildeten Predigers bildet.

'R' Jehudah sagte: Der Vers ('denn deinetwegen werden wir

---

[1] Handbuch der Einleitung in die Apokryphen I. p. VII; s. Mose Prophetie p. 82.
[2] Gittin 57 b. Andere Stellen bei Zunz G. V. p. 124.

'erschlagen alle Tage' (ψ. 44, 23) bezieht sich auf die Mutter[1])
'mit ihren sieben Söhnen. Man führte einen der Brüder vor den Kaiser
'und sagte ihm: 'Diene den Götzen.' Er antwortete: 'Es steht in der
'Schrift: 'Ich bin der Ewige dein Gott.' (Exod. 20, 2.) Da führte
'man ihn hinaus und tödtete ihn. Man brachte einen anderen vor
'den Kaiser und sagte ihm: 'Diene den Götzen.' Er antwortete:
'Es steht in der Schrift: 'Du sollst keine fremden Götter haben vor
'mir' (Exod. 20, 3). Da führte man ihn hinaus und tödtete ihn. Man
'brachte einen anderen vor den Kaiser und sagte ihm: 'Diene den
'Götzen.' Er antwortete: 'Es steht in der Schrift: 'Wer Götzen opfert,
'soll getödtet werden' (Exod. 22, 19). Da führte man ihn hinaus und
'tödtete ihn. Man brachte einen anderen vor den Kaiser und sagte
'ihm: 'Diene den Götzen.' Er antwortete: 'Es steht in der Schrift:
'Du sollst Dich nicht niederwerfen vor einem fremden Götzen' (Exod.
'34, 14). Da führte man ihn hinaus und tödtete ihn. Man brachte
'einen anderen vor den Kaiser und sagte ihm: 'Diene den Götzen.'
'Er antwortete: 'Es steht in der Schrift: 'Höre Israel der Ewige ist
'unser Gott, der Ewige ist Einer' (Deut. 6, 4). Da führte man ihn
'hinaus und tödtete ihn. Man brachte einen anderen vor den Kaiser
'und sagte ihm: 'Diene den Götzen.' Er antwortete: 'Es steht in der
'Schrift: 'So erkenne heute und nimm es zu Herzen, dass Gott der
'Herr ist im Himmel oben und auf Erden unten, Keiner sonst' (Deut.
'4, 39). Da führte man ihn hinaus und tödtete ihn. Man brachte
'einen anderen vor den Kaiser und sagte ihm: 'Diene den Götzen.'
'Er antwortete: 'Es steht in der Schrift: 'Gott hast Du heute anerkannt,
'dass er Dir ein Gott sei..., und Gott hat Dich heute anerkannt,
'dass Du das Volk seines Eigenthumes seiest' (Deut. 26, 17). Wir haben
'längst Gott geschworen, ihn mit keinem anderen Gotte zu vertauschen
'und er hat uns geschworen, uns mit keiner anderen Nation zu ver-
'tauschen.' Der Kaiser sprach zu ihm: 'Ich will Dir meinen Siegelring
'hinwerfen, bücke Dich und nimm ihn auf, damit man sage: er hat
'die Majestät des Königs anerkannt.' Da antwortete er: 'Wehe Dir,
'Kaiser! Wehe Dir, Kaiser! Um Deine eigene Ehre bist Du so sehr
'besorgt, um die Ehre Gottes wie viel mehr und mehr (muss ich es

---

[1]) Miriam, die Tochter Tanchum's heisst sie Jalkut Deut. 301 d: Miriam, die
Tochter Nachtom's in Echa rabb. 67 d.

'sein)!' Da führte man ihn hinaus, um ihn zu tödten. Die Mutter sprach: 'Gebt ihn mir, dass ich ihn noch einmal küsse.' Da sagte sie 'ihm: 'Kinder, geht, saget Abraham, Eurem Vater: 'Du hast Einen 'Altar gebaut und auf Einem geopfert — ich habe sieben Altäre ge-'baut und auf sieben geopfert.' Und sie ging auf ein Dach, stürzte 'hinunter und starb. Da erscholl eine himmlische Stimme, die sprach: 'Die Mutter der Kinder, sie ist in Freuden' (ψ. 113, 9).

An der Identität des hier geschilderten Ereignisses mit den Grundzügen unserer Predigt ist nicht zu zweifeln. Hier wie dort das fromme Weib, die sieben Söhne, die Weigerung, auch nur zum Scheine ein Gesetz zu übertreten, der Selbstmord der Mutter. Könnte nun dieser Bericht als zuverlässige historische Quelle gelten, so wäre die Frage schnell zu Gunsten Volkmar's gelöst; denn wir hätten in ihm einen Anhalt für die Zeitbestimmung gefunden, dessen Klarheit Nichts zu wünschen übrig liesse. Nun aber ist der Talmud, wenn dieser Collectivname die zahllose Menge von Männern decken darf, die in ihm sich aussprechen, kein Geschichtswerk und will nicht als solches gelten. Er benutzt die Geschichte, aber erforscht sie nicht. In der kühlen Debatte der Gesetzeslehrer und in den erbaulichen Vorträgen der Volksredner wird auf die alte Zeit Bezug genommen; aber nicht auf beglaubigte Actenstücke, nur zum geringsten Theile auf schriftliche Aufzeichnungen, fast gänzlich auf mündliche Ueberlieferung stützen sich diese geschichtlichen Reminiscenzen. Und nicht mit dem Anspruche, unanfechtbare historische Wahrheit zu sein, treten sie auf, sondern als tröstliche, belehrende und mahnende Erinnerung aus der ruhm- und leidvollen Vorzeit. Und wenn es mehr als Einem unter den neueren Geschichtsforschern gelungen ist, aus der Masse des aufgehäuften historischen Schuttes Goldkörner von unbezweifelter Echtheit herauszuklauben, so kann doch eine allein stehende Notiz ohne weitere Bewährung als ein solches Goldkorn nimmer anerkannt werden, zumal wo Gründe der gewichtigsten Art an dem Werthe des Fundes zweifeln lassen.

Zunächst unterliegt auf dem langen Wege durch die Jahrhunderte Nichts so sehr allmäliger Umwandelung, ja Zerstörung des ursprünglichen Wesens als chronologische Angaben, wenn nicht die Schrift sie festhält, sondern mündliche Ueberlieferung sie fortpflanzt. Sodann zeigt der obige Bericht schon durch die Einkleidung seine bloss erbauliche Tendenz, der es auf genaue Fixirung der Zeit und des Ortes gar nicht ankommt, und durch die ganz unbegründete Angabe, Hadrian sei es gewesen, der den Tempel zu Alexandria zerstörte, ergiebt sich auch seine Unzuverlässigkeit. Ferner wird ein wichtiger Zug aus unserer Erzählung an einer anderen Stelle von ganz anderen Personen aus der Zeit der trajanischen Verfolgung berichtet.

'Papus und Julianus, so erzählt der Jerus. Talmud[1]), wollte man 'in einem dunkelfarbigen Glase Wasser zu trinken geben; aber sie 'weigerten sich es anzunehmen.' Man wünschte nämlich den Schein zu erwecken, dass sie vom Gesetze verbotenen, weil zu götzendienerischem Gebrauche bestimmten Wein getrunken hätten. Um das Volk aber nicht irre zu führen, zogen sie den Tod diesem Auswege vor, gerade wie in unserem Buche Eleasar und wie in der obigen Erzählung der jüngste der sieben Brüder.

Endlich lässt es sich auch psychologisch erklären, wie es kam, dass vornehmlich Ueberlieferungen aus den Tagen der Makkabäer mit Ereignissen aus der Zeit der trajanisch-hadrianischen Verfolgungen verschmolzen wurden. Nach den vielen Leiden, Kämpfen, Zerrüttungen, welche die schlechten Nachkommen des edelen Hasmonäerstammes zum grossen Theile selbst über sich und ihr Volk heraufbeschworen hatten, ward man gleichgiltig auch gegen die Thaten des ersten Heldengeschlechtes und so versanken diese in eine uns heute fast unbegreifliche Vergessenheit.[2]) Unauslöschlich aber hatten sich dem Gedächtnisse der talmudischen Zeit die Ereignisse aus der letzten grossen Religionsverfolgung eingeprägt, und um so verklärter erschien Alles, was in dieser Zeit für die Religion gethan und gelitten war, als es gerade die Spitzen der Gesetzeslehrer gewesen sind, welche damals das Martyrium auf sich genommen haben. Auch das, was haltlos schwankend von Namen und Sagen aus der Makkabäergeschichte bis auf diese Zeit sich gerettet hatte, ging theilweise in die Erzählungen aus der viel späteren, römischen Zeit über durch eine Art von optischer Täuschung, die das bedeutsame Nächste in grossen Zügen malt, das Entferntere und Gleichgiltigere in verschwindender Kleinheit erscheinen lässt. So verwuchsen Ereignisse aus der syrischen mit ähnlichen

---
[1]) Schebiit IV, 2.
[2]) s. oben S. 78.

aus der trajanisch-hadrianischen Verfolgungszeit, und die Sage von Eleasar, der Mutter und ihren Söhnen ward vom zweiten vorchristlichen in das zweite nachchristliche Jahrhundert versetzt.[1])

Sucht man aber nach anderweitigen historischen Parallelen für die Erzählungen des zweiten und vierten Makkabäerbuches, so fehlt es auch an diesen nicht.

Während der Bluttage unter dem Statthalter Flaccus hatte Alexandrien Auftritte erlebt, die ganz an die Zeit des syrischen Religionszwanges erinnerten. Frauen waren gezwungen worden, das Ceremonialgesetz zu übertreten, und die Weigerung, Schweinefleisch zu essen, zog ihnen Qualen zu, wie sie für die todesmuthige Aufrechthaltung des Ceremonialgesetzes nur die Grausamkeit der Syrer zu erdenken vermocht hatte.[2])

Ein anderer Zug aus der Leidensgeschichte unsers Buches hat sein Analogon an einer Geschichte, die als Schlussscene des erschütternden Dramas vom jüdischen Kriege Josephus erzählt.[3]) Er berichtet, wie der letzte Rest der Sikarier, die nach Alexandria geflohen waren, ein Opfer ihres fanatischen Patriotismus wurde. Sie hatten einen Aufstand zu erregen versucht, der im Keime erstickt worden war. Zum Tode geführt, konnten die furchtbarsten Martern auch nicht einen Einzigen bewegen, den Kaiser als Herrn anzuerkennen. 'Alle hielten 'ihre Ueberzeugung trotz aller Qualen wie mit fühllosen Leibern auf-'recht und mit fast froher Seele ertrugen sie die Foltern und die 'Flammen. Zumeist aber setzte die Zuschauer das Jugendalter der 'Knaben in Erstaunen; denn auch von diesen konnte Keiner gezwungen 'werden, den Cäsar Herr zu nennen.'

Auf diese Zeit nun folgten die Aufstände unter Trajan und die Religionsverfolgung unter Hadrian, die an Ausdehnung und Härte alle früheren Leiden übertrafen, und in denen es der Märtyrer nicht weniger gab, als nach den unverfänglichsten Zeugen die Zeit der syrischen

---

[1]) Eine solche Verbindung von Zügen aus der römischen mit solchen aus der syrischen Leidenszeit zeigen selbst Josippon III c. 4 p. 179 f. *Breith.* und das arabische Makkabäerbuch c. 4 in der Lond. Polygl. IV p. 114 ff., obgleich beide das Martyrium in die syrische Zeit setzen. 'Foelix' beim Araber ist aber natürlich Nichts wie das verstümmelte 'Philippus.'
[2]) Philo II, 563, 28 f.
[3]) b. J. VII, 10, 1 f.

Glaubensverfolgung gesehen hatte. Wer nun in diesen Verfolgungen den Anlass gegeben sieht zu der sagenhaften letzten Ausschmückung der Marterscene im II und IV MB., der kann aus einer der erwähnten wählen; nur muss er darauf verzichten, seine Deutung für mehr als blosse Vermuthung auszugeben und einen höhern Grad von Wahrscheinlichkeit ihr zu vindiciren, als aus dem Zusammentreffen einiger äusseren Umstände zwischen der Pöbelhetze in Alexandrien, den Verfolgungen unter den Römischen Kaisern und den gewaltsamen Nivellirungsversuchen des Seleukiden hervorgeht.

Ebensowenig wie die Berichte des Talmuds erweist die Form der Schrift, die Buntmalerei der Sprache, die oft an die Sophistik des zweiten Jahrhunderts erinnert, die Behandlung der Quaestio, die der Chrie des im zweiten Jahrhundert lebenden Hermogenes nahe kommt, den späteren Ursprung, der nach Volkmar ihr beizulegen ist. Denn in der Beweisführung (argumentatio) wurde schon Jahrhunderte vor Hermogenes ein ähnliches Schema angewendet, wie es die aphthonianische Chrie aufweist und wie wir es in unserer Predigt (oben S. 18 f.) wiedergefunden haben; und auch Chrie und Gnome waren im ersten Jahrhundert längst beliebte Formen rhetorischer Technik.[1])

Die zierlichen Redewendungen allein werden aber selbstverständlich Niemanden veranlassen, die Abfassung der Rede in das Zeitalter der späteren Sophistik zu setzen. So zeigt ja auch Philo's Sprache oft eine überraschende Aehnlichkeit mit den rhetorischen Erzeugnissen der sophistischen Zeit, ohne dass man hieran je den mindesten Anstoss genommen hätte.

Wenn so die Gründe, die man für Volkmar's Hypothese vorbringen könnte, in Nichts zergehen, so lässt sich auch direct nachweisen, dass nicht die hadrianische Verfolgung im IV MB. geschildert sein könne. Dasselbe Schicksal, das nämlich das IV MB. trifft, muss auch über das zweite verhängt werden, das uns im sechsten und siebenten Capitel dieselben Ereignisse schildert. Nun beziehen sich aber alle

---

[1]) Ueber die Form der argumentatio vergl. *Auct. ad Her.* II, 18, 27 f. IV. 53, 56 f. Cic. *de inv.* 1, 29, 44 f. Über die Formen der γνώμη und χρεία vor Hermogenes s. Aristoteles *Rhet.* II c. 21; Anaximenes c. 11 *Rh. gr.* p. 198, 12 f. Sp.: *Auct. ad Her.* IV, 17, 24.; Quintil. 1, 9. II, 4, 4.; Hermogenes *Rh. gr.* II, p. 6, 16 Sp. Vergl. Spengel zu Aristot. a. a. O.

übrigen Erzählungen des zweiten MB. sicher auf die syrische Zeit und spotten jeder Umdeutung. Und wenn dieses nicht geleugnet werden kann, so liegt nicht der mindeste Grund vor, mit jenen zwei Capiteln eine Ausnahme zu machen und allein die Martyrien des Eleasar, der Mutter und der sieben Brüder als der trajanischen Zeit angehörige Zuthat des Epitomators aus dem Geschichtsbuche hinauszuwerfen. Das würde schon gegen die so bestimmte und unumwundene Angabe des Epitomators verstossen, wonach bloss Jason von Kyrene von ihm umgearbeitet sein soll.[1])

Wann soll ferner das IV MB. nach Volkmar entstanden sein? Nach der Zeit der hadrianischen Verfolgung, nach der Aufhebung seiner Edicte? Aber damals lag nicht der mindeste Grund für die Vermummung mehr vor. Unter Antoninus Pius oder in noch späterer Zeit hätte wohl kein jüdischer Prediger vor einem jüdischen Publikum mit den Leiden der Vergangenheit noch Versteck gespielt — die ganz unverhüllt gegebenen talmudischen Erzählungen beweisen es; mindestens hätte doch die Maske etwas mehr gelüftet werden müssen, als es in unserem Buche geschieht. Wer aber möchte glauben, dass ein Mann so voll glühender Frömmigkeit und Vaterlandsliebe noch während der Verfolgung Zeit und Lust gehabt habe, zu einer so sorgsam ausgearbeiteten, so zierlich aufgeputzten Rede und dass er ein Publikum gefunden habe, das auf den noch rauchenden Trümmern des Vaterlandes den Ergüssen schönredender Kunstfertigkeit seine Aufmerksamkeit zu schenken 'gewohnt gewesen wäre'?

Endlich aber, um alle Möglichkeiten zu erschöpfen, anzunehmen, dass das IV MB. ohne Rücksicht auf eine bestimmte Zeit ganz unbefangen seiner Quelle in dem historischen Stücke gefolgt sei, das heisst jede Zeitbeziehung aufgeben oder wieder zur früheren Ansicht zurückkehren; denn in diesem Falle hat der Verfasser der Predigt ja nicht die hadrianische, sondern die syrische Verfolgung in seiner Vorlage geschildert gesehen und in seiner Predigt nacherzählt.

Nichts also hindert uns, der früheren, insbesondere aber von Ewald[2]) ausgesprochenen und vertheidigten Ansicht zuzustimmen, wo-

---

[1]) s. oben S. 73.
[2]) IV³ 633. VI⁸ 641. Es ist betrübend, oder, wenn man will, ergötzlich zu sehen, mit welchen Gründen das Alter unserer Schrift noch vor Kurzem von anderen deutschen Gelehrten erschlossen worden ist. Siehe hierüber Note 16.

nach unsere Predigt in die letzten Jahre vor der Tempelzerstörung fällt. Im Gegentheil bilden die Zustände, wie sie vor dem Ausbruche des Aufstandes in Palästina und den von Juden bewohnten Hellenenstädten herrschten, die Situation, die eine Predigt wie die unsrige voraussetzt.

Gegensätze von unvereinbarer Feindseligkeit sind es, die in dieser Zeit das jüdische Volk aufregen. In den unteren und mittleren Schichten der Nation lodert eine leidenschaftliche Gluth der Vaterlandsliebe, eine unbegrenzte Verehrung für alles Hohe in Israels Sitte und Gesetz, ein inbrünstiger Eifer für Erforschung und Ausbildung der heiligen Lehre, ein glühender Hass gegen die Unsittlichkeit und Verkehrtheit der im Sinnestaumel zerfliessenden griechisch-römischen Welt. In den höchsten Kreisen des Fürsten- und Priesteradels ist ein ungestümes Jagen und Drängen nach der überlegenen Bildung des Griechenthums, aber auch nach allem Unflath, mit dem sie seit Langem befleckt war, aber auch nach ihrer Zügellosigkeit und Frivolität. Der Abfall von den altehrwürdigen Bräuchen und Sitten verbindet sich mit höfischer Buhlerei um die Gunst der Machthaber, um Einfluss und Ehrenstellen. Verachtung des Gesetzes geht Hand in Hand mit Lockerung der Ehe und Preisgebung von Zucht und Scham.

Auf den Provinzen liegt unabwendbar wie eine Naturgewalt die schwere Hand der Römer, und kein Volk hat diese Hand schwerer empfunden, als das jüdische. Zwar hatte man in Rom oft ganz treffliche Intentionen und nicht geringen Respect flösste die Nation ein, die, wie selbst der grimme Judenfeind Tacitus eingesteht, 'das 'Kriechen vor Königen nicht verstand und selbst vor der Gottheit der 'Cäsaren sich nicht beugte'; [1] aber eine durch guten Willen nicht ausfüllbare Kluft trennte die Racen, trennte den römischen Legionar und den römischen Banquier von dem jüdischen Ackerbauer und dem jüdischen Gesetzeslehrer und die immer gleiche, unbesiegbare Natur der Statthalter vereitelte auch die besten Absichten der Kaiser. So fügt sich nur in ohnmächtigem Grimme der Fremdherrschaft das von Parteien durchwühlte, in sich gespaltene Volk; ein finsterer Groll gegen das Aussaugungssystem der Machthaber frisst immer tiefer sich ein und einzelne gewaltsame Zuckungen zeigen, wessen man sich von

---

[1] Tac. hist. V, 5: *non regibus haec adulatio, non Caesaribus honor.*

ihm zu versehen hat, wenn die blutigen Würfel einmal geworfen sind. Noch herrscht Ruhe im Volke; aber schon grollt in der Ferne der Donner des wilden Aufstandes, der das Volk zum Verzweiflungskampfe rief, der Kränze ewigen Ruhmes nm seine Stirne wand, der aber das Volksthum in Trümmer schlug und in Blutströmen die hochaufschlagenden Flammen der Vaterlandsliebe und der Glaubenstreue löschte.

Und wie zwischen Regierenden und Regierten, so herrschte auch eine erbitterte Feindschaft zwischen den beiden unterworfenen Völkern, die Jahrhunderte schon zusammenwohnend in zahlreichen Städten Palästinas, Syriens, Kleinasiens, Aegyptens, ja fast in der ganzen civilisirten Welt, trotz alledem ebensowenig einander in ihrem eigensten Wesen verstanden, wie Jude und Römer einander verstehen konnten. Nie hat ein Volk das andere gründlicher gehasst, als die entarteten Nachkömmlinge der griechich-macedonischen Eroberer das jüdische Volk mit seiner spröden Eigenart, mit seinen abstossenden Sitten und seltsamen Bräuchen hassten. Was Wunder, dass man Verachtung erntete, wo man Hass gesäet hatte?

So stehen auch die Hellenenstädte unter dem Drucke jener widerspruchsvollen Zeit; es wiederholen sich hier, wenn auch in etwas milderer Form, die Erscheinungen, welche schroffer, härter auf palästinischem Boden sich geltend machen. Wir finden auch hier einen ausgeprägten Judenhass bei den Griechen und Verachtung griechischen Wahnglaubens, griechischer Ueberhebung und griechischer Unsittlichkeit bei den Juden. Auch hier zeigt sich unter den Juden dieselbe Anhänglichkeit an jüdisches Gesetz und Volksthum und dieselbe Gleichgiltigkeit gegen dasselbe, dieselbe furchtbare Strenge in der Ausübung des kleinsten gesetzlichen Brauches und dieselbe Lockerung der sittlichen Grundlagen des Lebens, ein noch gesteigerterer Drang nach Aneignung griechischer Bildung und dasselbe Liebäugeln mit der Gewalt, derselbe Patriotismus und derselbe selbstvergessene Fremdendienst. Doch hier gab es aber auch eine Menge begabter, gutgesinnter Männer, die über die Mehrzahl dieser Gegensätze hinausgedrungen waren, wenigstens in der Stille der Studirstube; die den Glauben der Väter sich bewahrt hatten und den reinen Sinn der Jugend und die Anhänglichkeit an ihre alte Heimath und an ihr Volk und Gesetz; die aber die Augen nicht verschliessen mochten vor dem ungemessenen Reichthume an Geist und Bildung, der in griechischer Sprache und Schrift ihnen zufloss; die sich erhoben hatten zu einer durch philosophische Erkenntniss beleuchteten, pietätsvollen Verehrung des jüdischen Gesetzes.

Zu diesen Männern gehören Philo und der Verfasser der Sapientia, zu ihnen gehört auch unser Prediger. Er steht mitten in jenen Gegensätzen und doch über ihnen. An die Treuen und die Schlaffen, an die Zweifler und die Gläubigen, an die Kampfeslustigen und an die Verzagenden, an die Philosophen und die Gesetzeskundigen wendet sich das Feuerwort des Redners.

Der Satz, dass Frömmigkeit und Vernunft über Lust und Leid und Liebe und Hass siegen können, soll die Zuhörer stählen gegen das süsse, das verderbliche Gift griechischer Lebensanschauungen. Die alte Erzählung von dem Heldenmuthe, der Geisteskraft der Märtyrer soll das verweichlichte Geschlecht zu gleicher Opferfreudigkeit begeistern; die Schilderung von der Noth und der Verfolgung, aber auch von der Treue und Glaubensstärke früherer Tage soll die Vorbereitung sein zu dem unausbleiblichen Kampfe, den das schärfer blickende Auge mit Nothwendigkeit heranschreiten sah. Da wird die furchtbare Kleinmalerei begreiflich, mit der die Leiden der Märtyrer geschildert sind; denn je Schlimmeres sie zu erdulden hatten, je glorreicher ihre Glaubensstärke hervorgeht aus allen Qualen und Martern, desto eindringlicher wird die Mahnung des Predigers, hinter der Todesverachtung und Gesetzestreue der Vorfahren nicht gar zu weit zurückzubleiben.

Aus der Gespanntheit, die zwischen der heidnischen und jüdischen Welt in jener Zeit bestand, erklärt sich der Hass gegen die fremdländische, längst nicht mehr unschuldige[1] Sitte gymnastischer Uebungen (277, 21); die nachdrückliche Betonung des Vorzuges, den die Abstammung von Abraham in sich schliesse (297, 27. 302, 32)[2] und das stolze Wort, 'dass allein die Söhne der Hebräer im Kampfe für die Tugend unbesiegbar seien' (287, 19).

In dieser Zeit war endlich die Vertheidigung des Ceremonialgesetzes geboten, die so eindringlich und so häufig P's. Josephus unternimmt. Denn wie gegen den Spott der Heiden, so war es auch gegen

---

[1] Aristophanes *Nubes* v. 967 f.
[2] Parallelen in Note 14.

den Zweifel der eigenen Glaubensgenossen zu schützen. Diese Vertheidigung ist der Angelpunkt, um den sich die theologischen Anschauungen Ps. Josephus' drehen. Mit welcher Verehrung er am Gesetze hängt, wie angelegen er es sich sein lässt, eine gleiche Verehrung bei seinen Zuhörern zu wecken, das zeigt sich wie an unzähligen anderen Stellen, so auch vollkommen in jenen oben (S. 13) angeführten, Mahnworten: 'O, Ihr Abkömmlinge Abrahamäischen Geschlechtes, 'Israeliten, folget diesem Gesetze und lebet fromm in jeder Art, erken-'nend, dass aller Gemüthsbewegungen Herrin die fromme Vernunft ist.'

Sind hiermit die Beziehungen in ausreichender Fülle dargelegt, die den Prediger an seine Zeit binden, so fragt es sich doch noch, welches war die Gelegenheit, die ihm den äusseren Anlass zu seiner Predigt bot. Grimm freilich, der sie für eine blosse Redeübung hält, braucht nach einem solchen Anlass nicht zu suchen. An jedem Tage konnte jeder Rhetor sich die Aufgabe stellen, wie über das Lob des Thersites oder den Tadel der Penelope,[1]) so 'über die Herrschaft der Vernunft' in beliebiger Weise zu deklamiren. Damit aber verliert Grimm überhaupt das Recht, nach den Zeitbeziehungen der Predigt zu fragen. Denn diese lassen sich aus der vorwiegenden Richtung eines Werkes nur da erkennen, wo man sich nicht von vornherein über alle Zeitbestimmungen hinwegzusetzen gedenkt, wie es doch in den Rhetorschulen geschah. Diese nun aber bei den Juden nachzuweisen, Rhetorschulen mit einer so religiösen Tendenz, wie sie vom ersten bis zum letzten Worte unserer Predigt eigen ist, das dürfte eben so schwer halten, wie es die nicht abzulehnende Aufgabe des Mannes war, der für eine solche religiöse Deklamirübung unsere Rede und damit doch auch die übrigen Predigten erklärt, die zu halten Ps. Josephus 'gewohnt war.'

Ist nun aber unsere Rede eine wirkliche Predigt, die vor einem jüdischen Publikum wirklich gehalten worden ist, so muss eine ganz bestimmte Gelegenheit den Verfasser zur Wahl seines Stoffes und zur vorliegenden Behandlung desselben veranlasst haben. Welcher Art

---

[1]) Beliebte Themata nach Polyb. fr. Vatic. XII. 25: ὅταν ἡ Θερσίτου λέγειν ἐγκώμιον ἢ Πηνελόπης προθῶνται ψόγον....

war diese? Ps. Josephus ist ein Meister der Form. Er geht bis an die Grenze des Erträglichen in der strengen Durchführung einer kunstmässigen Disposition. Wollen wir ihm nicht die grösste Plumpheit bei dem Entwurfe dieses sonst so vortrefflich angelegten und durchgeführten Planes zutrauen, so muss die Breite, mit der die Geschichte der Makkabäerzeit in einer Rede über die Herrschaft der Vernunft behandelt wird, nicht aus dem Thema, sondern aus einem gegenwärtigen Anlass zu erklären sein.

Ein solcher Anlass könnte denn die Gedenkfeier sein, welche zum Andenken an die Einweihung des Tempels alljährlich von den Juden acht Tage hindurch begangen wird. Die Erinnerung an die syrische Verfolgung mit ihrer Glaubensnoth und ihren Glaubenskämpfen könnte sehr wohl am Chanukahfeste ihren Ausdruck in unserer Predigt gefunden haben, weil gerade an dem Tage, an welchem die Wiedereinweihung des Tempels gefeiert wird, die Entweihung des Heiligthumes soll stattgefunden haben.[1]) Und in der That ist, wie in unserer Predigt, so auch in einem viel später verfassten hebräischen Gebetstücke für dieses Fest[2]) mit der Erinnerung an die Befreiung des Vaterlandes von syrischer Zwingherrschaft das Andenken an die furchtbaren Leiden, die ihr vorhergingen, verknüpft. Das kann denn wohl dem Einwande begegnen, dass das frohe Weihefest nicht der geeignete Anlass zu einer so tiefernsten Predigt, wie die unsrige ist, gewesen sein könne.[3]) Doch mag nun einer der acht Tage des Chanukahfestes oder irgend ein anderer Tag es gewesen sein: als undenkbar, als unwahrscheinlich ist es doch nicht anzunehmen, dass die Pietät der hellenistischen Juden an irgend einem Tage des Jahres der Märtyrer aus der syrischen Zeit in einer Rede gedacht habe, so gut wie unzählige andere Tage, welche leidvolle oder freudige Ereignisse

---

[1]) 1 MB. 4, 54 Jos. Ant. XII, 5, 4. 7, 6; II MB. 10, 5. Ueber den chronologischen Werth der Angabe s. Graetz 'Dauer der gewaltsamen Hellenisirung der Juden' etc.

[2]) אהרך בי אפס s. Zunz G. V. p. 124; in Hilgenfeld's Zeitschrift 1867 p. 357 f. befindet sich eine deutsche Uebersetzung desselben.

[3]) Uebrigens wird selbst von einem öffentlichen Fasten am Chanukahfeste berichtet Jer. Talm. Taan. II, 13.

dem Gedächtnisse einprägten, Jahrhunderte hindurch als Gedenktage ¹) von den Juden ausgezeichnet worden sind.²)
Ueber die Heimath unserer Schrift sind in neuerer Zeit die verschiedensten Urtheile abgegeben worden. Gfrörer,³) Grimm,⁴) Davidson⁵) setzen den Verfasser nach Alexandria; Langen⁶) hält ihn für einen Palästiner; Dähne⁷) will es dahingestellt sein lassen, ob er in Alexandria oder in Palästina gelebt habe, und Ewald⁸) nimmt an, dass er 'ein ächter Hellenist etwa in Aegypten oder sonstwo ausserhalb des heiligen landes lebend war.'

Welche Gründe hat man für die eine oder die andere Ansicht geltend gemacht?

'Aber (der Verfasser war) — sagt Gfrörer — kein palästinischer (Jude), 'denn woher hätte er dann seine reine griechische Sprache und 'seine Schulrhetorik, woher jene eigenthümlichen, religiösen Vorstellungen, 'die so bedeutend von den palästinischen abweichen und insgesammt 'auf Alexandria hindeuten. Wir befürchten nicht, Widerspruch zu finden,

---

¹) Solche Freuden- und Trauertage verzeichnet der Talmud an mehreren Orten, die 'Fastenchronik' Jer. Talm. II, 14, Babyl. Taan. 17b, Separatausgabe *Amst.* 1711 ; Halach. Gedol. *Hilch. Tischah B'ab* und *Hilch. Hesped* in grosser Zahl. Hier findet man die Tage, an denen Moses, Miriam, die Söhne Aarons starben, an denen Gedaliah ben Achikam, R' Akiba, R' Chanania getödtet wurden. In der gaonäischen Zeit beging man den Todestag eines bedeutenden Mannes, indem man sich auf seinem Grabe versammelte, betete und wahrscheinlich Gedächtnissreden hielt s. Duke's Blumenlese p. 249.

²) Wahrscheinlich sind auch die Worte 271, 5: τῶν μὲν οὖν ἀρετὰ ἐπίστη μοι ἐπαινεῖν τοὺς κατὰ τοῦτον (mit ?) τὸν καιρὸν ὑπὲρ τῆς καλοκαγαθίας ἀποθανόντας μετὰ τῆς μητρὸς ἄνδρας als Hinweis auf den Gedenktag anzusehen, an dem die in der Rede gepriesenen Märtyrer gestorben sind. Denn eine Zeitangabe, auf die sich κατὰ τοῦτον τὸν καιρὸν beziehen könnte, geht nicht vorher. Vergl. den wörtlich übereinstimmenden Ausdruck 1. MB. 4, 54 κατὰ τὸν καιρὸν καὶ κατὰ τὴν ἡμέραν ἐν ᾗ ἐβιβήλωσαν αὐτὸ τὰ ἔθνη, ἐν ἐκείνῃ ἐνεκαινίσθη. In dem jüdischen Gebete für die Chanukahfeier heisst es '(Wir danken dir) für die Wunder, welche du unseren Vätern gethan in diesen Tagen, um diese Zeit' (ביסיב בזמן הזה). Zu übersetzen sind daher die obigen Worte: 'So ist mir nun die Aufgabe geworden (ἐπίστη μοι), die zu preisen, welche um diese Zeit (d. h. um die Zeit des Gedenktages) für die Tugend als Männer starben'.

³) a. a. O. II p. 175; ebenso Zunz G. V. p. 123.
⁴) Zum IV MB. p. 289. 293; zum I MB. p. XI.
⁵) *An introduction to the old test.* bei Langen a. a. O. p. 76.
⁶) Daselbst.
⁷) a. a. O. p. 191.
⁸) a. a. O. IV² 633.

wenn wir ihn für einen Alexandriner erklären.' Das sind sämmtliche Gründe Gfrörer's, die Grimm in die Worte zusammendrängt: 'Seiner 'Form wie seinem Inhalt und Geiste nach kann unser Buch nur einen 'alexandrinischen Juden von philosophischer Bildung zum Verfasser 'haben.' Damit glaubt Grimm der Mühe sich überheben zu können, weitere Beweise beizubringen.

Dieselben Gründe auf die Spitze getrieben finden wir bei Langen. Merkwürdiger Weise führen sie ihn aber auf ein ganz abweichendes Resultat: 'Der Einfluss des alexandrinischen Geistes' auf unsere Schrift, glaubt er, sei unverkennbar.[1]) Er äussere sich unter Anderem in der 'ächt philosophischen' Definition der Weisheit,[2]) in den 'dem hebräischen Geiste nicht geläufigen Abstractionen', 'göttliche Gerechtigkeit, Vorsehung für die in Strafen oder Leiden der Menschheit thätige Gottheit'. 'Die Vergleichung der makkabäischen Mutter und deren Söhne 'mit dem Monde und den Sternen, zumal die Bemerkung, sie habe 'ihre Kinder den Lichtweg geführt zur Frömmigkeit' und Aehnliches beruhe 'auf mystisch-theosophischer Anschauungsweise.'

Aber dieser 'Einfluss des alexandrinischen Geistes' ist ihm noch nicht entschieden genug ausgeprägt. 'Darin', sagt er, 'liegt eben 'die Schwierigkeit, dass mitunter der Verfasser sich wie ein alexan-'drinischer Theosoph geberdet und dann auch wieder eine so nüch-'terne, historische Darstellungsweise vorherrschen lässt, dass an einen 'Alexandriner und an die allegorisirende Methode der ägyptischen 'Schule nicht gedacht werden kann'[3]). 'Ganz ähnliche oder noch 'stärkere Anklänge an den Alexandrinismus finden sich auch in der 'Literatur Palästina's aus jener Periode vor'.[4]) 'Wenn somit das Buch 'nicht ausschliesslich alexandrinischen Lehrstoff und die von Alexan-'drien her bekannte Methode' enthalte, so sei höchst wahrscheinlich der Verfasser auch kein Alexandriner gewesen. 'Denn die dortige 'Richtung,' führt er fort, 'ist eine gar zu charakteristisch ausgeprägte 'und steht zu sehr unter der Herrschaft der Schule, als dass ein dieser 'Richtung angehöriges Werk nicht auf den ersten Blick als ein solches

---

[1]) a. a. O. p. 76.
[2]) a. a. O. p. 75 f.
[3]) a. a. O. p. 74.
[4]) a. a. O. p. 76.

'erkannt werden sollte. Alexandrinische Schriften, welche ausserhalb 'jener Schule entstanden, wie das Buch der Weisheit und das II MB. 'sind seltene Ausnahmen'.[1])

Das Raisonnement dieser Gelehrten stützt sich auf drei Gründe. Sie nehmen als sicher an, erstlich, dass es einen specifisch alexandrinischen Kreis von religionsphilosophischen Anschauungen gebe; zweitens, dass jene specifisch-alexandrinischen Lehren in unserer Predigt anzutreffen seien — was nur Langen ein wenig einschränkt —; drittens, dass die jüdisch-hellenistischen Schriften, die nicht in Palästina entstanden seien, nach Alexandria gehören oder umgekehrt (nach Langen). Jede dieser Behauptungen ist zurückzuweisen. Alexandria ist freilich der Mittelpunkt des jüdischen Hellenismus; aber weder ist es der ausschliessliche Sitz dieser Bildung, noch spannt es die mannigfachen, religiösen Anschauungen und philosophischen Lehren in einen so engen Rahmen, wie ihn die Ausdrücke 'alexandrinische Theosophie, alexandrinischer Mysticismus, allegorisch-mystische Schule' und ähnliche Schlagwörter bilden. Von alexandrinischen Lehren und Lehrern die den palästinischen echt nationalen Richtungen innigst befreundet sind, ist schon oben (S. 39) gesprochen worden. In Alexandria selbst sind griechische Schriften entstanden, die einer mystisch-allegorischen Schule gar nicht angehören. Zu solchen zählt Langen selbst die Sapientia und das II MB.,[2]) ohne einzusehen, dass er damit sich auf's Gründlichste widerlegt hat. Denn eben jener Schule stehen doch auch noch andere alexandrinische Schriften wie das Aristeasbuch, wie die Gnomendichtung des Pseudo-Phokylides[3]) und was sonst ausser den Werken Philo's und Aristobul's in Alexandria geschrieben und gedichtet worden ist, mindestens nicht näher als die Sapientia. Mit welchem Rechte spricht man also von einer alexandrinisch-theosophischen Schule, wenn die Mehrzahl alexandrinischer Schriftsteller ihr fern geblieben sind? Ja, scheiden wir aus dem Gewirre von Lehrmeinungen, die wir innerhalb des hellenistischen, religionsphilosophischen Schriftthums oben (S. 38) kennen gelernt haben, Alles aus, was nicht

---

[1]) a. a. O. p. 78.
[2]) a. a. O. p. 78. Das II MB. gehört wahrscheinlich nach Palästina. s. Geiger Urschrift p. 226.
[3]) Ueber das Vaterland Ps. Phokylides' s. Bernays a. a. O. p. XXXIV.

Aegypten angehört, so lässt sich noch immer keine engere Formel
für die theologischen Anschauungen ihrer Urheber finden, als: Vereinigung biblischer Lehren und griechischer Philosopheme. Gleiche
Bestrebungen aber zeigen sich auch ausserhalb Alexandria's, ja selbst
jene eigenthümlichen Ideen, die man vorzugsweise alexandrinische zu
nennen pflegt, führen auf den verschiedensten Gebieten des Hellenismus
ein entschiedenes, kräftiges Dasein.

Flavius Josephus ist den Interpretationskünsten Philo's durchaus
zugethan; er hegte lange Zeit die Absicht, ein allegorisches Werk
über Gott und sein Wesen und die Gründe der Gesetze [1]) zu schreiben,
und wenn er auch diese Absicht vielleicht nicht ausgeführt hat, so
findet man doch selbst in seinen historischen Schriften genug Anklänge
an jene 'alexandrinisch-theosophischen' Lehren.[2]) Die Schrift *de incorruptibilitate mundi*, die sich unter Philo's Werke verirrt hat, ist
sicherlich nicht von Philo und nicht in Aegypten verfasst;[3]) ihrem
philosophischen Gehalt nach aber würde sie Niemand von einer philonischen Schrift unterscheiden können. Samaritaner verehren einen
Menschen als $\delta \acute{u}\nu a\mu\iota\varsigma$ $\vartheta \epsilon o\tilde{u}$ $\acute{\eta}$ $\mu\epsilon\gamma\acute{a}\lambda\eta$,[4]) was denn doch bezeugt,
dass im ersten Jahrhundert unserer Zeitrechnung ausserhalb Aegyptens
die Lehre von den Mittelkräften weit unter den Standpunkt Philo's
herabgesunken war. Der Kiliker Paulus deutet in philonischer Art
die Worte der Schrift.[5]) So braucht man denn nicht erst auf Essäer
und die Targumim, sowie auf den Hebräerbrief und das Johannesevangelium, deren Heimathsort oder Abfassungszeit noch immer nicht sicher
genug erkannt ist, zu verweisen, um auch den letzten Rest von Wahrscheinlichkeit der Ansicht zu entziehen, die von einer specifisch alexandrinischen, mystich-allegorischen Schule spricht; die im ersten nachchristlichen Jahrhundert nach dem Vorwiegen dieser Lehren das Vaterland einer Schrift bestimmen und wohl gar aus Alexandria verbannen

---

[1]) *Ant. proöm.* 4. 1, 1, 1. 1, 10, 5. III, 5, 6. III, 6, 6. 8, 10. IV, 8, 4. XX, 11, 2.
c. Ap. 1, 14. Schwerlich ist an einer dieser Stellen von zwei Werken gesprochen,
was Paret in Herzog's Real-Encyclopädie s. v. Josephus annimmt.
[2]) Vergl. *Ant.* I, 7, 1. III, 7, 7. VI, 11, 8. VIII, 4, 2. X, 11, 1. b. J. III. 8, 5.
VII, 8, 7. *c. Ap.* II, 16. 24.
[3]) s. Bernays in den Monatsb. der Berl. Akad. 1863 p. 34.
[4]) A. G. VIII, 9 f.
[5]) Gal. 4, 22 f.

will, 'was nicht auf den ersten Blick' als 'unter der Herrschaft dieser 'Schule stehend' erkannt wird.¹) Am allerwenigsten aber hätte man unsere Schrift als Vertreterin dieser Lehren aufführen sollen. Den Beweis, dass sie dergleichen Lehren gar nicht enthalte und damit die Widerlegung des zweiten jener drei Scheingründe hat der zweite Theil dieser Untersuchungen zu geben versucht.

Eben so trügerisch ist endlich die dritte Annahme, die nach Palästina setzt, was von jüdisch-hellenistischen Schriften nicht in Alexandria oder nach Alexandria, was nicht in Palästina entstanden ist. Soviel kann freilich mit Entschiedenheit behauptet werden, dass unsere Schrift aus dem Einflusse palästinischen Lebens nicht hervorgegangen ist. In Mitten einer nicht ganz hellenisirten Bevölkerung kann eine Predigt, wie die unsrige ist, nicht gehalten, sie kann am wenigsten in Palästina entstanden sein, 'wo man, wie Josephus angiebt, 'die nicht in Ehren hielt, die vieler fremden Völker Sprachen erlernt 'hatten und mit glänzenden Worten ihre Reden zierten',²) in den Synagogen aber sicherlich nicht griechische Predigten hörte.

Will man aber annehmen, dass sie in einer der Synagogen könne gehalten sein, die in Jerusalem von hellenistischen Juden besucht wurden,³) so zeugen auch hiergegen Ausdrücke wie 'Burg unseres Vaterlandes' (277, 21). So spricht doch, wie schon Ewald geltend gemacht hat⁴), Niemand in Jerusalem selbst.

Ja auch die verhältnissmässige Ruhe der Betrachtung in einer Zeit voll dumpfer Gährung der kräftigsten Elemente, die Spärlichkeit der Anspielungen auf den Druck, den das Regiment der Römer ausübte, der stete Hinweis auf religiöses, nicht auf politisches Martyrium, alles dies zeugt für nicht palästinischen Ursprung; denn in den Griechenstädten, die selbständig zu sein entweder nie verstanden hatten oder längst entwöhnt waren, machte sich der äussere Druck sicherlich weniger fühlbar, als in dem unter der Fremdherrschaft

---

¹) Die aufgezählten Thatsachen werden von Niemanden geleugnet, denn sie sind unbestreitbar. Darum aber wird doch der Begriff des 'jüdischen Alexandrinismus' mit Hartnäckigkeit festgehalten, wie eben gezeigt wurde.
²) Jos. Ant. XX, 11, 2. Παρ' ἡμῖν γὰρ οὐκ ἐκείνους ἀποδέχονται τοὺς πολλῶν ἐθνῶν διάλεκτον ἐκμαθόντας, καὶ γλαφυρότητι λέξεων τὸν λόγον ἐπικομψεύοντας...
³) A. G. VI, 9.
⁴) IV² 633.

erliegenden jüdischen Lande. Nun könnte sie freilich in einer der hellenisirten Städte Palästinas entstanden sein, wo nach sicherer Nachricht, noch viel später griechisch gebetet wurde.¹) Mit dieser Annahme aber haben wir den national jüdischen Boden verlassen und stehen wieder mitten im Kreise griechischen Lebens.

Darum nun aber, weil unsere Schrift nicht in Palästina verfasst sein kann, sie nach Alexandria zu versetzen, wäre ganz ungerechtfertigt. Gar viele jüdische Hellenisten haben ja ihre Schriften weder in Alexandria noch in Palästina verfasst. So der Kyrenäer Jason; so der Kiliker Paulus; so Flavius Josephus selbst, der, wenn auch durch Geburt und Erziehung, doch nicht durch seine schriftstellerische Thätigkeit einem Lande angehört, das, wie er sagt, zu seiner Zeit kaum zwei oder drei Männer hatte, die fertig griechisch zu schreiben verstanden.²) Endlich ist auch der Verfasser der Schrift *de incorruptibilitate mundi* sicherlich kein Alexandriner, wie Bernays erwiesen hat, und schwerlich ein Palästiner.

Wir haben also aus dem ganzen weiten Gebiet, auf dem der jüdische Hellenismus herrscht, keinen einzelnen Punkt als die Heimath unseres Buches herausheben können, ein Ergebniss, mit dem nur Ewald's Urtheil übereinstimmt. Auch die Benutzung der Sapientia, die wir oben nachgewiesen zu haben glauben, entscheidet noch nicht für Alexandrien, da bei dem innigen Verkehr, der zwischen den einzelnen Theilen des Römerreiches damals bestand, diese Schrift zwischen 60 und 70 n. Chr. sehr wohl von unserem Prediger in einer anderen hellenistischen Stadt benutzt sein kann, selbst wenn jene, wie Graetz³) annimmt, nicht vor dem Jahre 40 in Alexandria entstanden ist.

Ebensowenig spricht aber auch gegen alexandrinischen Ursprung der Umstand, dass weder bei Philo, der sogar wahrscheinlich noch etwas früher lebte als Ps. Josephus, noch bei dem Alexandriner Clemens, noch bei Origenes ein Citat aus derselben zu finden ist. Eher würde die Form unserer Schrift sie nach Kleinasien weisen, dem klassischen Boden der Art von Beredsamkeit, die wir hier angetroffen

---

¹) Jerus. Sotah VII, 1.
²) *Ant.* XX, 10, 2 διὰ τοῦτο πολλῶν πονησάντων περὶ τὴν ἄσκησιν ταύτην μόλις τινὲς δύο ἢ τρεῖς κατώρθωσαν.
³) III³ 443.

haben. Wie viel aber auch diesem Beweise an zwingender Kraft fehlt, liegt auf der Hand.

Ueber die Pseudonymität unseres Buches auch nur noch Ein Wort zu sagen, nach Allem, was hierüber geschrieben ist, seitdem kein Geringerer als Hugo Grotius das Verdammungsurtheil ihr gesprochen hat,[1]) scheint überflüssig zu sein. Da aber gerade in neuerer Zeit Einspruch gegen dieses Urtheil erhoben worden ist,[2]) so mag zu den bekannten Gründen noch Folgendes hinzugefügt werden.

Unsere Schrift muss vor der Zerstörung Jerusalem's geschrieben sein, wie oben (S. 93 f.) nachzuweisen versucht wurde; aber nicht Josephus kann sie in dieser Zeit verfasst haben. Josephus fühlte sich noch in späteren Jahren so wenig Herr der Sprache, in der er die meisten seiner Schriften abgefasst hat, dass er diese der stilistischen Feile von Mitarbeitern selber für bedürftig hielt.[3]) Ist es denkbar, dass derselbe Mann in seiner Jugend vor seinen Glaubensgenossen eine Predigt gehalten habe, die an Correctheit der Sprache den späteren Werken mindestens ebenbürtig ist, die aber durch ihre strenge Technik und durch flüssigen Schwung des Stiles[4]) weit über ihnen steht? Oder sollen wir annehmen, dass der jüdische Prediger seine Rede von heidnischen Rhetoren sich hat corrigiren lassen, wie der Geschichtschreiber die bessernde Hand seiner Freunde nicht zurückwies? Ist es ferner denkbar, dass der eitele Mann, der von seinen früheren Werken und selbst von den noch ungeborenen Geisteskindern zu sprechen nicht müde wird, niemals Gelegenheit gefunden oder genommen haben sollte, seiner reichen und verdienstvollen Predigerthätigkeit zu gedenken, welche von dem Verfasser unserer Rede die nun schon so oft zu Hilfe gerufenen Worte 271, 19 bezeugen?

---

[1]) Zu Luc. 16, 19. Die Gründe gegen die Echtheit findet man am vollständigsten bei Calmet a. a. O. r. 474; Ewald IV[3] 632 f. Grimm zu IV MB. p. 292 f.

[2]) s. Paret Des Flavius Josephus Werke p. 26 f. Aber auch Creuzer in Theolog. Stud. und Krit. 1853 p. 84. 86 und Reuss in Ersch und Gruber's Encyklop. s. v. Josephus wagen kein entschiedenes Urtheil.

[3]) Josephus c. Ap. 1, 9.

[4]) s. oben S. 21 f. Dass gegen den tiefgreifenden Unterschied, der zwischen der Sprache des Josephus und der unserer Schrift besteht, die Uebereinstimmung in zufälligen Einzelheiten nicht geltend gemacht werden darf, hätte Paret a. a. O. bedenken sollen. Mit denselben Gründen liesse sich Philo's Autorschaft erweisen

Und wo soll Josephus ferner diese Rede gehalten haben? In Palästina? Das ist als unmöglich nachgewiesen worden. Oder etwa auf seiner Reise nach Rom im Jahre 63? Aber vor einem fremden Publikum konnte er doch nicht auf eine 'Gewohnheit zu predigen' hinweisen.

Kurz, ist Flavius Josephus der Verfasser unserer Schrift, so lässt sich weder vor noch nach dem Untergange des jüdischen Staates weder in Palästina noch ausserhalb des jüdischen Landes eine Zeit und ein Ort finden, mit denen die Entstehung unserer Predigt zu vereinigen wäre.[1])

Doch mag der Biograph des Flavius Josephus es bedauern, dass aus der Reihe seiner Schriften diejenige ausscheidet, die ein schönes Denkmal der Vaterlandsliebe, der philosophischen und rednerischen Bildung ihres Verfassers ist; der Werthschätzung unseres Buches selbst kann es nur förderlich sein, dass nicht der Mann den Preis todesmuthiger Glaubenstreue in ihr niedergelegt hat, der Alles verstand, nur nicht Märtyrer zu sein.

Mag ferner des Forschers Wissbegierde es beklagen, dass der Name des alten Predigers verschollen ist und allem Anscheine nach verschollen bleiben wird, seine kleine Rede lehrt ihn uns besser kennen, als sein Name es vermocht hätte. Wir haben keine 'Rettung' der Schrift geschrieben und wollen auch den Verfasser nicht überschätzen. Bei aller seiner Bildung war er kein tiefer Denker und ein gar schlechter Historiker; aber seine Schrift macht auch nicht den Anspruch, ein Geschichtswerk zu sein oder das System einer Philosophie zu enthalten. Sie ist eine Predigt und die beste Predigt ist nicht die für alle Verhältnisse passende, deren Verfasser zugleich als Philosoph und als Historiker das Höchste leistet, sondern die, welche an einem bestimmten Orte und in einer bestimmten Zeit den besten Zweck am sichersten erreicht. Darum haben wir auch kein Recht, den Verfasser wegen der uns unerträglichen Schilderungen zu verdammen, die er mit so furchtbarer Anschaulichkeit entwirft. Seine Zeit entschuldigt, rechtfertigt diese Behandlung eines solchen Stoffes, und den Prediger trifft kein Vorwurf, dass wir heut zu Tage ein religiöses Martyrium nicht

---

[1]) Dass ein anderer Josephus der Verfasser unserer Schrift sei, ist eine Vermuthung Ewald's (IV⁴ 633), die durch entscheidende Gründe nicht unterstützt wird.

mehr begreifen, wie jenes alte Publikum, das Schreckensscenen wie die geschilderten nicht für Unmöglichkeiten halten konnte. Unsere Predigt ist der Mahnruf eines patriotischen Mannes, aus der politischen und sittlichen Verkommenheit der Gegenwart zu gläubiger Betrachtung der Vergangenheit sich zu erheben; an dem aller Leiden spottenden Heldenmuthe der Vorfahren selbst zu erstarken; in kräftiger Selbstbeherrschung, in religiöser Erkenntniss und in treuer Verehrung des alten Glaubenshortes Rettung und Glück zu suchen, nicht aber in stumpfer Apathie oder in schwärmerischer Askese ein heuchlerisches oder selbstmörderisches Dasein zu verträumen. Dem Prediger ist es gelungen, Gegensätze in sich zu versöhnen, die er vielleicht selbst noch in entsetzlichem Zusammenstosse einander verzehren sah. Er ist ein Jude voll Stolz und Glauben, aber zugleich ein Grieche voll Schönheitssinn und Formtalent; er ist der treueste Anhänger der jüdischen Religion und zugleich ein gelehriger Schüler griechischer Philosophie und griechischer Rhetorik. Freilich ist es nicht die höchste Stufe rednerischer Kunst, auf der er steht. Wohl mussten wir die Gewandtheit und Zierlichkeit des Ausdrucks, die verhältnissmässige Correctheit der Sprache und die straffe Gedankenfolge loben, die ihn hoch über die meisten jüdischen Hellenisten stellen. Aber er lässt doch gar zu oft seiner überreizten Phantasie die Zügel schiessen, thut des Guten gar zu viel und so zerfliessen ihm die künstlichen Formen unter der Hand in eitelen Flitter; Erhabenheit wird Schwulst, sprachliche Anmuth wird hohle Ziererei. Doch wer vermöchte zu sagen, wie viele von diesen Fehlern den Verhältnissen, unter denen er lebte, wie viele ihm selbst angerechnet werden müssen! Er predigte ja einer Zeit und einer Gesellschaft, deren Geschmack tief gesunken war, die jene einfache Grösse nicht begriff, welche dem klassischen Schriftthume der Hebräer und der Griechen seinen ewigen Werth verleiht.

Doch wenn auch der philosophische und ästhetische Werth der Schrift noch viel geringer sein sollte, als er in Wirklichkeit ist, den Forscher zieht es nicht gerade immer zu den vollendeten Schöpfungen des Menschengeistes hin. Ihre reine Schönheit ist der Nachwelt Muster und Bewunderung; aber verständliche Antwort auf die schwierigsten Fragen der Geschichte ist oft genug in Schriften geringen Kunstwerthes zu finden, die, an die Endpunkte der Zeiten gesetzt, von den Wegen Kunde geben, auf denen der Geist der Völker von einem zum andern schreitet.

Nach dieser Seite kann unsere Schrift nicht leicht überschätzt werden. Sie ist ein in ihrer Art ganz einziges Erzeugniss jener wunderbaren Vereinigung jüdischen und griechischen Wesens, welche noch unserer Zeit einen grossen Theil ihrer Bildungselemente liefert. Sie hat ein neues Glied in jener Kette uns auffinden lassen, welche das Christenthum der ersten Jahrhunderte an das griechisch sprechende Judenthum unauflöslich bindet. Sie ist die werthvollste unter jenen Trümmern, welche von den Erzeugnissen der einst so fruchtbaren jüdisch-griechischen Kanzelberedsamkeit uns gerettet sind. Sie gewährt uns einen Einblick in die viel weiter strebende und weiterschauende religionsphilosophische Thätigkeit der jüdischen Hellenisten, als man anzunehmen gewohnt war. Sie lehrt uns einen Mann — Jason von Kyrene — kennen und Bruchstücke aus den Schriften dieses Mannes restituiren, dessen Andenken bis auf die einmalige Nennung seines Namens untergegangen war. Diese Ergebnisse werden denn wohl die Behauptung rechtfertigen, das Ps. Josephus' Büchlein mehr Beachtung verdient, als die Parteilichkeit der letzten Jahrhunderte ihm zugewendet hat. Ist es diesen Untersuchungen gelungen, den Bann zu lösen, der noch heute auf ihm ruht, so ist ihr nächster Zweck erreicht.

Noten.

1. Titel der Schrift; Stellung im Kanon; Verfasser.[1]

Aus der Unzahl von Titeln, welche in Handschriften, Ausgaben und Citaten unserem Buche gegeben werden, hebe ich folgende heraus:
1) Περὶ αὐτοκράτορος λογισμοῦ. Unter diesem Titel kennen und citiren unsere Predigt die ältesten Zeugen. So Eusebius h. eccl. III, 10, 3: πεπόνηται δὲ καὶ ἄλλο οὐκ ἀγεννὲς σπούδασμα τῷ ἀνδρὶ περὶ αὐτοκράτορος λογισμοῦ, ὃ τινες Μακκαβαϊκὸν ἐπέγραψαν. So ferner unter anderen Hieronymus cat. scr. eccl. s. v. Joseph.; Suidas s. v. Joseph. und in leichter Umschreibung Greg. Naz. I p. 398 C Par. 1630; Niketas schol. z. St. und eine sehr alte Note zu cod. Reg. 721 (pervetusta σημείωσις bei Cotel. Patr. apost. I p. 448).

Von Handschriften führen diesen Titel cod. Paris. 1177 (Membr. saec. XII): Ἰωσήπου περὶ αὐτοκράτορος λογισμοῦ; cod. Bodl. Grab. 17 (Coxe catal. mss. bibl. Bodl. I p. 863): Φλαβίου Ἰωσήπου Μακκαβαϊκὸν ἢ περὶ αὐτοκράτορος λογισμοῦ.

Diesen Titel umschreiben M: φιλοσοφία Ἰωσήπου περὶ τοῦ ὅτι αὐτοδέσποτός ἐστι τῶν παθῶν ὁ εὐσεβὴς λογισμός; W: Ἰωσήπου εἰς τὸ αὐτοκράτορα τῶν παθῶν λογισμὸν εἶναι; Paris. 548 (Membr. saec. XII) διήγησις Ἰωσήπου εἰς μαρτύριον τῶν ἁγίων Μακκαβαίων καὶ ὅτι αὐτοδέσποτος τῶν παθῶν ὁ εὐσεβὴς (sic) λογισμός ἐστιν. Einen ähnlichen Titel führen A N: Ἰωσήπου περὶ σώφρονος λογισμοῦ und A auch als Unterschrift: Μακκαβαίων τέταρτος περὶ σώφρονος λογισμοῦ.

---

[1] An dieser Stelle sei in Dankbarkeit der Männer gedacht, welche durch Mittheilung von Notizen über Handschriften oder durch Collationen derselben meine Arbeit gefördert haben, vor Allen des Herrn Prof. Ascoli in Mailand, der, von einer schweren Krankheit kaum genesen, mehrere Capitel einer syr. Uebersetzung der Schrift für mich verglichen hat, sodann der Herren Prof. Chwolson in Petersburg, Dr. Güdemann in Wien, Dr. Neubauer in Oxford, Dr. Prinz in Paris. Zu gleichem Danke bin ich den Verwaltungen der öffentlichen Bibliotheken zu Breslau, Göttingen, Leipzig und Wolfenbüttel verpflichtet, deren Liberalität mir die seltensten Drucksachen und Handschriften zugänglich gemacht hat.

2) *Μακκαβαίων δ'*. In der oben angeführten Stelle berichtet Eusebius, dass Einige das Buch als *Μακκαβαϊκόν* bezeichneten. Philostorgius *h. eccl.* 1, 1 bei Phot. nennt es: *τέταρτον τῶν Μακκαβαϊκῶν βιβλίον*. Bei Syncellus *chron.* p. 529. 530 *Bonn.* heisst es: *ἡ τετάρτη τῶν Μακκαβαϊκῶν βίβλος*. Ein einziger cod. der *can. apost.* (Reg. 1326) hat unter Nr. 85: *Μακκαβαίων δ'* (Cotel. a. a. O. I. p. 448) und höchst zweifelhaft ist die Erwähnung der Schrift in Athanasii *synops. scr. sacr.*, wo statt *Μακκαβαϊκὰ βιβλία δ'*. *Πτολεμαϊκὰ* Credner (zur Gesch. des Kanons S. 144, 1) *Μακκαβαϊκὰ καὶ Πτολεμαϊκὰ* mit Recht lesen will. Auch findet es sich in dem Verzeichnisse heiliger Schriften, das den *quaest.* des Anastasius angefügt ist unter den Schriften *ὅσα ἔξω τῶν ξ'* (Cotel. I p. 196).

Als *Μακκαβαίων δ'* bezeichnen es die Aufschriften in codd. *α* S B R; in *α* S auch die Unterschriften; L hat als Aufschrift: *'Ιωσήπου μακκαβαϊκῶν λόγος δ'*, am Ende *τέλος σὺν θεῷ τοῦ περὶ τῶν Μακκαβαίων λόγου*. Aehnlich lautet der Titel in der syr. Uebersetzung der Ambros. Bibliothek (Ms. Ambros. B 21 inf., in Estrangelo geschrieben) ספרא דארבעא דעל מקביא
ואמהון und am Ende: שלם מאמרא דעל מקביא ואמהון.

3) *Διήγησις Ἰωσήπου εἰς τὸ μαρτύριον τῶν ἁγίων μακκαβαίων*. So schreiben mit geringen orthographischen Aenderungen cod. Paris. 1527 (Membr. saec. XII); Paris. 1528 (Membr. saec. XII) und cod. Bodl. Laud. 41 (s. Coxe 1 p. 526); C D und Paris. 1516 fügen *καὶ ἐνδόξων* nach *ἁγίων* ein; Paris. 1053 hat bloss *μαρτύριον τῶν ἁγίων μακκαβίων*; V schreibt *μαρτύριον τῶν ἁγίων Μακκαβαίων ἐκ τῆς Ἰωσήπου ἱστορίας*.

4) *Ἰωσίππου εἰς τοὺς μακκαβαίους*. So lautet der Titel in Paris. 1. Aehnlich κ: *Ἰωσίππου εἰς τοὺς μακκαβαίους βιβλίον*. Aus dieser ed. princeps ging er in die meisten folgenden Ausgaben über, gewöhnlich in Verbindung mit anderen Bezeichnungen.

Von diesen Aufschriften ist die letzte am wenigsten zu vertheidigen. Der Verfasser der Schrift kann sich ihrer nicht bedient haben; denn den Namen *Μακκαβαῖοι* für die Zeitgenossen Judas', des Makkabäers, kennen erst die Patres der christlichen Kirche. Ps. Josephus will als Gesammtinhalt seiner Rede auch nicht das Lob der Makkabäer, sondern den Erweis des Satzes, dass die Vernunft Beherrscherin der Leidenschaften ist, angesehen wissen (s. oben S. 17). Von Handschriften, so viele mir zugänglich waren, giebt bloss eine einzige verstümmelte (1) der Schrift diesen Titel, der nur darum eine so allgemeine Verbreitung gefunden hat, weil ähnliche Aufschriften von Reden christlicher Prediger ihn empfahlen.

Der unter 3) angeführte Titel ist aus ähnlichen Gründen zu verwerfen. Nur Handschriften der schlechteren Klasse bieten ihn dar und er gehört offenbar einer späteren Zeit des Mittelalters an.

Die an zweiter Stelle angeführte Aufschrift will keine Inhaltsangabe sein, sondern bezeichnet bloss die Stellung des Buches im Kanon. Diese ist eine durchaus nicht allgemein anerkannte. Es sind nur wenige Kirchenlehrer und verhältnissmässig wenige Septuagintahandschriften, welche unser Buch den deuterokanonischen Schriften des A. T. anreihen. Sicher aber ist, wie Calmet a. a. O. p. 469 f. und Grimm zum IV MB. p. 292 erwiesen haben, dass unsere Predigt und nicht das von Sixtus Senensis in einem Lyoner Kloster gefundene Geschichtswerk oder das sogenannte arabische Makkabäerbuch als jenes vierte Makkabäerbuch gelten muss, dessen die Alten erwähnen. Darum mag diese Bezeichnung dem Buche als Nebentitel erhalten bleiben.

Dass der Titel $\pi\epsilon\rho\grave{\iota}$ σώφρονος λογισμοῦ, der nach IV MB. 275, 31 gebildet ist, ganz ungehörig ist, bedarf keines Beweises. Nicht durch die Autorität der besten und meisten Handschriften, wohl aber durch die der ältesten Zeugen, welche wir überhaupt vernehmen können, empfiehlt sich der Titel $\pi\epsilon\rho\grave{\iota}$ αὐτοκράτορος λογισμοῦ, vor Allem aber durch die Worte des Predigers selbst, der ihn bei der Herausgabe der Schrift wenigstens vorgesetzt haben könnte (nach 270, 2. 18. 271, 18. 282, 11. 292, 16). Das allgemeine Schwanken der Aufschriften und ihre Fassung gerade in den ältesten Handschriften beweist aber, dass Ps. Josephus selbst seiner Schrift schwerlich einen bestimmten Titel gegeben hat. Auf den richtigen Titel hat nach Erasmus zu Hieron. *catal.* s. v. *Josephus* zuerst wieder aufmerksam gemacht Cono Norimbergensis. E. bemerkt auch, dass zu seiner Zeit der lächerliche Titel '*de potentia dicendi*' statt des richtigeren '*de imperatrice sapientia seu prudentia*' üblich gewesen sei.

Wie verbreitet die Annahme gewesen ist, Flavius Josephus sei der Verfasser, geht schon aus der grossen Zahl der Handschriften hervor, die dem Titel seinen Namen beifügen. Es sind unter anderen folgende: A L M N V W C D und die den letzteren verwandten codd. Paris. 548. 1177. 1516. 1527. 1528, sowie Bodl. Grab. 17. Laud. 41. Endlich hat auch α als Unterschrift: ΙΩΣΗΠΟΤ ΣΤΝΓΡΑΦΗ und R erkennt am Fusse des Büchleins ebenfalls Josephus als Verfasser an. Dasselbe thun Eusebius *h. eccl.* III, 10, 3. Hieronymus *cat. scr. eccl.* s. v. *Joseph.*; Philostorgius *h. eccl.* 1, 1. Suidas s. v. *Joseph.* Niketas *schol. ad Greg. Naz. or.* XXII.

Dass man den jüdischen Geschichtschreiber als '*Macbabaeorum scriptor historiae*' ansah, kann nicht auffallen. Die drei ersten Makkabäerbücher aber konnten ihm nicht beigelegt werden. Das erste, weil es in Stil und Haltung doch zu sehr von Josephus' Werken abstach; das zweite und dritte, weil Josephus auf's stärkste von ihnen abweicht. So blieb bloss das vierte übrig, dessen Inhalt man ungern bei ihm vermissen mochte.

Uebrigens ist Josephus der Verfasser auch des ersten Makkabäerbuches, wie es scheint, dem Syncellus *chron.* p. 519 *Bonn.* und des zweiten dem Gotfridus Viterb. s. *chron.* in *rer. Germ. script.* vol. II p. 240 *Pist.*: *Josephus hos missos dicit ab arce Dei*, wo Josephus der Verf. des zweiten Makkabäerbuches sein soll und p. 367, 5: *Liber etiam Machabaeorum secundus ab eo dicitur compositus*.

Aus dem Fehlen des Φλαβίου in den meisten Handschriften wird man nicht schliessen dürfen, dass ein anderer Josephus bezeichnet werden solle; denn die Patres zeigen doch deutlich genug, wer gemeint ist. Ausserdem fehlt der Vorname auch in vielen Beischriften der echten Werke Josephus' und cod. Bodl. Grab. 17 hat ausdrücklich Φλαβίου Ἰωσήπου Μακκαβαϊκόν. Erwähnung verdient, dass das Büchlein nur in den allerwenigsten Handschriften bei den echten Werken des Josephus Platz gefunden hat.

2. Handschriften.

Unsere Schrift ist uns in vielen Handschriften erhalten, von denen eine ansehnliche Zahl schon collationirt ist. Von α liegt das prächtige Facsimile Baber's (*Vet. testam. Gr. E Cod. Ms. Alex.* vol. II *Lond.* 1819) vor. Grimm hat statt seiner die ganz unbrauchbare Ausgabe Grabe-Breitinger's benutzt und so sind ihm denn die Fehler dieser Herausgeber bisweilen theuer genug zu stehen gekommen. ABCDR hat Haverkamp für seine Josephusausgabe (vol. II p. 157 f.) vergleichen lassen; Ca's Varianten giebt theilweise Hudson und aus ihm Haverk. in den Noten seiner Josephusausgabe; ℓ hat Feller (*Josephi opp. ed. Ittig Colon.* 1691 Anhang p. 44 f.) verglichen; eine grosse Zahl von Varianten N's findet sich in den Noten der Grabe-Breitinger'schen Ausgabe der LXX (vol. II *Tigur.* 1731); von S besitzen wir wieder einen köstlichen Abdruck in Tischendorf's Prachtausgabe (*Bibl. cod. Sin.* vol. II *Petrop.* 1862).

Dieser reiche Apparat leistet weniger, als man erwarten sollte. α und S lassen uns oft im Stich, weil ihr Text aus einer schon arg getrübten Quelle floss. Die Collationen der übrigen Handschriften sind ausserdem zum grossen Theile sehr ungenau. Darum galt es neues Material herbeizuschaffen, das womöglich über die bis jetzt verglichenen Handschriften hinausführe. Zu diesem Zwecke dienten theilweise Collationen von M (der bloss bis 295, 21 ἐπιδεῖν reicht) VW, sowie von

cod. Paris. 1. Colb. 1609 Bombyc. saec. XIII fol. 302—312.

- - 548 Membr. saec. XII (vielleicht saec. X) fol. 8—27.

cod. Paris. 1177 Membr. saec. XII fol. 109—131.
- - 1516 Membr. saec. XII fol. 85—102.
- - 1527 Membr. saec. XII.
- - 1528 Membr. saec. XII fol. 131—153.
- - 1548 Membr. saec. XIII.[1])

ADLR wurden in mehreren Capiteln von Neuem nachgesehen, in wenigen wichtigen Punkten konnten alle in der Kaiserlichen Bibliothek zu Paris befindlichen Handschriften befragt werden. Die Resultate dieser Nachforschungen sind folgende:

Alle hier aufgezählten Handschriften theilen sich in zwei Familien. Auf der Einen Seite stehen αABCнLMSV1, auf der anderen CDRNW codd. Paris. 548. 1177. 1516. 1527. 1528. 1548. Ich nenne der Kürze wegen die erste Classe oder ihre besten Vertreter 𝔄, die zweite oder ihre Vertreter 𝔅.

Im Texte weichen diese beiden Familien so entschieden von einander ab, dass die eine von der anderen nicht abstammen kann. Beide gehen aber auf einen schon gänzlich durch Interpolationen, Lücken, Schreibfehler und andere Verderbungen zerrütteten, durch Alter, Flecken, Löcher zum Theil unleserlich gewordenen Archetypus zurück, wie das eben ihre gemeinsamen Fehler beweisen. Dass der Absatz 302, 3 f. eine Interpolation sei, hat Niemand von denen, welche sich ernstlich mit unserem Buche beschäftigt haben, bezweifelt. Aber er findet sich in allen Handschriften und auch in der syr. Uebers. der mailänder Bibl., sowie in der alten lat. Uebers. der Wiener Bibliothek Nr. 577 (*tab. codd. mss. etc.* I. *Vind.* 1864). Aehnliche grosse, allen Handschriften gemeinsame Interpolationen sind 270, 11—17 (s. Note 8) und 301, 11—19 (s. Note 9).

Auch an Lücken fehlte es jenem Urcodex nicht. Der Absatz 301, 25 bis 302, 2, den als echten Bestandtheil der Schrift Note 9 nachzuweisen versucht wird, ist jetzt ganz unverständlich. Kein Mensch und wäre es der denkfaulste Interpolator, kann als einzigen Beweis dafür, dass Antiochus 'im Leben und nach dem Tode gestraft worden sei' (301, 30) die Worte für genügend halten: 'denn als er auf keine Weise die Juden zu zwingen 'vermochte, ihre Volksthümlichkeit und ihre väterlichen Sitten aufzugeben, 'da zog er gegen die Perser.' Hier fehlen ein paar Sätzchen, die von dem in der Sage so fabelhaft ausgeschmückten, schrecklichen Tode des Tyrannen berichteten.

---

[1]) Die Wiener codd. hat Herr J. Haupt, die Pariser Herr Dr. R. Prinz für mich collationirt.

Ebenso gewiss ist der Absatz 270, 6—11, dem eine grosse Interpolation (Z. 11—17) folgt, nicht geschrieben worden, wie er heute in unseren Handschriften gelesen wird. Als das Wahrscheinliche wird sich in Note 8 ergeben, dass hier am Anfange, wie am Ende der Rolle, auf welcher das Büchlein geschrieben war, äusserlich beschädigte, lückenhafte Stellen aus den Trümmern des noch lesbaren Textes zu ergänzen versucht wurden. Kleinere Lücken, zum Theil durch Homoioteleuta entstanden, sind schon oben S. 34. 57. 81 berichtigt worden. Der Archetypus hatte Schreibfehler, die bald von der einen, bald von der anderen Classe, bald von beiden auf irgend eine Weise zu verbessern gesucht wurden, während nur in einzelnen Codices Spuren des Richtigen zurückblieben. 270, 12 las der Archetypus εἴποιεν ἄν τις. Dies schrieb S hier und cod. Paris. 1548 unten 274, 22 (dieselbe Stelle nach Note 8). Die übrigen codd. verbesserten den Unsinn und lasen εἴποιεν ἄν τινες. Das Richtige εἴποι ἄν τις steht mit leichter Umstellung in den Handschriften 274, 22 und das schreiben ABM und c^a, der Corrector S's, mit Recht auch an unserer Stelle 270, 12.

Der Text, wie er in 𝔄 vorliegt, ist offenbar dem 𝔅's vorzuziehen. Zunächst gehören die ältesten Handschriften und selbst die von den Kirchenvätern benutzten Exemplare dieser Klasse an, wie das schon die oben S. 32 f. angeführten Citate aus Ambrosius erweisen. Dass freilich auch 𝔅 in früher Zeit entstanden ist, beweist das Excerpt aus Chrysostomus (oben S. 30). Nun liesse es sich freilich denken, dass 𝔄, besonders seine wichtigsten Vertreter, α und S, von frommen Bibellesern schon in sehr früher Zeit viel ärger zu heiligen Zwecken missbraucht worden wäre, als 𝔅, der aus einer weniger heiligen und darum weniger benutzten und weniger getrübten Quelle geflossen sein könnte. Aber weder scheiden sich die Classen 𝔄 und 𝔅 so strenge nach Exemplaren der Bibel und profaner Schriften, noch kann eine aufmerksame Betrachtung es verkennen, dass gerade 𝔄 und insbesondere die nahe verwandten Bibelcodices αS als Grundlage eines reineren Textes anzuerkennen sind.

𝔅 wimmelt von kleinen und grösseren Zusätzen: so 270, 5 ἄν; — 13 πῶς; 271, 13 καταλῦσαι καί, ein Glossem, das auch in schlechtere Handschriften von 𝔄 eingedrungen ist (vergl. zur Stelle 301, 9); 272, 8 kann ἀπιστία, φθόνος nicht vertheidigt werden (s. oben S. 22. 58); 273, 1 ἥλιος; 276, 26 ὅτι (hinzugefügt, um doch irgend einen Sinn in die durch das Glossem νομίσαντες (Z. 24) entstellte Satzreihe zu bringen); 286, 12 σὺ ὄψει τί ποιεῖν προαιρῇ; 294, 31 schwächt der Zusatz θαυμαζόμενοι πῶς πάσχοντες die Kraft des Gedankens; denn nicht dass die Märtyrer glücklich gepriesen wurden, sondern dass sie hörend, schauend und leidend standhaft, blieben, will der Prediger zu ihrem Lobe hervorheben (s. oben S. 30). Andere und noch bedeutendere Glosseme lehren die Noten 10 und 16 kennen. Auch manche Lücken füllt 𝔄 aus. So fehlt 272, 8. 9 gegen den Sprachgebrauch Ps. Josephus' das hier nicht entbehrliche wiederholte καὶ (oben S. 22. 34). 279, 24 war der ganze Satz im Stammcodex 𝔅's ausgefallen und kam später zerstückelt und ein wenig zugestutzt an falscher Stelle wieder herein. 280, 12 hatte der Stammcodex 𝔅's eine falsche Fassung der Worte οὐδὲ μαντεῖ — 13 ἡλικίαν. Das Richtige war später wieder eingefügt worden und so stehen jetzt beide Satzreihen in 𝔅 neben einander. Das Wachsen des Verderbnisses lässt sich noch an manchen Stellen erkennen. 287, 29 ist die richtige Lesart, die allein R erhalten hat *TON ΑΓΩΝΑ*. Daraus wurde in 𝔄 mit unmerklicher Aenderung *TON ΑΙΩΝΑ*, in 𝔅 aber *TONEON*, wahrscheinlich durch Vermittelung von *TONEONA*.

Aber auch 𝔄 hat doch häufig genug absichtlichen oder unabsichtlichen Verderbungen Einlass gewährt und kann daher durchaus nicht als einzig zuverlässiger Führer durch dieses Wirrsal von Fehlern aller Art gelten. So bewahrt 𝔅 271, 18 die richtige Form des Satzes (s. oben S. 21). So ist 271, 24 mit 𝔅 αὔτη δὲ zu schreiben, wie 271, 23 σοφία δὲ statt σ. δὴ τοίνυν aus κ mit Recht und unter Zustimmung 𝔅's zur Vulg. geworden ist. 279, 21 führt 𝔅 allein auf die ursprüngliche Lesart zurück. Hier hat 𝔄 und Vulg. τε γάρ, wo der schärfste Gegensatz durch die Conjunction hätte ausgedrückt werden müssen. Die bekannte Panacee, 'eine Ironie' anzunehmen, zu der (a. O.) Grimm flüchtet, heilt hier Nichts, wo Eleasar in vollstem Tone der Ueberzeugung das Wesen des jüdischen Gesetzes bespricht. 𝔅 hat bloss γάρ, das mit leichter Aenderung in δ' ἄρ' (vor ἡμᾶς) zu verwandeln ist. Wie trefflich gerade diese Partikel hier passt, geht aus Hartung Gr. Part. 1 p. 428 f. hervor. Τε entstand entweder aus einer Dittographie des δὲ oder wurde um des nachfolgenden καὶ willen hinzugefügt. 282, 18 fehlt in 𝔅 das unsinnige Einschiebsel ἐπεὶ καὶ γελοῖον. AB zeigen, wie es entstanden ist, sie lesen nämlich ἐπιγελοίων, das auch ca in 8 corrigirt. *ΕΠΙΓΕΛΟΙΩΝ* ist aber bloss eine Dittographie des voraufgehenden und nachfolgenden *ΛΛΓΗΔΟΝΩΝ*. 283, 29 f. bewahrt 𝔅 die richtige Fassung des schönen Gedankens, den 𝔄 verstümmelt, und 283, 32 (VII, 19) ist der von 𝔄 hinzugefügte Satz sicherlich ein Glossem. Denn erst 284, 1 f. wird die Begründung des Voraufgehenden von Ps. Josephus gegeben und das geschieht hier in viel eindringlicherer Weise, als es der übel stilisirte Satz 𝔄's: πιστεύοντες ὅτι θεῷ κτλ. vermag.

Glücklicher war ein dem Sinne nach ganz ähnliches Glossem 299, 28—31, das in alle codd. eindrang und den Text auch der neuesten Ausgaben verunziert. Die ungrammatische Anknüpfung (εἰδότες haben die

Handschriften Z. 28, das auf ἕνα ἕκαστον τῶν υἱῶν zu beziehen ist), noch entschiedener aber der Zusammenhang und die Mattigkeit dieses Anhängsels nach dem kräftigen Schlusse (Z. 28) ἢ παραβαίνειν τὴν ἐντολὴν τοῦ θεοῦ zeigen die wahre Natur des Satzes. Sehr häufig sind orthographische Eigenheiten des Archetypus zu argen Fehlern in 𝔄 geworden. So wird 276, 28 aus ΙΕΡΕΩΝ, das richtig 𝔅 schreibt, ΓΕΡΑΙΩΝ in 𝔄, wahrscheinlich durch Vermittelung von ΓΕΡΕΩΝ (vgl. II MB. 3, 15).

Die besten Handschriften von 𝔄 sind α und S. An vielen Stellen lässt sich aus ihnen das allein Richtige erkennen und wiederherstellen, wenn auch die von anderen biblischen Büchern her bekannten Fehler dieser Handschriften sich hier wiederholen. Die Schreiber waren nämlich unwissende Leute, die mit grosser Treue, aber in ebenso grosser Einfalt ihre Vorlagen copirten. Daher die zahllose Menge von Verschreibungen. Wo sich Glosseme finden oder sonstige absichtliche Verderbungen, da haben wir Sünden älterer Abschreiber oder Beischriften aufmerksamer Leser vor uns. Richtig ist 271, 17 das einfache αὐτοκράτωρ hier und in wenigen schlechteren, verwandten Handschriften erhalten. Gern lesen wir 271, 20 mit ihnen πόσαι παθῶν mit Auslassung des hier unnützen und auch 271, 19. 20. 21. 23 in ähnlichen Verbindungen ebensowenig gebrauchten Artikels. Ebenso bewahren 296, 18 diese beiden ehrwürdigen Zeugen den guten Nominativ.

Die Uebereinstimmung zwischen α und S ist das Kriterium, wonach eine Menge von verdorbenen Stellen der recepta sich berichtigen lassen. Offenbar ist aber S besser als α; denn S stimmt an zahlreichen Stellen mit den übrigen codd. gegen α und zwar aus guten Gründen. So 272, 5, wo α das δὲ fälschlich umstellt der Gleichmässigkeit mit 272, 1. 2. 3 wegen. Dort aber waren die Verhältnisse, welche die Präpositionen bezeichnen, einander gegenübergestellt, hier 272, 5 steht ἡδονὴ dem πόνος gegenüber; δὲ tritt darum hinter ἡδονή. 272, 28 haben αCa fälschlich ἀντέχεται. 272, 29 hätte ἀνακαμπτόμεθα in α nie in ἀνακαμπτόμενα (mit κ) verwandelt und von Wahl s. v. vertheidigt werden dürfen (s. oben S. 57, 3. Jos. b. J. I, 8, 9. 1, 16, 2. II, 18, 7; Philo II, 416, 5 u. sonst). 273, 2 ist τῷ λογισμῷ in αB offenbare Interpolation, die schon daran erkannt wird, dass einige codd. diese Worte, andere wie 1, κ διανοίᾳ auslassen. Aehnlich verbindet α 271, 29 zwei Lesarten ΔΕΗ entstanden aus ΔΕ^Η. 284, 2 ist εὐσεβῶς in αB eine Interpolation. 298, 5 fehlt in α das unentbehrliche ὑπέρ. Der Plural τάς.. χειμῶνας (das.) ist aus allen codd. aufzunehmen.

Dagegen hat α oft genug allein oder mit wenigen anderen codd. die beste Lesart. 290, 1 ὦ μισάρετε καὶ μισάνθρωπε. 288, 24 ist aus α ein ἢ aufzunehmen; X, 4 bieten αA uns einen Satz, dessen Echtheit in der Fassung α's schwerlich bezweifelt werden kann.

Aus der Classe B ist R bei Weitem den übrigen verglichenen Handschriften vorzuziehen. Er stimmt sehr häufig mit A überein. Hier haben wir also wahrscheinlich Fälle von Verderbungen in B, die sich erst später eingeschlichen haben.

D ist wieder etwas besser als C, obgleich sie im Uebrigen einander sehr nahe stehen. Am einfachsten zeigt sich dies Verhältniss IV, 12. Hier ist das Echte ὑμνήσειν σωθείς in A; ὕμνησιν σωθείς schreibt R, ὑπόμνησιν σωθείς D, ὑπόμνησιν θείς C.

Ueber die von mir zuerst verglichenen codd. MV und die oben angeführten Pariser Handschriften ein eingehendes Urtheil abzugeben, das erscheint überflüssig, da die Collationen selbst hier nicht mitgetheilt werden können und sie im Wesentlichen über die bekannten Handschriften nicht hinausgehen. Vollkommen ungerechtfertigt aber wäre es, ihre Hilfe, oder die der schlechteren codd. AB ganz zu verschmähen. Denn sämmtliche uns vorliegende Exemplare unserer Schrift sind zum Theil vielfach aus anderen Handschriften corrigirt worden; die Schreiber selbst sind eklektisch verfahren — das schlagendste Beispiel hierfür liefert M —; an einer sicheren Grundlage für die Wiederherstellung des ursprünglichen Textes fehlt es gänzlich: es wäre daher zu weit getriebener kritischer Rigorismus, die Hilfe nicht anzunehmen, wo und von wem sie auch dargeboten wird. Eine grosse Zahl von Handschriften wird bei der nothwendigen Umgestaltung unseres Textes allerdings einfach beseitigt werden müssen; andere aber, obgleich arg zerrüttet und stark interpolirt, bieten eine Menge guter, alter Lesarten dar. Einzelne Beispiele mögen dies erweisen.

Eine grössere Menge von Verschlimmbesserungen als die meisten übrigen codd. weist A auf. Man vgl. die Zusätze 270, 4 γοῦν; 271, 19 εὐσεβής; 273, 1 λόγῳ; 275, 5 τῷ προςώπῳ; 283, 32 τῷ λόγῳ; 292, 21 ἔτι μήν; um 299, 31, wo ein Glossem durch ἐπαινέσωσιν nach 293, 16 erweitert wird, nicht zu erwähnen. Derselbe Codex liefert aber zuweilen ganz vortreffliche Lesarten. 271, 6 ist ἐπίστη aus ABL längst in den Text gestellt worden. Eine vortreffliche Lesart ist auch 276, 8 κατά (statt ὑπέρ), allein erhalten in AN (s. Note 15). 276, 28 führt ἄνειη auf das richtige ἀνήει. 281, 12 hat A καθαρῶν statt κριῶν, was auf das richtige ἡμεῖς μέν σοι τῶν ἡψημένων σοι καθαρῶν βρωμάτων παραθήσομεν führt. Die vielen Homoioteleuta auf — ων und das undeutlich im Archetypus geschriebene καθαρῶν veranlassten das Verderbniss. 283, 7 ruht die Vulgata, welche Grimm in ihrer ganzen Breite vertheidigt, bloss auf ν, was Grimm nicht beachtet. Ich lese mit A τοιούτους δεῖ εἶναι ἱερεῖς τοὺς δημιουργοῦντας τὸν νόμον ἰδίῳ αἵματι καὶ γενναίῳ ἱδρῶτι ὑπερασπίζοντας. Ueber den Artikel vor δημιουργοῦντας vgl. Krüg. § 50, 4, 3. Δημιουργεῖν τὸν νόμον, das B einfach in φυλάσσειν τ. ν.

änderte, kann zumal von unserem compositionslustigen Verf. so gut gesagt werden, wie δημιουργὸς σοφίας, ἀρετῆς. Im Archetypus war die Mitte der Worte ΙΕΡοις τοὺς δημιΟΤΡΓΟΤΝΤΑΣ unleserlich geworden und da wurden denn die beiden Enden zu ἱερουργοῦντας zusammengeschweisst. Das folgende τοῖς μέχρι θανάτου πάθεσιν ist eine Reminiscenz des Interpolators aus vielen ähnlichen Stellen unseres Buches z. B. 271, 3. 282, 9 u. a. Denn dass ὑπερασπίζειν τινὰ τοῖς μέχρι θανάτου πάθεσιν je heissen könne 'Jemanden beschützen' 'gegen die Affecte bis zum Tode', wird Niemand Grimm einräumen. Die Verba des Beschützens sind nicht denen des 'Kämpfens' zu vergleichen, was Grimm z. St. lehrt, und der Artikel τοῖς stände nach dieser Erklärung an ganz falscher Stelle.

Tief unter A steht noch M. Dennoch findet sich auch hier bisweilen ein Goldkorn, von einem Haufen Spreu verdeckt. 272, 17 waren im Archetypus, wie Aehnliches schon häufig aufgewiesen werden konnte, einige Worte nach ἐπιθεωρεῖ unkenntlich geworden. Die noch durchscheinenden Züge der Buchstaben wurden von den verschiedenen Schreibern verschieden aufgefasst und so finden wir nicht weniger als folgende 10 Varianten, die als höchst bezeichnend für das Verhältniss der Handschriften zu einander hier Platz finden mögen:

ΕΠΙΘΕΩΡΕΙΓΕΤΟΙΝΤΝ α Ca.
ἐπιθεωρεῖ δὲ τοίνυν B.
ΕΠΙΘΕΩΡΕΙ ΤΟΙΝΤΝ SV.
ἐπιθεωρεῖ δὲ τὸ L.
ἐπιθεωρει δέ τι κ.
ἐπιθεωρει δὲ c^a und c^b.
ἐπιθεωρεῖται γὰρ A Vulg.
ἐπιθεωρεῖ γὰρ CDR 1527 und andere Pariser codd. dieser Classe.
ἐπιθεωρῇ γὰρ W.

Man sieht freilich, wie aus der Lesart von α Ca die Varianten haben entstehen können und emendirt daraus sofort ἐπιθεωρεῖτε τοίνυν (was sich auch 295, 9: θεωρεῖτε δὲ findet; vgl. oben S. 12 f.). So liest aber genau cod. M.

Um zum Schlusse an einem treffenden Beispiele zu zeigen, durch welche vermessenen Hände unser Büchlein gegangen ist, sei eine kurze Beschreibung der Abweichungen von cod. W gegeben. Er enthält bloss die ersten drei Capp. des Buches und obgleich 𝔅 angehörig, schliesst er sich doch zuweilen der Classe 𝔄 an. Er enthält Conjecturen, wie 270, 5 καὶ διδάσκαλος μεγίστης ὢν ἀρετῆς. Er kürzt kleinere und grössere Sätze in ähnlicher Weise, wie 1, κ mit denen er aber sonst keine Verwandtschaft hat, aber so, dass immer eine Art von Zusammenhang gewahrt bleibt.

270, 17 πολλαχόθεν — 271, 17 θιῷ fehlt.
272, 24 οὐχ ὅτι — 27 νόμον fehlt. In B ist eine Lücke von Z. 26 τῶν — 27 νόμον.
273, 7 λέγει — 12 λογισμός fehlt.
— 15 αὐτίκα — 274, 1 συνεγείρων fehlt. In den Zusammenhang wird mit folgenden Worten hinübergeleitet: ἀλλὰ δὴ καὶ τῶν βιαιοτέρων παθῶν κρατεῖν ὁ λογισμὸς φαίνεται.
274, 16 die Worte κατισχύασι — 19 καὶ lauten hier: κατισχύασι, τὰ πάθη αὐτῷ περιπεφύτευσε καὶ τηνικάδε τὸν νοῦν διὰ τῶν αἰσθητηρίων ἡγεμόνα ἐνιθρόνισα κτλ.
275, 2 ἐπεὶ — 21 wird die ganze Satzreihe in folgende Worte zusammengezogen ὃς καὶ τὸν πόνον ὑπὸ τῶν στρατιωτῶν εὐμοιρήσας ἐλογίσατο πάνδεινον εἶναι κίνδυνον ψυχῆς λογισθὲν κτλ.

Kleinere Zusätze sind hier ebenso häufig, wie in den schlechtesten codd. Von grösseren Zusätzen enthält derselbe 272, 7 nach τῶν παθῶν: μείζεται (l. μερίζεται) δὲ αὐτὴ ἐν δύο εἰς τὸν (sic) τῆς ψυχῆς πάθος καὶ εἰς τὸν τοῦ σώματος. καὶ τῆς μὲν ψυχῆς ἡδοναὶ εἰσιν αὗται ἀλαζονία φιλαργυρία φιλοδοξία φιλονεικία ἀπιστία φθόνος βασκανία. τοῦ σώματος ἡδοναί εἰσιν αὗται παντοφαγία λαιμαργία μονοφαγία πορνεία καὶ ὅσα τοιαῦτα.

275, 29 am Ende enthält er noch die Worte von 279, 17 f. τὸ γὰρ — 19 ὑπερηφανεῖται in der Fassung von B. Hier nun scheint den Schreiber selbst ein Grauen vor seiner Vorlage erfasst zu haben. Er bricht ab. Die untere Hälfte des Blattes ist abgeschnitten und die Rückseite ist ganz leer.

Ueber die ebenfalls verstümmelte Handschrift 1 ist im Zusammenhange mit x in Note 3 noch Einiges zu berichten.

3. Ausgaben der Schrift; Pseudo-Aldina.

Eine Uebersicht der Textesgeschichte seit dem Erscheinen der ersten Ausgabe unserer Schrift ist nothwendig, um auch dem eingefleischtesten Anhänger des textus receptus zu erweisen, dass weder eine vielhundertjährige Ueberlieferung, noch Namen wie W. Dindorf und J. Bekker die Ungereimtheiten desselben schützen können. Die erste Ausgabe unserer Schrift (x) enthält der dritte Band der strassburger LXX: *Sacrae scripturae veteris novaeque omnia* vol. III. *Argentorati apud Vuolfium Cephalaeum. Anno MDXXVI*. Die Handschrift, auf welche diese Ausgabe zurückgeht, vom Zufall den Herausgebern in die Hände gespielt und ohne Sorgfalt abgedruckt, ist nebst cod. 1 die schlechteste der Classe A. Von den Verstümmelungen, die sie erlitten hat, geben schon die bei Grimm p. 295 angeführten Lücken eine theilweise Vorstellung. Sehr nahe steht ihr cod. 1. Das mögen ausser dem früher Erwähnten folgende Stellen erweisen: 1, κ allein lesen: 273, 2 ὅτι τῷ λογισμῷ περιεκράτησιν, was schon eine Correctur des in αB erhaltenen unverständlichen ὅτι τῷ λογισμῷ διανοίᾳ περ. ist (s. hierüber oben S. 51, 1). 274, 16 haben 1, κ allein die Interpolation λόγῳ καὶ αὐτεξουσιότητι κοσμήσας. Eine Interpolation; denn diese Worte nehmen voraus, was erst Z. 18 der Verfasser sagt, dass der Mensch mit den Leidenschaften zugleich den Geist als Herrscher empfing. Schon 274, 18 trennt sich aber 1 wieder von seinem Begleiter und liest mit fast allen codd. καὶ τηνικάδε ἐπὶ πάντων τὸν ἱερὸν ἡγεμόνα κτλ. statt καὶ τὸν ἡγεμ. in κ. Grimm (z. St.), der es beklagt, dass wir nicht wissen, auf welche handschriftliche Autorität sich diese Lesart stützt, eine Klage, die wir häufig in seinem Commentar vernehmen, wird mit der hier gegebenen Auskunft wohl zufriedengestellt sein. Ihm allein ist aber die Verantwortung zu überlassen, dass er die schlechte Vulgata, die also bloss 'auf die handschriftliche Autorität' κ's und des cod. 1 zurückgeht, dem Zeugniss aller Codices vorzieht. Was dem Satze, wie ihn die Handschriften Α's geben und wie er wesentlich unverändert oben (S. 33) angeführt wurde, 'an rhetorischer, grammatischer und logischer Symmetrie fehlt', ist mir unbegreiflich. Dass auch Grimm's kritische Bedenken gegen ἐπὶ πάντων nicht eben schwer wiegen, geht aus der Erklärung des Absatzes (oben S. 49 f.) hervor. 'Επὶ πάντων ist geradezu unentbehrlich und ἱερὸν als 'verzierender Zusatz' bei einem Manne wie Ps. Josephus ist wahrlich nicht anstössig. Λόγῳ nach κατεσκεύασε (274, 16) in der Grabe-Breitinger'schen Ausgabe und bei Apel ist Nichts wie das erste Wort jenes Eindringlings aus 1, κ und Grabe-Breitinger selbst bezeichnen es auch als nicht dem cod. Alexandr. angehörig, was Baber's Abdruck bestätigt. Grimm glaubt, es solle bedeuten 'mit einem Worte bildete' (Gott)!!

275, 30 θεωρίας, in allen Ausgaben vorhanden, von Grimm nicht beanstandet, findet sich in keiner der verglichenen Handschriften, ebensowenig in codd. V und *Paris*. 1053. 1176. 1177. 1516. 1528. 3010. Es ist allein die gemeinsame Correctur von 1, κ, die sich, scheinbar empfehlenswerth, dem genaueren Blicke als vollkommen irrig erweist. Ps. Josephus hatte in der voraufgehenden quaestio 271, 18 — 275, 30 den Beweis für den Satz, dass die Vernunft über die Gemüthsbewegungen herrschen müsse, geliefert. Wie kann er zu der jetzt folgenden Erzählung, die das Gleiche erweisen soll, übergehen mit den Worten: ἤδη δὲ καὶ ὁ καιρὸς ἡμᾶς καλεῖ ἐπὶ τὴν ἀπόδειξιν τῆς θεωρίας τοῦ σώφρονος λογισμοῦ? Diese θεωρία war es ja eben, die vorherging. Vortrefflich passt die Lesart der codd.

ἱστορίας für θεωρίας; denn die ἀπόδειξις τῆς ἱστορίας 'die Darlegung der Geschichte vom vernünftigen Denken' folgt erst jetzt. Ἀπόδειξις τῆς ἱστορίας wird schon durch die einzige Stelle Herod. 1, 1 gerechtfertigt: Ἡροδότου Ἁλικαρνησσέος ἱστορίης ἀπόδεξις ἥδε; und ἱστορία τοῦ σώφρονος λογισμοῦ, wenn es eines Beleges bedarf, wird durch unsere Schrift selbst gestützt, (300, 15 τὴν τῆς εὐσεβείας ἱστορίαν).

Es ist nicht cod. 1, nach welchem κ abgedruckt ist. Denn die grosse Lücke in κ 274, 6—11 ist in 1 nicht vorhanden. Umgekehrt hat 1 Lücken, die κ ausfüllt. Solche sind: 273, 21 ἀμητοὺς — τούς; 275, 18 κατά — 19 ἀνευράμενοι; 300, 27 Ἐλεάζαρος — 301, 20 Ἰσραηλῖται. Ebenso weichen sie in den Lesarten ab. So geht 273, 11 πείσειν ἂν ἡμᾶς auf das πείσει κἂν ὑμᾶς von κ zurück, woraus denn einige zunächst folgende Ausgaben πείσει κἂν ἡμᾶς und 1 wie die von diesem abhängigen edd. πείσειεν ἂν ἡμᾶς machten. Diese Lesart ist die recepta geworden. Cod. 1. hat richtig, wie die ungeheure Mehrzahl der Handschriften, πείσαιμ' (B πειράσαιμ') ἂν ὑμᾶς.

Die aufgezählten Beispiele mögen genügen, um den Satz zu rechtfertigen, dass weder 1 noch κ noch die Vulgata, wo sie auf beide zurückgeht, die mindeste Autorität besitzen. Nur wo glaubwürdigere Zeugen hinzutreten, sind ihre Lesarten zu halten. So κ 272, 7 mit V (ähnlich α, 1) κατὰ μὲν ψυχήν, so κ 276, 24 σχετλιάζοντος mit S.

Diese elende Ausgabe ist die Grundlage der späteren geworden. Nur sehr gering von κ abweichende Abdrücke enthalten die Bibelausgaben Bas.[1]) 1545. 1550. 1582. Francof. 1597. Ven. 1687 und Combefis in bibl. Gr. PP. auct. noviss. Paris. 1672 mit einzelnen Verbesserungen und manchen Verschlechterungen. So lautet der Satz 279, 21.. ἐν αὐτῇ ὑγιοῦντων. σωφροσύνην τε γὰρ ἡμᾶς ἐκδιδάσκει, ὥστε πάντα πόνον ἑκουσίως ὑπομίνειν καὶ δικαιοσύνην παιδεύει, ὥστε μόνον τὸν ὄντα θεὸν σέβειν κτλ. Darnach ist auch die Uebersetzung gearbeitet. Wenig verbessert finden wir κ wieder in den Ausgaben des Josephus ed. pr. Bas. 1544 (1); Aur. Allobr. 1611; Gen. 1634; ed. Ittig Colon. (Lips.) 1691.

Wenn Grimm p. 295 angiebt, dass erst in der Ittig'schen Ausgabe 'der textus vulgaris eine lesbare Gestalt erhielt,' so wird das schon dadurch widerlegt, dass diese Ausgabe sich als einen Abklatsch der ed. Aur. Allobr. giebt und mit dieser in Seiten und Zeilen übereinstimmt. Das hätte Grimm schon aus Ebert wissen können. Von seiner Vorlage weicht denn Ittig nur selten ab. Ja zuweilen steht er noch unter κ. So 281, 20, wo λ von υἱοῖς—γενώμεθα (Z. 21) in Folge eines Homoioteleuton die in κ erhaltenen

---

[1]) Der Ausgabe Bas. 1540 und der der Apokryphen Bas. 1582 erwähnen Ittig (a. a. O. p. 82), Oberthür (a. a. O. p. 33) vielleicht nur in Folge einer Verwechselung mit edd. Bibl. Bas. 1545 und 1582.

Worte hatte ausfallen lassen. Ittig wie *edd. Aur. Allobr.* und *Gen.* geben sich nicht die Mühe, den ganz unverständlich gewordenen Satz durch einen Blick in א oder eine der nächststehenden Ausgaben zu verbessern. Das Wahre ist, dass in den Ausgaben, von λ an, ein Theil der gröbsten Druckfehler א's beseitigt und hier und da auch wohl eine Variante aus irgend einer Handschrift in den Text gerieth. Von einer wirklichen Umgestaltung des Textes aber kann bei keiner dieser Ausgaben die Rede sein. Es ist daher eine unnütze Mühe, die Grimm häufig auf sich genommen hat, als Stützen einer Lesart die Varianten dieser Ausgaben anzuführen.

'Eine lesbarere Gestalt hatte der textus vulgaris' schon am Ende des sechzehnten Jahrhunderts erhalten. Die Ausgabe Ittig's ist, wie die *Aur. Allobr.* 1611 und *Gen.* 1634 erschienenen, ein gewaltiger Rückschritt hinter die, welche 1590 Lloyd (Luidus) in Oxford veranstaltet hatte. Der Titel dieser sehr selten gewordenen Ausgabe[1]) lautet: ΦΛΑΒΙΟΤ ΙΩΣΗΠΟΤ ΕΙΣ ΜΑΚΚΑ = || βαίους λόγος ἢ περὶ αὐτοκράτορος λογισμοῦ. *Flavii Josephi de Maccabae = || is; seu de Rationis imperio liber Manuscripti Codicis || ope longe quam || antehac, et emendatior et au || ctior: cum Latina interpreta || tione ac notis Joannis Luidi. || Oxoniae excudebat Josephus Barnesius* 1590. 12⁰. Auf eine Dedication an Roger Gifford, den Leibarzt der Königin Elisabeth *(Clarissimo viro D. Rogero Giffordo Regiae Majestatis Medico Primario Joannes Luidus S. D. etc.)*, folgen 34 S. griechischer Text, *elogia* und eine neue lateinische Uebersetzung (39 S.), ärmliche *adversaria*, meist Notizen über die benutzte Handschrift N (2½ S.) und *castigationes* (1 S.). Lloyd's Urtheil über das Büchlein verdient aus der Dedication hier mitgetheilt zu werden. Es lautet: *Aureolus Auctoris libellus tot tamque foedis erroribus .. erat contaminatus .. ut editus non editus videri posset.* Der Text dieser Ausgabe ist aus א und N zusammengelesen. In ihr ist eine erkleckliche Anzahl von Fehlern aller Art berichtigt und der grösste Theil der Lücken gefüllt, welche א, λ und die von ihnen abhängigen Ausgaben aufweisen. So sind alle die Lücken verschwunden, welche Grimm p. 295 als noch in Ittig vorhanden angiebt. Aber so verdienstlich sie ist, genügt die Ausgabe des Luidus doch nicht im Geringsten unseren und nicht ganz den Anforderungen, welche man schon vor 300 Jahren zu stellen berechtigt war. Selbst cod. N ist nicht genügend verwerthet. Als hinlänglicher Beweis kann die Lücke 279, 24 angesehen werden, die aus N ziemlich sicher gefüllt werden konnte. Vor Allem aber sind א und N nicht zuverlässig genug, um aus ihnen eine befriedigende Recension schaffen zu können, selbst wenn ein

---

[1]) Ein Exemplar derselben befindet sich in der Königl. Universitäts-Bibliothek zu Göttingen.

schärfer blickender Mann, als Lloyd war, es versucht hätte. So war es nicht sowohl der eigene Werth, als der gänzliche Unwerth aller übrigen Ausgaben und die Sorglosigkeit der späteren Herausgeber, die dem Texte Lloyd's die Ehre verschafften, als Grundlage aller Ausgaben seit Hudson angesehen zu werden. Lloyd's Büchlein selbst zwar ist Jahrhunderte verschollen gewesen. Man stritt sich in Deutschland darüber, ob es im Jahre 1590 oder 1690 erschienen sei. Den bedeutendsten Bibliographen ist es nicht zu Gesichte gekommen (s. Frankels Monatsschrift 1868 p. 309). Hudson's Text war es, aus dem es wie die echten Schriften des Josephus in die Ausgaben von Havercamp, Oberthür, Richter, Dindorf, Tauchnitz, Bekker überging, mit Aenderungen natürlich, besonders in den Ausgaben Dindorf's und Bekker's, die aber das Wesen des Textes nicht berühren.

Beweise für diese Behauptung liefert jedes Capitel der Schrift. Der Ungläubige sei auf die von Grimm zum Theil angeführten Lücken hingewiesen, die in den Ausgaben nach Lloyd ausgefüllt sind. Was dieser dagegen unterdrückt hat, fehlt noch zum grössten Theil in den neuesten Ausgaben Josephus' (s. z. B. oben S. 54. 81). Oft ist Lloyd noch verschlechtert worden. So z. B. ist ohne alles Recht gleich im Anfang der Schrift 270, 5 ὅτι aus 𝔅 aufgenommen worden (s. Note 8.) Mit der Erkenntniss dieser Thatsachen ist der Respect vor der Vulgata verschwunden und wir haben freie Hand, der Ueberlieferung der Handschriften zu folgen.

Neben diesen Ausgaben unserer Schrift, die theils auf κ und λ, theils auf Lloyd zurückgehen, sind nun noch diejenigen zu nennen, welche sich α zur Grundlage genommen haben. Diese sind Grabe in LXX *interpretum* tom. II *Oxon*. 1719; Breitinger *Vetus testam. etc.* tom. II *Tig*. 1731; Apel *Apocryph. vet. test. Lips*. 1837.

Das Verfahren der ersteren ist hier kein anderes, wie in anderen Büchern der Bibel und es ist bekannt genug, um mich genauerer Kennzeichnung desselben zu überheben. Apel hat den Text der Breitinger'schen Ausgabe der seinen zu Grunde gelegt und denselben an äusserst wenigen Stellen durch Varianten aus dem Havercamp'schen Texte berichtigt.

Die Ausgabe Hudson's hat eine Menge Sigel angewendet, deren Bedeutung im ersten Bande der Hudson-Havercamp'schen Ausgaben nicht erklärt ist, ja die von Havercamp selbst nicht verstanden worden sind. Diese mögen, um Niemanden die Mühe des Suchens von Neuem anfzuladen, hier erläutert werden.

1) *CL* offenbar *cod. Lips.*, den Hudson ja nicht bloss in unsrem Büchlein benutzt hat. Alle Angaben Hudson's stimmen mit den Lesarten dieses

codex überein. Haverkamp, ohne zu wissen, was *CL* bedeutet, und ohne sein Nichtwissen mit Einem Worte zu verrathen, setzt ruhig einige Male zu *CL* noch '*et Lips.*' hinzu.

2) *N = ms. coll. nov. Oxon.* Nach der Erklärung der notae (am Anfange des vol. 1) sollte das Manuscript mit *CN* bezeichnet werden.

3) *EA* wahrscheinlich LXX *ed. Argent.* 1526 (a); sicherlich ist es nicht die *ed. Arl.* (λ) wegen der Noten unter 498^b, 499^a, ^{m} *(Haverk.)*.

4) *EB* wahrscheinlich LXX *ed. Bas.* 1545.

5) *MC* 498^r *(Haverk.)* kann ich nicht erklären; vielleicht ist es bloss verschrieben für *NC*.

6) *Al.* sollte wahrscheinlich Bezeichnung des *cod. Alexandr.* (α) sein, der nach dem Sigelverzeichniss in der That verglichen, aber mit *Car.* bezeichnet werden sollte. (Dies Zeichen kommt gar nicht vor.) Nur die ersten Varianten aber passen. Später ist *Al.* offenbar für *alii codd.* und *aliae edd.* gesetzt worden.

7) *CD* 498$^?$ und *B* 498° *(Haverk.)* sind die bekannten Zeichen Haverkamp's und finden sich bei Hudson nicht. Diese vereinzelten Noten sind seltsamer Weise aus dem Variantenverzeichniss hinter der Haverkamp'schen Ausgabe unter den Text gerathen, wie denn der Haverkamp'sche Apparat selbst Spuren arger Flüchtigkeit in Menge aufweist.

Diese von Hudson nicht erklärten, oft seinen, im ersten Bande gegebenen Erklärungen widersprechenden Sigel und die ganze Anlage seiner dürftigen Noten machen es wahrscheinlich, dass von den gesammten Schriften des Josephus gerade unser Büchlein das am wenigsten druckfertige war, als Hudson vor der Herausgabe seines Werkes starb. Seine Freunde fanden diese zerstreuten Notizen und liessen sie in einer Unordnung, die nur Hudson selbst hätte entwirren können, mit abdrucken.

Am Schlusse ist noch eines Räthsels aus der Textesgeschichte unserer Schrift zu gedenken, dessen Auflösung bis heute noch nicht gefunden ist. Chr. Arnoldus *prol. de Flav. Jos. test.* bei Haverk. vol. II p. 236; Fabricius *bibl. Gr.* l. IV c. VI § VII sprechen von einer *ed. Ald.*; Grabe und Breitinger in ihren Ausgaben der LXX, Hudson und Haverkamp in denen des Josephus, Apel in der Ausgabe der Apokryphen des A. T. geben Varianten zu unserem Buche aus einer *ed. Ald.*, während die Aldina der LXX unser Buch nicht enthält und eine Aldina des Josephus nicht existirt.

Ittig hat daher in seinen *Proleg.* zu Josephus bei Haverk. vol. II p. 82 die *ed. Ald.* oder *Aldina* als schlechte Kürzung von *Arnoldina* angesehen und will darunter die Ausgabe des Josephus von Arnoldus Peraxylus Arlenius. Bas. 1544 (λ) verstehen. Fabricius a. a. O. § X; Grimm zu IV MB. p. 295 billigen diese Erklärung, die aber nur auf das Eine Citat des Chr. Arnoldus a. a. O. passt. Denn dieser nennt seine Aldina ausdrücklich *prima Josephi editio*. Fabricius aber, der den Fehler des Arnoldus kennt (das. § X), spricht dennoch von einer *Aldina* aus dem Jahre 1518 (das. § VII). Ebenso findet Grabe unsere Schrift LXX *proleg.* vol. II c. III § 6 in *Aldi exemplaribus*, nennt das. § 7 *Aldus* den Herausgeber, und ein grosser Theil der von ihm, sowie von Hudson unabhängig von ihm gegebenen Varianten stimmt nicht mit λ überein. Vgl. 270, 11. 271, 24 (zweimal). 273, 11. 281, 11. 288, 22. 289, 7. 13. 290, 1. 13. 27. 299, 28. 303, 6 und andere Stellen. Der Abweichungen von λ ist eine zu grosse Zahl, als dass man besonders nach Grabe's bestimmter Bezeichnung der *ed. Ald.* als *Aldina* jener Erklärung Ittig's beipflichten dürfte. An den meisten der angeführten Stellen stimmen die Angaben mit den Lesarten x's überein. 273, 11 (II, 6) passt die Angabe Grabe's nur auf x, schon die folgenden Baseler Drucke weichen ab. Diese Ausgabe gilt als Abdruck der Aldinischen Folio-Ausgabe der LXX, stimmt in der äusseren Ausstattung mit den Octavdrucken Aldus' überein und es ist wahrscheinlich, dass man bei der Benutzung von x im Bewusstsein der sonstigen Uebereinstimmung mit *ed. Ald.* diese Uebereinstimmung auch für das IV MB. voraussetzte, wobei man übersah, dass die Aldina dies Eine Buch gerade nicht enthielt. Einige Ungenauigkeiten in den Citaten, besonders in Hudson's ungeordneten Notizen, scheinen, wenn man das im vorigen Jahrhundert allgemein übliche, nachlässige Verfahren der Herausgeber kennt, dieser Erklärung nicht im Wege zu stehen.

4. Uebersetzungen; Lapo da Castiglionchio; Cornelius a Lapide.

Die syrischen und lateinischen Uebersetzungen unserer Schrift haben nicht bloss historischen, sondern zum Theil auch exegetischen oder kritischen Werth. Manche sind entweder noch ungedruckt oder unbekannt und vielfache Irrthümer haben sich über andere zusammengehäuft. Aus mehr als Einem Grunde ist daher ein kurzes Wort über sie hier am Platze. Ueber die alte syrische und lateinische Uebersetzung jedoch hier des Weiteren sich auslassen zu wollen, wäre wahrscheinlich eine nutzlose Mühe, da eine mit den grössten Mitteln von Herrn Bensly in Cambridge unternommene Herausgabe dieser Uebersetzungen in nahe Aussicht gestellt ist. Mir aber steht bloss eine Collation einiger Capitel Eines mailänder Exemplars der syrischen und der verstümmelten lateinischen, von mir in Wien aufgefundenen Uebersetzung zu Gebote.[1] In Bezug auf das Verhältniss, das zwischen der letzteren, oft dem Rufinus beigelegten Uebersetzung (s. Calmet a. a. O. *préf.* p. 475; Fabricius *bibl. Gr.* IV, 6 § XI) und der Bearbeitung derselben durch Erasmus von Rotterdam besteht, verweise ich auf meine Notiz in Frankels Monatsschrift 1868 (p. 307 f.). Ausser diesen ältesten Uebertragungen ist noch eine lange Reihe' jüngerer zu nennen.

Als im vierzehnten Jahrhundert die ersten Strahlen des wieder aufgehenden klassischen Alterthums Italien beleuchteten, da war unsere Schrift unter den ersten, welche die Aufmerksamkeit der Humanisten auf sich zog. Lapo da Castiglionchio oder Castelliunculo, oft verwechselt mit einem etwas älteren Namensgenossen, gleich hervorragend als Diplomat, Kanonist und Humanist hat neben Schriften des Xenophon, Isokrates, Demosthenes, Theophrast und Lucian auch die Predigt Ps. Josephus' ins Lateinische übersetzt. Hoch steht diese Arbeit über den wirren Träumen seines älteren Vorgängers und durch ihr correctes Latein auch über den meisten Arbeiten seiner Zeitgenossen. Ueber sie berichtet Giulio Negri in seiner *Istoria degli Scrittori Fiorentini* p. 344: *Tradusse dalla Lingua Greca nella Latina: Librum Josephi de Morte Macchabaeorum; Ad Clementissimum virum D. Jo. Tituli S. Laurentii in Lucina, S. R. E. Praesbyterum Cardinalem; Incipit: Permagnum mihi videtur etc.*

Eine Abschrift dieser Uebersetzung befindet sich in der Pariser Bibilothek in cod. Paris. lat. 1616 bombyc. saec. XV. Der Freund des Petrarcha, der Entdecker der Miloniana und der Philippiken Ciceros sowie der Institutionen Quintilians verdient es, dass wir uns für die Theilnahme, welche er unserer Schrift schenkte, wenigstens durch die Bekanntmachung eines grösseren Stückes aus seinem noch ungedruckten Werke dankbar erweisen. Es wird zugleich den Philologen eine erwünschte Stilprobe eines bedeutenden Mannes sein, dessen Arbeiten nur zum kleinsten Theile der Nachwelt bekannt geworden sind.

Der Wortlaut der Dedication, deren Anfang wir in der oben mitgetheilten Notiz Negri's lesen, fehlt in der Pariser Handschrift. Diese enthält das Folgende:

---

[1] Die von mir a. a. O. ausgesprochene Vermuthung, es müsse sich irgendwo noch ein Exemplar der alten Paraphrase vorfinden, das der Erasmischen viel näher kommt, als die Wiener Abschrift, ist einer brieflichen Mittheilung Bensly's zufolge bestätigt worden. Auch eine von mir vorbereitete Ausgabe des griechischen Textes musste fürerst zurückgelegt werden, weil bei dem Zustande unseres Textes die Hilfsmittel nicht entbehrlich sind, welche Bensly die bedeutendsten Bibliotheken Europas geliefert haben.

fol. I — II *Ad clementissimum virum d. Johannem — presbyterum cardinalem Lupi [l. Lapi] castelliunculi prohemium in Josephi libris de morte machabeorum.*

fol. II *Josephi machabeicorum liber per lupum [l. Lapum] in latinum conversus.*

Cum de rebus in media philosophia additis [l. abditis] nunc omnis mihi disputatio futura sit num quid animi perturbationibus ratiocinatio dominetur recte vobis suadere possim ut philosophiam toto animo compleximini [l. complectamini]. Est enim omnibus hec ratio ac perceptio ad cognitionem et scientiam in primis necessaria. Ad h^c maxime virtutis, dico atque [l. autem] prudentie laudem continere videtur si quidem apparet perturbationes quae prudentie obstant eamque impediunt, gulositatem ac cupiditatem a ratione maxime superari. Quin etiam quae iusticie ut pravitati atque improbitati, queque fortitudini ut ire dolori ac metui imperare videtur. Quonam igitur pacto quis roget si qui morbi ratione reguntur oblivio atque inscitia eidem q^o obnoxiae non sunt. contemnenda prorsus atque irridenda oratio. non enim sui ipsius morbis dominatur ratio sed iis qui iustitie fortitudinique contrarii sunt atque ita dominatur non ut eas evertat funditus sed ne illis cedat ac succumbat. Multis igitur aliis locis et rationibus demonstrare possem perturbationes obtemperare rationi maxime vero ex eorum animi constantia et robore qui mortem pro honestate oppetiverunt eleazaris septemque fratrum ac matris. Hii enim omnes quum usque ad necem dolores contempsissent perspicue declararunt perturbationes omnis rationis nutu et imperio regi et gubernari. Quamobrem mihi in mentem venit eos viros ob virtutes laudandos atque efferendos esse qui decoris et honestatis gratia conciderunt et hiis honoribus functos beatissimos iudicandos. Non enim solum fortitudine et constantia ceteris omnibus hominibus verum etiam iis a quibus excruciati sunt admirationi habiti cum patientia et tolerantia tyrannum vicissent auctores everterde tyrannidis extiterunt, ut per eos patria expiata esse videatur.

Die Uebersetzung Lapo's hat den Werth einer Handschrift und ist nach einem Exemplar von 𝔄 ausgefertigt. 270, 5 fehlt ὅτι. 270, 11 πότου καὶ φόβου. 270, 15 fehlt καὶ σωφροσύνης (wie in cod. Paris. Gr. 1527 καὶ ἀνδρείας καὶ σωφροσύνης) in Folge des Homoioteleuton. 271, 2 ff. ist ganz nach 𝔄 übersetzt worden. Von der Uebersetzung Lapo's erwähnt Grimm Nichts.

Andere Uebersetzungen enthalten die nachfolgenden Werke. Ich setze aus jeder den ersten Satz zur ungefähren Characterisirung derselben hierher:

1) LXX vol. II. *Bas. ap. Brylingerum* 1550. 8. Die Uebersetzung beginnt folgendermaassen: *Studiosissimum sapientiae sermonem declaraturus, an per se domina sit affectuum pia ratio, consulam sane vobis recte, ut attendatis prompte studio sapientiae.* Den ganzen Unwerth dieser Uebersetzung kenn-

zeichnet die Uebersetzung der Stelle 273, 1: *si cupiditates animi ea quae pulchritudinis post substantiam enercentur.* μετουσίαν ist also in μετ' ουσίαν verwandelt worden. Die Uebersetzung folgt überall sklavisch dem schlechten Texte x's. Ein Nachdruck dieser Ausgabe erschien 1582. 8. bei demselben Drucker. Auch diese Uebersetzung ist Grimm p. 296 unbekannt geblieben.

2) Josephus *opp. lat. Bas. ed. Frobenius* 1567. *f.* Die Anfangsworte lauten: *Disputaturus de re ad philosophiae rationem maxime pertinente, num affectibus imperet pia ratio, recte fecero si vobis ut Philosophiae sedulo incumbatis, consuluero.* Frobenius sagt über diese Uebersetzung in der Vorrede: *Contra Apionem vero et de Machabaeis sive de Rationis imperio libri multo quam ante planius, purius, sine fuco, neque tamen minus ornate translati sunt..* Sie ist in der That viel besser als die vorstehende und nach λ angefertigt.

3) Josephi *de Maccabaeis cum Latina interpretatione.. Joannis Luidi* Oxon. 1590. 12. Die Uebersetzung beginnt mit: *Gravissimum tractaturo e media philosophia locum de rectae ac piae rationis in animi perturbationes dominatu; serio mihi estis admonendi, ut ad ea, quae sum disputaturus, diligenter velitis attendere.* Es scheint vollkommen unbekannt zu sein, dass es diese Uebersetzung Lloyd's ist, die, mit zahlreichen Druckfehlern versehen, Hudson, Haverkamp, Oberthür und Dindorf ihren Ausgaben beigedruckt haben. Weder die Herausgeber des Hudson'schen Josephus noch Haverkamp selbst haben es bemerkt. Grimm, der weder Lloyd's noch Hudson's Ausgabe eingesehen hat, ist es nicht übel zu nehmen, dass er Hudson für den Verfasser der Uebersetzung halten möchte (p. 296). Diese Uebersetzung ist nebst der Lapo's die beste der vorhandenen, so weit ich sie kennen gelernt habe.

4) Combefis *bibl. graec. patr. auct. novissimum* vol. I p. 1 f. übersetzt den ersten Satz folgendermaassen: *Sapientissimam ostensurus Rationem, num scilicet pia ratio ipsa domina sit ac victrix perturbationum seu affectuum, recte nimirum suaserim, ut alacres ac incitati Philosophiae animum attendatis.* Wieder abgedruckt in Ittig's und Haverkamp's Ausgaben des Josephus. 'Nett' mag von einem milden Beurtheiler diese Uebersetzung genannt werden, sie 'treu' zu nennen, dazu hat Grimm a. a. O. kein Recht; obgleich Calmet ihm in diesem Urtheil voraufgegangen ist, der sie a. a. O. *préf.* p. 475 *la plus littérale et la plus exacte* nennt. Die Combefisische Uebersetzung ist ebenso wie der Text der Ausgabe viel schlechter als Uebersetzung und Text Lloyd's, weil sie den verstümmelten Text, wie er vor Lloyd war, zu Grunde legen und dabei die willkürlichsten Aenderungen oft sich erlauben.

Von einer Uebersetzung unserer Schrift durch Cornelius a Lapide oder van Steen, wie er eigentlich hiess, berichtet Combefis a. a. O. c. 9. Er theilt auch unter grossen Lobsprüchen Proben aus derselben mit

(s. p. 510'' 511ᵇ 512ᵈ bei *Haverk.*), die sich in van Steen's von oft recht unnützer Gelehrsamkeit strotzendem Commentar vorfinden und zwar im Commentar zum II MB.; denn das III und IV MB. hat van Steen nicht erklärt, und unter dem IV MB. versteht er das von Sixtus Senensis aufgefundene Geschichtsbuch. Calmet a. a. O. *préf.* p. 475 berichtet ebenfalls von einer Uebersetzung des berühmten Jesuiten mit den Worten: *On en voit aussi une Version de Cornélius a Lapide.* Diese Uebersetzung van Steen's aber ist eine blosse Fabel, entstanden durch einen groben Irrthum Combefis'. Sämmtliche von Combefis aus dieser Uebersetzung mitgetheilten Stücke und die weit umfangreicheren in van Steen's Commentar zum II MB. selbst sind wörtliche Citate aus der oben erwähnten Uebersetzung unserer Schrift, die 1567, also Ein Jahr nach van Steen's Geburt, bei Frobenius erschien. Van Steen nannte seine Quelle nicht, Combefis hielt ihn daher selbst für den Verfasser und Calmet folgte gläubig dem gelehrten Dominikaner.

Nach Grimm a. a. O. p. 296 soll Ittig von einer selbständigen Version unseres Buches sprechen, die in der Kölner lateinischen Ausgabe des Josephus vom Jahre 1593 enthalten sei. Ich habe weder bei Ittig die Angabe gefunden, noch diese Ausgabe mir verschaffen können.

Die Fluth der Uebertragungen in moderne Sprachen ist so gross, und das Wenige, was ich von denselben kennen gelernt habe, begründet so wenig ein Urtheil über sie, dass es gefährlich wäre, der oben S. 2 mitgetheilten Thatsache das Mindeste hinzufügen zu wollen.

5. Philo's Homilien.

Die Ansicht, welche über Philo's allegorisch-ethische Schriften im Texte vorgetragen worden ist, ist nicht neu. Schon vor langen Jahren hat Ewald über sie Folgendes ausgesprochen: 'Und wirklich müssen wir uns die abhandlungen dieses werkes wie predigten denken, welche in dem gebildetsten und gelehrtesten kreise der damaligen Hellenisch-Judäischen welt gehalten und mit grosser aufmerksamkeit gehört wurden' (s. jetzt Gesch. VI³ 297). Aber derselbe Mann hält doch den Charakter dieses grossen Werkes als ursprünglich für die Lectüre bestimmter Abhandlungen fest. Es sind Theile eines allegorischen Commentars, 'für die gebildeten Judäer' geschrieben und nur 'wie predigten' anzusehen.

Einen grossen Schritt weiter geht Frankel mit dem oben S. 67 aus der Abhandlung: Ueber palästinische und alexandrinische Schriftforschung p. 33 angeführten Satze: 'Dieser allegorische Commentar scheint ursprüng-

'lich aus von Philo gehaltenen öffentlichen Vorträgen über Verse der Schrift 'zusammengeflossen zu sein und diese schönen Vorträge verarbeitete Philo 'mit mancher passenden neuen Einschiebung zu einem Commentar.' Mit dieser Erkenntniss erst ist die rechte Schätzung und Würdigung der allegorisch-ethischen Schriften Philo's angebahnt.

Das zur Rechtfertigung dieser Ansicht im Texte der vorstehenden Schrift Ausgeführte bedarf zum grossen Theil keines ausführlichen Citatenbeweises. Was über den eigenthümlichen Inhalt und die eigenthümliche Form der allegorisch-ethischen Schriften, über die häufigen Ermahnungen und Aufforderungen, deren nur eine verhältnissmässig geringe Zahl die historisirend-ethischen Schriften enthalten, was ferner über die Gewohnheit, nach palästinischer Prediger Art fremde Bibelstellen zum Ausgangspunkte für die erbauliche Deutung des Textes zu nehmen, gesagt worden ist, würde, mit einem Ballast von Beweisstellen versehen, nicht schwerer in's Gewicht fallen, als der blosse Hinweis auf diese Punkte ist; denn fast jede Seite der Philonischen Schriften zeugt für sie. Nur das Seltenere sei hier kurz besprochen:

Die Formel λέγε τὸν νόμον 554, 7. 634, 40 weist auf einen bestimmten synagogalen Brauch hin. So kann kein Schriftsteller zu seinen Lesern sprechen: Niemand wird das leugnen, der je bei den attischen Staatsrednern dieser so häufig wiederholten, stehenden Formel begegnet ist. Ihrer bedienten sich die Redner, um den Gerichtsschreiber aufzufordern, Beweisstücke aus der Gesetzsammlung zu verlesen, worüber Doberenz Anm. zu der Rede des Demosth. u. s. w. p. 27, Westermann zu Demosth. *de corona* p. 237 zu vergleichen sind. Auch in den Synagogen ward ein Abschnitt aus der Bibel von einem ἀναγνώστης vorgelesen, ein anderer schriftkundiger Mann trug darüber seine Erklärung vor.[1]) Wollte nun der Prediger seinen Vortrag durch die Mittheilung einzelner Stellen aus dem νόμος unterbrechen, so wendete er sich an den ἀναγνώστης mit derselben Formel, welche die Redner gebrauchten, um ihren 'νόμος' verlesen zu lassen. Jede andere Deutung der Worte, jede andere Uebersetzung als 'vorlesen' ist bei der unverrückt feststehenden Bedeutung des Wortes und der Formel undenkbar.

Aufforderungen zum Gebete finden sich unter anderen an folgenden Stellen 219, 22: Ἱκετεύωμεν οὖν τὸν θεὸν οἱ συνειδήσει τῶν οἰκείων

---

[1]) Philo II, 458, 20 von den Essäern: Εἶθ᾽ ὁ μὲν τὰς βίβλους ἀναγινώσκει λαβών, ἕτερος δὲ τῶν ἐμπειροτάτων ὅσα μὴ γνώριμα παρελθὼν ἀναδιδάσκει. Der ἀναγνώστης entspricht dem אסמא oder מתרגמן in den talmudischen Schriften s. Zunz G. V. p. 338.

ἀδικημάτων ἐλεγχόμενοι, κολάσαι μᾶλλον ἡμᾶς ἢ παρεῖναι. Ebenso 455, 26. 694, 25. Besondere Beachtung verdient 108, 17—45: καλὴν καὶ ἁρμόττουσαν εὐχὴν εὐξώμεθα, ἣν καὶ Μωσῆς· ἵν' ἡμῖν ὁ θεὸς ἀνοίξῃ τὸν ἑαυτοῦ θησαυρὸν κτλ. Dieses schöne Gebet theilt das dritte Buch der *legum allegoriae*, das jetzt doppelt so gross ist, wie die voraufgehenden, in zwei gleiche Hälften und bildet so einen schönen Schluss einer Homilie. Dass es von dieser Abhandlung ursprünglich mehr Bücher gegeben hat als drei, lehrt Mangey zu p. 43.

Von Anreden hebe ich hervor die Stellen 131, 4: Ἀνακειτάσαντες οὖν ὦτα οἱ μύσται, παραδέξασθε τελετὰς ἱερωτάτας. 146, 38: Ἵνα δὲ τὴν ἀριτῶν κύησιν καὶ ὠδίνα εἴπωμεν,¹) ἀκοὰς ἐπιφραξάτωσαν δεισιδαίμονες τὰς ἑαυτῶν ἢ μεταστήτωσαν · τελετὰς γὰρ ἀναδιδάσκομεν θείας τοὺς τελετῶν ἀξίους. Vgl. ferner 147, 33. 295, 7. 326, 8. 558, 32 f. *Mang.* 94, 8 *Tischend*.

Ebenso deutet die als directe Anrede an die μύσται ausgesprochene Mahnung, die gehörten, geheimnissvollen Lehren geheim zu halten, auf mündlich gehaltene Vorträge vor einem Kreise gleichstrebender, verständnissvoller Freunde, nicht auf ursprünglich geschriebene Commentare. Vgl. 147, 33: Ταῦτα, ὦ μύσται, κεκαθαρμένοι τὰ ὦτα ὡς ἱερὰ ὄντως μυστήρια ψυχαῖς ταῖς ἑαυτῶν παραδέξεσθε καὶ μηδενὶ τῶν ἀμυήτων ἐκλαλήσατε κτλ. Ferner 173, 26. 189, 16. 649, 47.

Wer nun aber glaubt, dass dieser Anreden und Beziehungen auf ein gegenwärtiges Publikum eine viel zu dürftige Zahl sich finde, der sei an die Eigenthümlichkeit der alten strengen jüdischen Predigt überhaupt erinnert. Freilich die feurige Rede der Propheten, die mitten im Kampfe standen, wendet sich unmittelbar an die Zuhörer und sucht diese durch Aufregung aller Affecte scheltend und mahnend, drohend und tröstend für ihre hohen Zwecke zu begeistern. Die spätere Zeit will nicht hinreissen, sondern belehren. Darum kennen die in den talmudischen Schriften erhaltenen Vorträge wenige unmittelbare Ansprachen an das Publikum und nur in den Casualreden wendet sich der Redner wieder direct an die von Schmerz oder Freude aufgeregte Zuhörerschaft. So wird in den Mahnreden (דברי כבשין) an Fasttagen, von denen die Mischna Taan. II, 1 berichtet, das Publikum mit 'unsere Brüder' (אחינו) angeredet; so wendet sich R' Akiba am Grabe seines Sohnes an die mit ihm leidtragende Versammlung Semach. VIII. Moed Kat. 21 b. Anderes s. bei Zunz a. a. O. p. 335; Dukes rabb. Blumenlese p. 247; Perles Leichenfeierlichkeiten etc. p. 21.

---

¹) Diese Deutung von κύησις und ὠδίς erinnert an den Titel einer Schrift des Peripatetikers Hipparch: Τί τὸ ἄρρεν καὶ τὸ θῆλυ παρὰ τοῖς θεοῖς καὶ τίς ὁ γάμος Suidas s. v. Ἵππαρχος.

Wie die meisten der jüdischen Vorträge, so tragen auch die ältesten Homilien der Christen den Charakter der ruhig belehrenden Exegese. Man schneide die Doxologien vom Schlusse der Reden Origenes' ab und Niemand wird sie in der Form von den allegorisch-ethischen Schriften Philo's unterscheiden können. Ja selbst viel später abgefasste christliche Predigten enthalten oft kaum eine Spur jener Anreden an die Zuhörerschaft.

Im Uebrigen ist der Ton der Philonischen Homilien durchgängig der feierlich erhabene der Predigt, nicht der wenn auch noch so inhaltsschweren Exegese. Das Pathos des Predigers erhebt sich bis zu häufigen Apostrophen und Prosopopoeien. ὦ ψυχή, ὦ διάνοια sind dergleichen Figuren, die sich unzählige Male in den allegorisch-ethischen, gar nicht — so weit ich mich entsinne — in den historisirend-ethischen Schriften finden.

Wie nun aber? Nennt Philo nicht selbst diese seine Schriften Bücher (βίβλοι 171, 39), Schriften (γραφαί 473, 1)? Citirt er sie nicht selbst als Abhandlungen an zahlreichen Stellen? Im Texte ist die Antwort auf diesen Einwand schon gegeben. Freilich hat Philo diese öffentlich gehaltenen Vorträge nicht als solche herausgegeben. Das mochte wie eine Profanation damals angesehen werden. Freilich hat er sie in die Form von Commentaren gegossen. Aber ihr ursprünglicher, innerer Charakter konnte doch nicht vernichtet werden und die zahlreichen, oben angeführten Belege zeigen, dass auch die äussere Form den Kanzelredner noch häufig genug verräth. Das gleiche Verhältniss finden wir tausendfältig bei den jüdischen Predigern Palästina's und bei den bedeutendsten Vertretern der älteren christlichen Kanzelberedsamkeit. Die jüdischen Midraschim, aus gottesdienstlichen Vorträgen hervorgegangen, gleichen jetzt religiös-ethischen, exegetischen Sammelwerken. Ambrosius arbeitet seine Homilien zu Abhandlungen um, die ihre ursprüngliche Form viel weniger kenntlich machen, als Philo's Homilien. Die Einleitungen der gelehrten Benedictiner zu Ambrosius' einzelnen Schriften enthalten die nöthigen Belege. Viele tractatus des Hilarius von Poitiers sind, wie Paniel (a. a. O. pag. 699 f.) erwiesen hat, kirchliche Vorträge, die als *commentarii* herausgegeben, bald als solche, bald als *expositiones*, aber auch als das, was sie ursprünglich waren, als *sermones* citirt werden. Und dasselbe oder ein verwandtes Verhältniss findet Paniel (a. a. O. p. 766) bei Victricius von Rouen, der seine Rede selbst ein Buch nennt und in den tractatus des Chromatius von Aquileja (p. 759). So wird man denn auch wohl an jenen Aeusserungen Philo's keinen Anstoss nehmen, wenn man bedenkt, dass auch hier die christlichen Prediger die Traditionen der jüdisch-hellenistischen Kanzelberedsamkeit geerbt hatten. Freilich wird sich ebenso wenig bei Philo, wie bei Ambrosius und anderen christlichen Kanzelrednern, im

Einzelnen durchgängig nachweisen lassen, was der ersten, was der zweiten Bearbeitung ihrer Reden angehört. Damit verliert aber die Thatsache selbst, welche hier besprochen werden musste, nur wenig von ihrer hohen Bedeutung für Kritik und Exegese der Philonischen Schriften.

6. Die Pseudo-Philonischen Predigten in *Sampson* und *de Jona*.

Die von Aucher *Philonis Jud. Paralip.* p. 549 f. zuerst bekannt gemachte Rede *Philonis sine praeparatione in Sampson oratio*, wie sie nach den armenischen Handschriften betitelt wird, ist das grosse Bruchstück einer vor einem jüdischen Publikum gehaltenen Predigt. Dass es einer solchen entnommen ist, erweisen die Ausdrücke § 2.. *petimus etiam nos sapientiam ut quas per virtutem Sampson perpetravit, sapienter auditoribus proponere valeamus. Quoniam si ignoranter obiterque ad opera fidem merentia exponenda accessisse comperiamur in praesenti sermone...* Ende § 4 *Verum ne quod in memoria erat orationis omittentes in alio placito verbum consumamus, in promissionem sermonis nostri originemque rerum recurramus.* Vgl. ferner §§ 35. 38. 39. 42.

Es ist offenbar, dass nicht Philo der Verfasser ist, wie Aucher, ohne durch ausdrückliche Angabe der Handschriften dazu berechtigt zu sein, annimmt.[1]) Wir haben kein Recht, Albernheiten, wie sie sich in §§ 19. 21. 42. 44 finden, diesem Meister der jüdisch-hellenistischen Religionsphilosophie in die Schuhe zu schieben, weil sie in einem und demselben Codex mit echten Schriften standen. Entschiedene Abweichungen von Philo's Anschauungen hat schon Dähne (Stud. und Krit. 1833 p. 988 f.) hervorgehoben, und sie lassen sich noch bedeutend vermehren.

Doch wenn auch nicht Philo, so ist doch ein Jude der Verfasser der Predigt. Dass er ein strenggläubiger Monotheist und von jüdischer Abkunft, also kein Heide ist, bedarf keines Erweises. Aber auch ein Christ kann er nicht gewesen sein. Bei einem solchen würden wir eine Anspielung, ja eine Berufung auf Christus, den Messias, oder irgend eine andere christo-

---

[1]) Erwähnung verdient die seltsame Begründung des Titels im *Gloss. Arm.* bei Aucher das. p. 549: '*In Samson sine praeparatione. Primum, quia praeposterum est principium 'homiliae. Secundo autem, quoniam non antea rem in mente composuerat, postulante Synagoga 'die Sabbati ab eo sermonem de Samsone, sine apparatu exordium fecit.*' Zugleich den Charakter der Rede als Improvisation und die jetzige Stellung von § 1 vertheidigt Aucher das.: '*Principium orationis improvisae ducit auctor ex misero Sampsonis casu; quo 'obiter memorato, denuo ponit praeludium homiliae incipientis a nativitate ejus etc.*'

logische Lehre nicht vergebens suchen. Ein Christ würde sich mit seinen Citaten und Beispielen nicht streng innerhalb des Rahmens der specifisch-jüdischen Geschichte und des alten Testamentes halten. Vergl. bes. §§ 7 und 25, wo eine Berufung auf Christus und Johannes so nahe lag.[1]) Ein Christ würde nicht ein so entschiedenes Lob über den Engel ausgesprochen haben, der seinen Namen nicht nennen wollte, der nicht gesagt habe: *illud (nomen) Michael esse nec alterum Gabriel* (§ 16); denn er tadelte damit den Engel bei Lucas 1, 19, der gesprochen haben soll: Ἐγώ εἰμι Γαβριήλ. Auf einen Juden weisen ferner Stellen hin, wie die folgenden: *nunquam velle deum ut salvetur (populus) per facinora praeter legem facta* (§ 23); *Suscepit iustitiae spiritum protopater noster* (§ 25). Ein Jude wird ferner gesagt haben: *postulata ergo (mulier) adauxit malignitatem exsequi insidias, deludere Sampsonem et coronare incircumcisos* (§ 38) und *verum decet alienigenas ignorare Sampsonis parabolas, a nobis autem cognatis cognosci* (§ 42). Man beachte ferner, wie stark das Nationalgefühl in den langen Tiraden gegen die *alienigenae* sich ausspricht (§ 33. 46). Mit diesen aber sind sicherlich an dieser Stelle nicht die Philister, sondern Nichtjuden gemeint.

Hiergegen liesse sich nun einwenden, dass manche dieser Züge auch auf jene Gestaltungen des Christenthums passten, die trotz der verschiedensten Lehrmeinungen in ihrer Anhänglichkeit an das jüdische Gesetz übereinstimmen. Aber doch nicht bloss diese ihre Ueberzeugung von der Verbindlichkeit des τόμος für Juden und theilweise auch für Heiden vereinigt Ebioniten, Nazaräer, Elkesaiten und andere Secten, sondern was sie zu Christen macht, das ist doch eben ihr Glaube an den bereits erschienenen Messias, und gerade hiervon ist Nichts in unserer Rede zu finden.

Den angeführten Stellen nun aber stehen schroff zwei andere gegenüber, die den jüdischen Ursprung auszuschliessen scheinen. Im § 3 f. wird nachzuweisen gesucht, dass sich an Simson alle göttlichen Eigenschaften offenbart haben, auch Gottes Gäte und Gnade. Dann heisst es weiter: *Quodsi postquam natus est, placuerit vivens (vel viventi) Deo, praemium ergo virtutem pro justis operibus recepit. Sed quia ille nuper adhuc satus in praegnanti matre reconditus erat, et desuper donum gratiae vel ante nativitatem susceptoris praenatum est gratia donumque benignitatis nullatenus pro iustis operibus est.* Die andere Stelle ist § 24. Dort soll die Frage, wie Simson sündigen konnte, da er ja den heiligen Geist in sich trug, damit beantwortet werden, dass er bloss den Geist der Tapferkeit,

---

[1]) Damit verschwindet der Einwand, dass auch im Briefe Jud. und II Petr. 2 bloss alttestamentliche Beispiele angeführt werden.

nicht aber den der Gerechtigkeit besessen habe. Damit seien die Inzichten derer zu widerlegen, die *mutilatim scripturam legentes, in accusationem spiritus traducunt Sampsonis errorem.* So nämlich führt er in seiner Vertheidigung des heiligen Geistes fort: *Dicat enim haud inaniter spiritus accusatus: diversae sumus gratiae sub potestate optimi maximi et diversa est omnis doni natura atque mensurata omnis gratia benefica.* Quoniam cuidam spiritus sapientiae et cuidam scientiae et intelligentiae, alicui fortitudinis ac virtutis (καρτερίας καὶ ἀνδρείας) et alicui timere deum (θεοσέβεια) committitur. Wer hört in der ersten Stelle (§ 3) nicht Anklänge an Paulus' Lehre von göttlicher Gnade; oder, da hier nicht das Verhältniss der Werke zum Glauben, sondern zur göttlichen Gnade berührt wird, an Augustin's Lehre von der Gnadenwahl? Wer erinnert sich nicht bei jener *accusatio spiritus* (§ 24) an ἡ τοῦ πνεύματος βλασφημία Math. 12, 31 f. Marc. 3, 29. Luc. 12, 10?

Doch wer hört nicht auch den schneidenden Widerspruch zwischen diesen Stellen und den oben angeführten Sätzen heraus? Nie würde ein Anhänger des Paulus oder des Augustin mit solcher Entschiedenheit sich zugleich als Anhänger des jüdischen Gesetzes bekennen oder so geflissentlich seinen jüdischen Ursprung betonen; nie würden wir bei ihm Gedanken finden, wie die in § 25, wonach die Möglichkeit völliger Sündlosigkeit zugegeben wird; um nicht § 23 anzuführen, in welchem Simson der freie Entschluss zu sündigen zugeschrieben wird, was in dieser unentschiedenen Fassung auch Augustin wohl hätte sagen können. Von den Gegnern Paulus' und Augustin's aber konnten nicht die beiden erwähnten Stellen (§ 3 und 24) ausgehen. Kurz, so lange sich keine christliche Secte nachweisen lässt, die mit dem altgläubigen Judenthume in Bezug auf das jüdische Gesetz, auf die hohe Stellung des Volkes Israel, auf Nichtbeachtung der neutestamentlichen Schriften, auf Ignorirung aller christologischen, soteriologischen und sonstigen specifisch christlichen Lehren auf einem und demselben Boden stand; die mit Paulus die Werke verwirft und mit Augustin die Gnadenwahl anerkennt; mit Pelagius die Wahlfreiheit des Menschen lehrt, aber doch Nichts vom Glauben und der Rechtfertigung durch den Glauben, Nichts von der Erbsünde und Prädestination, Nichts von Christus und seinem Werke weiss, so lange wird Niemand an den christlichen Ursprung dieser Predigt auch nur denken dürfen.

Aber schliessen diese, christlichen Anschauungen so nahe kommenden Sätze (§ 3 und 24) nicht auch den jüdischen Ursprung aus? Wer die jüdisch-hellenistische Literatur mit ihrem Gemische jüdischer und griechischer, philosophischer und theosophischer Lehren auch nur flüchtig kennen gelernt hat, wird keinen Augenblick anstehen, diese Frage zu verneinen. Die Lehre von der Einwirkung des göttlichen Geistes auf den Menschen ist ausserdem eine uralte. Wir finden sie an ungemein zahlreichen Stellen des A. T. ausgesprochen.

Fortgebildet erscheint sie in den Schriften Philo's. Hier ist es das πνεῦμα θεοῦ, das, aus der unerschöpflichen Fülle der Gottheit hervorgehend, dem Menschen Weisheit und Einsicht (265, 40), prophetische Kraft (511, 20 f.) und Zurechnungsfähigkeit (50, 7 f.) verleiht. Dieser göttliche Geist aber ist nicht unzertrennlich der menschlichen Seele eingehaucht; denn die sinnliche Natur hemmt und hindert ihn (265, 16 ff. *Quaest. in Gen.* 1, § 90).

Man sieht, wie nahe diese Gedanken dem im § 24 unsrer Rede entwickelten kommen; ja die Herleitung menschlicher Zurechnungsfähigkeit aus der Mittheilung göttlichen Geistes (Philo 50, 7 f.) musste die Frage nach dem Verhältniss menschlicher Sündhaftigkeit zu dieser göttlichen Kraft nahe legen, eine Frage, die freilich grob äusserlich von unserem Pseudo-Philo gelöst worden ist. Im neuen Testamente erscheint diese Lehre zwar von verschiedenen Schriftstellern verschieden dargestellt, meist aber in anderer Fassung als in unserer Rede und mit der christlichen Soteriologie innig verbunden.

Zu der Stelle Matth. 12, 31, jener *crux interpretum ac dogmaticorum*, liefert jetzt unsere Stelle eine, christlichen Theologen vielleicht erwünschte Parallele.

An diese Gedankenreihe knüpft sich eine andere, die Lehre von der Gnade Gottes, wie sie im § 3 ausgesprochen ist. Im Grunde beruht aber die Verwandtschaft dieser Stelle mit der Lehre Paulus' und Augustin's mehr auf dem äusseren Klange der Worte, als auf dem inneren Sinn derselben. Gott verleiht — das wollen jene Worte besagen — dem Menschen kraft seiner Gnade Tapferkeit (ἀνδρείαν, virtutem) noch vor seiner Geburt, noch bevor er durch gute Thaten jene Gnade verdient hat. Wie weit entfernt ist das doch von der paulinischen Aufhebung des Gesetzes und Entwerthung der Werke durch die Macht des Glaubens? Wie weit entfernt von dem augustinischen Begriffe der Gnadenwahl, dem die ausdrückliche Hervorhebung menschlicher Freiheit in unserer Rede (§ 23) fast widerspricht? Wie viel näher steht das Aussprüchen des A. T., die das Gnadenbedürfniss des Menschen und die unendliche Liebe Gottes stark genug hervorheben; nur dass kein geschlossenes System 'Glaube' und 'Prädestination' als eine eherne Mauer hinstellt, die nur durch spärliche Lücken menschlicher Freiheit und menschlicher Thatkraft einen engen Durchgang gewährt. Belege aus dem A. T., den jüdischen Hellenisten und den talmudischen Schriften anzuführen, scheint überflüssig zu sein. Nur auf Jerem. 1, 5.

Daniel 9, 18. Philo 5, 15 f. 102, 26 f. 130, 14 f. 288, 24. II, 15, 8. II, 436, 25 und Babyl. Talm. Makkot 24a sei in aller Kürze verwiesen.

Von diesen Stellen zu den Worten unserer Rede im § 3 ist der Uebergang so leicht zu finden, dass, wer um ihretwillen den jüdischen Ursprung derselben zu leugnen wagt, oder wer in den Worten § 4 *susceptionem* (*vel complacentiam* d. h. συμπάθειαν) *irrevocabilem* die *gratia irresistibilis* des Augustin nothwendig findet, sich auch entschliessen muss, mit jenem Socinianer, dessen Petrus Allixius (c. Fabric — Harl. *bibl. Gr.* IV p. 727) gedenkt, Philo ins zweite nachchristliche Jahrhundert zu versetzen.

Dagegen wollen wir uns, um den nichtchristlichen Ursprung zu erweisen, nicht auf § 32 berufen, wo die Hoffnung ein Uebel genannt wird. Denn es wird wohl kaum noch Jemanden geben, der von jenem bekannten Dreiblatte jede einzelne Tugend, also auch die Hoffnung, für eine specifisch christliche erklärt. Wird in unserer Rede die *spes* als *malum* bezeichnet, so erinnert das freilich an die trübe Anschauung der Griechen, von welcher Göttling zu Hesiod *opp.* 96 berichtet. Pseudo-Philo kommt dieser nahe und weicht damit eben so sehr von den Ueberzeugungen des A. wie des N. T. ab. Ja es wäre falsch, die Ansicht des Redners, die *spes* sei ein *malum*, als die allgemeine Ueberzeugung aller Griechen anzusehen. Stellen wie sie Stobäus *(floril.* 110. IV p. 56 f. *Mein.)* anführt, die Definition der ἐλπίς in den Pseudo-Platonischen ὅροι (p. 416) und die blosse Existenz der Elpistiker (Plut. *Qu. conv.* IV, 4, 3) schützen die Griechen vor dem Verdachte, nur als trübselige Schwarzseher in die Zukunft geschaut zu haben.

Es bedarf eines viel geringeren Aufwandes von Worten, um den rein jüdischen Ursprung der Predigt *de Jona* nachzuweisen. In der ganzen, 53 Paragraphen füllenden, vollständig uns erhaltenen Rede findet sich keine Spur einer ausschliesslich christlichen Lehre, kein Citat und keine Anspielung auf eine neutestamentliche Schriftstelle. Niemand aber wird einwenden, dass in einer Predigt über Ninive's Bekehrung, als eines vorchristlichen Factums, selbst ein Christ christologische Sätze nicht habe verwenden können. Der derbe Anachronismus § 25 zeigt, dass der Verfasser dergleichen Rücksichten nicht kennt und nicht beachtet. Im Uebrigen vergleiche man, um die Unhaltbarkeit dieses Einwurfes einzusehen, beliebige Predigten der Kirchenväter über alttestamentliche Texte.

Dagegen fehlt es nicht an specifisch jüdischen Anschauungen. So die Apotheose des Gesetzes (§ 1 *legislatio*, νομοθεσία), das ganz die Stelle der σοφία bei Sirach, in der Sapientia und bei Philo einnimmt. Streng jüdisch ist ferner die Lehre von Gerechtigkeit, guten Werken, Sünde und Busse

(s. bes. § 27), die, ungemein häufig ausgesprochen, durchgängig auf alttestamentliche oder talmudische Anschauungen sich zurückführen lässt.
Dass diese Schrift eine wirkliche Predigt ist, geht ebenso aus dem eigenthümlich lebhaften Ton des Ganzen, wie aus der Anrede § 15 *O viri pii* hervor. Unsere Rede hat viele Berührungspunkte mit der Predigt *in Sampson*, wie in den Anschauungen, so auch in den Bildern und Ausdrücken. Doch ist ein tief greifender Unterschied zwischen beiden in der Form oben (p. 10) hervorgehoben worden. Neben manchem recht hübsch Gedachten (§§ 4. 13. 32 ff.) finden sich häufig Bemerkungen so täppischer Art, dass man es wagen darf, die Autorschaft Philo's zu bezweifeln. Sie wird noch entschiedener zu leugnen sein wegen des *angelus abyssi* § 12, desgleichen Philo nicht kennt, und wegen des Widerstreites, der zwischen §§ 6. 44. 45 und Philo's Lehren über Flucht vor Gott *(de post. C.* 85, 1 f. *Tischend.)* besteht.

Von dem Fragment einer Rede *de Jona* sagt Aucher (p. 612), dass es eine gewisse Verwandtschaft mit einer Homilie des armenischen Predigers Ananias habe. Seine Zurückhaltung muss Jedem, der des Armenischen nicht mächtig ist, eine Mahnung sein, sich jedes weiter gehenden Urtheils über den Ursprung des Fragmentes zu begeben. Anders Dähne. Er schliesst aus den bescheidenen Worten Aucher's Folgendes (a. a. O. p. 989): 'Höchst wahrscheinlich mag auch das vorhergehende Buch *(de Jona)* unter 'diese Rubrik gehören und entweder genannten Ananias oder sonst einen 'Homileten späterer Zeit zum Verfasser haben.' Also, weil dies Bruchstück mit Ananias' Rede Aehnlichkeit hat, darum ist es nach Dähne von 'Ananias oder sonst einem Homileten späterer Zeit' verfasst und darum gehört auch die voraufgehende Rede, die mit dem Bruchstück keine Aehnlichkeit hat, 'höchstwahrscheinlich' Ananias an. Als ob Aucher, der das Fragment für eine armenische Uebersetzung aus dem Griechischen hält, nicht zwischen armenischen Originalschriften und armenischen Uebersetzungen einer griechischen Rede hätte unterscheiden können!

Wenn auch über den Ursprung eines so kurzen Fragmentes Nichts weiter behauptet werden kann; dass es so gut wie die voraufgehende Rede keine armenische Predigt ist, darf man einem Aucher wohl glauben.

Schwierig ist die Beantwortung der Frage, wann und wo diese Reden verfasst sind. Für die Rede *de Jona* könnten wir beim ersten Blick den Anfang des § 30 für entscheidend halten. Es heisst hier: *Etenim qui secundum partes quinque regionum principes sunt, quum interimunt reos et quum ubique praevaleat lex, quos reos condemnat, non suas voluntates perficiunt sed placitum regis exsequuntur.* Bald aber überzeugt man sich, dass diese Worte keine sichere Entscheidung über jene Frage ergeben. Die einzelnen

Worte dieser Uebersetzung der Uebersetzung dürfen nicht gepresst werden. Die 'regiones' können provincia, civitas, regio, conventus (διοίκησις) bezeichnen; die 'principes' können proconsules, propraetores, quaestores, legati, procuratores, praesides, vicarii, correctores sein und nur 'rex' bezeichnet sicher βασιλεύς, den Römischen Kaiser. Wir sind also bei der Bestimmung von Zeit und Ort der Abfassung durch die einzige, viel zu weite Bedingung beschränkt, einen Complex von fünf Landstrichen im Umfange des vom römischen Kaiser beherrschten hellenistischen Gebietes zu finden, dessen Verwalter die Criminal-Gerichtsbarkeit zustand. (Vergl. die Ausdrücke das.: *quum interimunt reos; reos condemnat*). Der terminus a quo für die Zeitbestimmung ist die neue Eintheilung der römischen Provinzen (27 v. Chr.), der terminus ad quem das vierte Jahrhundert. Denn im Anfange des fünften Jahrhunderts sind die Reden schon in's Armenische übersetzt worden (Aucher *praef.* zu *Phil. Jud. serm. tres* p. III, *Paral. praef.* p. II). Innerhalb dieses Zeitraumes und dieses Gebietes giebt es aber nicht weniger als vier oder fünf Ländercomplexe, bei welchen jene Bedingungen eintreffen. Die zuerst so viel versprechende Stelle kann daher nicht als sichere Stütze für die Zeitbestimmung angesehen werden.

Alle inneren Gründe aber weisen darauf hin, dass die Rede *in Sampson* nicht später als in der Mitte des zweiten Jahrhunderts gehalten worden ist. Die zwar nicht aus einem christlichen Ideenkreise stammenden, christlichen Anschauungen aber doch nahe verwandten Lehren, die wir in dieser Rede gefunden haben, deuten auf eine Zeit, in welcher den hellenistischen Juden christliche Anschauungen noch unbekannt sein konnten, in welcher Christenthum und Judenthum noch nicht so schroff einander gegenüberstanden, wie es nach dieser Zeit der Fall war. Später hätte schwerlich ein Jude Gedanken, die wir in §§ 3. 24 dieser Rede nachgewiesen haben, zumal in einer Predigt, vorbringen können, ohne den stärksten Anstoss zu erregen. Ein Grund aber, diese Rede in eine andere Zeit zu versetzen, als die *de Jona* überschriebene liegt nicht vor.

7. Das Buch Baruch und die apostolischen Constitutionen.

An einer merkwürdigen, wie es scheint bisher unbeachtet gebliebenen Stelle (V, 20) berichten die apostolischen Constitutionen von den Juden Folgendes: Καὶ γὰρ καὶ νῦν δικάτῃ τοῦ μηνὸς Γορπιαίου συναθροιζόμενοι τοὺς θρήνους Ἱερεμίου ἀναγινώσκουσιν, ἐν οἷς εἴρηται · (IV, 20) Πνεῦμα πρὸ προσώπου κτλ. καὶ τὸν Βαρούχ, ἐν ᾧ γέγραπται · (111, 36) οὗτος ὁ θεὸς κτλ. Καὶ ὅταν ἀναγνῶσι, κόπτονται καὶ θρηνοῦσιν, ὡς μὲν αὐτοὶ νομίζουσι, τὴν ἐρημίαν τὴν ὑπὸ Ναβουχοδονόσορ γενομένην, ὡς δὲ ἡ ἀλήθεια ἔχει, προοίμια ποιοῦνται ἄκοντες τοῦ μέλλοντος αὐτοὺς καταλαμβάνειν πένθους. Cotelerius (z. St.) bezieht diese Worte auf den Versöhnungstag. Er erklärt: *Decima Septembris, mensis septimi, die sancta et sollemni Expiationum, qua Judaeis animas suas affligere seu jejunare praecipitur Lev.* XVI, 29. XXIII, 27. *Num.* XXIX, 7. *In ea poterant Judaei Hellenistae etiam Baruchum Graece legere per Synagogas suas.* Es ist aber ganz undenkbar, dass am Versöhnungstage die Klagelieder Jeremias' verlesen worden seien und dass man an diesem Tage die Zerstörung Jerusalem's in den Synagogen unter Zeichen höchster Trauer beklagt habe. Das kann nur von dem Gedenktage der Tempelzerstörung berichtet werden, an welchem in allen Synagogen noch heute die Klagelieder Jeremias' verlesen werden. Dieser Tag ist nur nicht 'der zehnte,' sondern der neunte Ab. In den Constitutionen aber ist der zehnte gesetzt, weil nach der Bibel Jerem. 52, 12 (vgl. Josephus *b. J.* VI, 4, 5) der zehnte Ab der Tag der eigentlichen Zerstörung gewesen ist. Im babyl. Talmud Taanit 29a spricht R' Jochanan in der That es aus: 'Hätte ich in jener Zeit gelebt, so würde ich den Fasttag auf den zehnten 'Ab festgesetzt haben' (אלמלי הייתי באותו הדור לא קבעתיו אלא בעשרה).

Ist nun aber der Γορπιαῖος dem jüdischen Ab gleichzusetzen? Herr Dr. Zuckermann hat die Freundlichkeit gehabt, mir Antwort auf diese Frage zu geben. Aus seinen Untersuchungen ergiebt sich Folgendes: Von allen Kalendern, welche innerhalb des hellenistischen Ländergebietes Geltung gehabt haben und die einen Monat Gorpiäus kennen, kommen überhaupt nur drei in Betracht. Nach dem Kalender, der in Tyrus galt, fiel der erste Gorpiäus auf den 19. Septbr. (Ideler Lehrbuch 1 p. 435); nach dem der Bewohner von Gaza auf den 29. August (Ideler Lehrb. 1 p. 438 f.). Nach beiden würde nur der 10. Tischri, nicht der zehnte Ab mit dem 10. Gorpiäus zusammentreffen können. Nach der Zeitrechnung der Epheser dagegen fiel der erste Gorpiäus auf den 25. Juli (Ideler Lehrb. 1 p. 419), darnach kann der zehnte Gorpiäus nur dem zehnten Ab, nicht dem zehnten Tischri entsprechen. Dieser Kalender ist also der einzige, auf dessen Grund die Angabe der Constitutiones stehen kann.

8. Kritisches und Exegetisches zum Exordium; Grimm's Commentar.

Das Exordium unserer Schrift ist in übelster Verfassung auf uns gekommen. Den Uebersetzern und Erklärern aber hat es bisher kaum einen Anstoss gegeben. Es seien darum die nothwendigsten kritischen und exegetischen Bemerkungen hier zusammengestellt. Sie sollen zugleich erweisen, in wie vielen Stücken man über Grimm's Commentar — so verdienstlich diese erste Erklärung des ganzen Buches auch sein mag — hinauszugehen gezwungen ist und es rechtfertigen, dass ich oft stillschweigend oder kürzer, als der bekannte Name des Verfassers es wohl erheischt hätte, über die Anmerkungen meines Vorgängers hinweggegangen bin.

Gleich die ersten Worte unserer Schrift (270, 1) werden von Grimm falsch übersetzt. In der Verbindung λόγον ἐπιδείκνυσθαι bedeutet λόγος nicht 'Lehre, philosophischer Satz', was Grimm darunter versteht, sondern 'Rede'. λόγον ἐπιδείκνυσθαι heisst 'mit einer Prunkrede sich zeigen, auftreten'. s. Plato symp. 194 B ἐπιδείξεσθαι λόγους; Xen. Cyrop. V, 5, 47 λόγον ἐπιδειξόμενοι; Demosth. de corona p. 319 λόγων ἐπίδειξις. Ganz falsch erklärt das Medium als dynamisches Wahl s. v. ἐπιδείκνυμι: mea opera, meo exemplo demonstro.

270, 3 ὀρθῶς übersetzt Lloyd serio, Grimm 'ernstlich'. Dann würde, statt des Potentialis συμβουλεύσαιμ'ἄν, der Indicativ gesetzt worden sein. Denn das 'ernstliche' Rathen kann auch 'in attischer Feinheit' (Grimm) nicht wohl bedingt ausgesprochen werden. Es liegt nicht der mindeste Grund vor, von der eigentlichen Bedeutung des Wortes 'mit Recht' abzugehen (s. oben S. 12).

Der folgende Satz (270, 4) καὶ γὰρ — ὁ ἔπαινον ist, wie er oben im Texte (S. 12) übersetzt ist, so wohl verständlich, dass man nicht begreift, wie Grimm durch ihn in die entlegensten Irrgänge verleitet werden konnte. Ps. Josephus will sagen, dass aus den verschiedensten Gründen diese Rede gar wichtig sei und ganz besonders darum, weil sie das Lob der höchsten Tugend, nämlich der Einsicht enthalte und ihre Macht erweise. Sie zeige nämlich, dass wir kraft der Einsicht aller Gemüthsbewegungen Herr werden können (s. oben S. 53) und veranlasse uns dadurch, nach Einsicht, religiöser und philosophischer Erkenntniss zu streben. Nichts Anderes können doch die Worte bedeuten καὶ γὰρ ἀναγκαῖος εἰς ἐπιστήμην παντὶ ὁ λόγος καὶ ἄλλως τῆς μεγίστης ἀρετῆς, λέγω δὴ φρονήσεως περιέχει ἔπαινον. Auch die einzelnen Worte bedürfen keiner Erläuterung. Ueber den deiktischen Gebrauch des Artikels s. Krüg. § 50, 2, 1 — 3 und für das spätere Griechisch die Erklärer zu Röm. V, 5. Ueber λέγω δὴ φρονήσεως oder λέγω δὲ φρον. geben die Lexica Auskunft. Vgl. auch Krüg. § 57, 10, 5. Was findet nun aber Grimm in diesen so klaren Worten? Da λόγος 270, 1 nach ihm 'Lehre, philosophischer Satz' bedeutet, so kann es auch hier nicht 'Rede' bezeichnen. Es ist nach Grimm 's. v. a. Gebrauch der Vernunft'. Der erste Theil des Satzes würde dann besagen, dass 'der Gebrauch der Vernunft zur Erlangung religiöser Einsicht' nothwendig ist, ein Gedanke, der ebenso unbestreitbar ist, wie er in den Worten selbst sich nicht findet und unnütz und unpassend an dieser Stelle stünde. Angenommen nun aber, λόγος könne 'Gebrauch der Vernunft' heissen, und Ps. Josephus habe gleich im Eingange eine ganz hohle Redensart gebraucht, wie übersetzt Grimm das folgende φρονήσεως περιέχει (sc. ὁ λόγος) ἔπαινον? Der 'Gebrauch der Vernunft' 'umfasst', 'schliesst ein' 'das Lob der Einsicht'? Ist das verständlich? Ja, antwortet Grimm, fügt aber zur Erklärung hinzu, 'er (der Gebrauch der Vernunft) hat solches (das Lob) zur Folge'. Ist das verständlicher? Und heisst περιέχει 'zur Folge haben'? Ich muss beides verneinen. Nun sehe man noch in Grimm's Commentar die Vertheidigung des ὅτι (270, 5), wo Ps. Josephus aus der Construction gefallen sein soll, damit nur die Interpolation der gerade hier von Glossemen strotzenden schlechteren Handschriften zu Rechte bestehe; man prüfe ferner die Vertheidigung der Beispiele 270, 8—11; man lese endlich die sprachwidrige Uebersetzung von 270, 13 γελοῖον ἐπιχειροῦντες λέγειν[1]), das nach Grimm bedeutet, 'indem sie versuchen Lächerliches zu sagen d. h. unsere Lehre lächerlich zu machen' — und man wird mich der Mühe entheben, mehr Beispiele aus diesem doch recht fleissig gearbeiteten Theile des Grimm'schen Commentares anzuführen und zu widerlegen. Wichtiger ist es, den Text Ps. Josephus' von den Verunstaltungen zu säubern, welche eine plumpe Stümperhand ihm angehängt hat. Beginnen wir mit dem Satze 270, 11 πῶς οὖν — 17 εἴξαι.

Es ist oben erwiesen worden, dass Ps. Josephus streng nach den Vorschriften der Techniker seine Rede gearbeitet hat. Nun widerspricht es aber nicht bloss den Regeln der Schule, sondern allen Geboten des gesunden Menschenverstandes, in der Einleitung mit einem Einwande zu kommen, der am Schlusse des Erweises erst seine Stelle finden konnte. Keinen geringeren Fehler aber bürdet dieser Absatz unserem Verfasser auf. Und wenn er ihn begangen hat — was Grimm und alle früheren Uebersetzer bis auf die alte lat. Uebers., wie sie mir vorlag, unbefangen annehmen —, wie in aller Welt konnte er denselben Einwand mit denselben Worten nur zwei Capitel später (274, 21 f.) wiederholen? Wiederholen, ohne mit Einem Worte anzudeuten, dass er ganz dasselbe eben erst besprochen habe? Dort (274, 21 f.) nun aber passt Alles ganz vortefflich, was hier an so falschem Orte steht. Das Schema (S. 19) erweist es. Und noch mehr. Der Satz im dritten Capitel, der sich an die Parallelstelle unmittelbar anschliesst, οἷον ἐπιθυμίαν τις κτλ. (274, 25 f.) steht ausser Zusammenhang

---

[1]) s. Plato Gorg. 473 A ἄτοπά γε ὦ Σώκρατες, ἐπιχειρεῖς λέγειν; das. 471 E; Philo 51, 39 und tausend andere Stellen, wo einfach zu übersetzen ist 'es unternehmen, sich nicht scheuen, Lächerliches zu sagen'.

mit den ihm voraufgehenden Worten, bildet aber die trefflichste Fortsetzung unserer Stelle 270, 16 καὶ τούτων — 17 εἶξαι. Die Beispiele, die 274, 25 f. angeführt werden, passen nicht zu den unmittelbar vorstehenden Worten ἀλλὰ τῶν σώματος. Ja diese Worte sind ganz unsinnig. Denn wie, Ps. Josephus, der alle Gemüthsbewegungen in körperliche und seelische theilt, der wiederholentlich es ausspricht, dass über beide die Vernunft herrschen müsse (s. Grimm z. St.) sollte hier im schärfsten Gegensatze sagen wollen, dass sie nur über die körperlichen πάθη zu herrschen berufen sei? Trefflich aber fügt sich eines dem anderen, wenn man die Absätze 270, 11—17 und 274, 25 f. an einander schiebt. Dadurch gewinnen wir folgenden durchaus verständlichen, ja nothwendigen Zusammenhang. 'Die 'Vernunft herrscht über die Gemüthsbewegungen nicht, um sie zu zerstören, 'sondern um ihnen nicht zu weichen' (270, 16). 'Die Begierde z. B. kann 'man nicht ganz ausrotten, aber ihr nicht sklavisch dienen zu müssen, dazu 'kann die Vernunft uns befähigen'. Ebenso verhält es sich mit Zorn und Böswilligkeit (274, 25 — 275, 1). Wer sieht nicht, dass diese Gedanken in der innigsten Verbindung unter einander stehen? Der ganze Absatz 270, 11 πῶς — 17 εἶξαι ist (mit einziger Aenderung des εἴποιεν ἄν τινες in εἴποι ἄν τις nach S. 122) aus dem ersten Capitel zu entfernen, an den allein ihm gebührenden Platz an die Stelle der hässlich verunstalteten Worte 274, 21—25 zu versetzen und beiden Stellen wird geholfen sein.

Aber der Schaden, den das Proömium genommen hat, ist erst zur Hälfte durch diese Amputation geheilt. Auch das übrig gebliebene Glied 270, 6—11 ist nicht gesund. Der Zusammenhang ist doch folgender. Die Rede ist höchst wichtig; denn sie enthält das Lob der Einsicht, wenn es sich nämlich zeigen sollte (εἰ ἄρα), dass die Vernunft über die Affecte, welche der Besonnenheit im Wege stehen, herrscht. Nun ist φρόνησις freilich die umfassendste Tugend; aber σωφροσύνη steht ihr selbständig gegenüber und 'das Lob der Einsicht' geht nicht nothwendiger aus den Wirkungen der σωφροσύνη hervor, als aus denen der ἀνδρεία und δικαιοσύνη. Warum also gerade die σωφροσύνη in dieser Weise hervorgehoben wird, warum die übrigen Tugenden bloss mit ἀλλὰ καὶ (270, 8) angenestelt werden, sieht man nicht ein. Und wenn auch die Verbindung durch εἰ ἄρα gar gewöhnlich ist, hier, wo es sich um etwas wohl Erwartetes, Vorhergesehenes handelt, kann keine Conjunction stehen, die bedeutet 'wenn etwa, wenn allenfalls, was man nicht wissen kann', was man nicht erwarten sollte (Hartung Part. 1 p. 440; Winer Gramm. p. 414). Und wie tölpelhaft sind die Beispiele hier gewählt. Der σωφροσύνη soll 'sowohl Fresssucht wie Begierde' (γαστριμαργίας τε καὶ ἐπιθυμίας Z. 8) im Wege stehen, als ob Fresssucht keine Begierde wäre, und ein vernünftiger Mann, als welcher Ps. Josephus doch wohl gilt, in dieser Weise Art und Gattung mit τε καὶ neben einander stellen könnte. Der Gerechtigkeit soll ferner allein die 'Böswilligkeit' (Z. 10) gegenüberstehen, während sie nach 272, 5 das allerumfassendste πάθος ist, das sich in 'Völlerei, Gefrässigkeit, Trunksucht', sowie in 'Prahlerei, Habsucht, Ruhmsucht, Streitsucht und Klatschsucht' äussert, Gemüthsbewegungen, deren grösster Theil nicht als Hemmnisse der Gerechtigkeit angesehen werden kann (s. oben S. 57 f.). Und am Ende soll gar θυμός die Tapferkeit hindern (Z. 11). Nach Platon aber besteht in der rechten Beschaffenheit des θυμός eben die Tapferkeit; denn θυμός ist der Gesammtname für alle 'feurigen Affecte'. Die Bedeutung des θυμός ferner als 'Förderer der Tapferkeit' lehrt auch Aristoteles *Eth. N.* 1116 b 23 f. 1149, 25 f. und selbst die Stoiker, die, viel rigoroser als unser Prediger, alle Affecte und somit auch den Zorn verdammen, sind doch weit entfernt zu behaupten, dass er die Tapferkeit geradezu hemme. Vgl. Sen. *de ira* 1, 9, 2 f. 10, 2. Kurz, auch dieser Absatz kann, wie er jetzt vor uns steht, vom Verfasser nicht geschrieben worden sein.

Bedenken wir nun, dass wir hier auf einem, schon aus anderweitigen Gründen als unzuverlässig erkannten Boden stehen, dass unmittelbar auf diesen Satz die grosse Interpolation (270, 11—17) folgt und dass Nichts so häufig in Handschriften beschädigt worden ist, als der Anfang und das Ende derselben, so bietet sich uns eine Erklärung für den zerrütteten Zustand dieses Satzes von selbst dar. Unsere Predigt war in Columnen auf einer Rolle geschrieben. Der untere Theil der ersten Columne hatte stark gelitten und nur Trümmer des Ursprünglichen waren sichtbar, als der Interpolator sein Geschäft begann. Von ihm rührt nun das εἰ ἄρα (Z. 6) her, von ihm die schlecht gewählten Beispiele (270, 8—11) und da hiermit der leere Raum noch nicht ausgefüllt war, so schrieb er noch einen etwas grösseren Satz bei, eben jenes Füllsel aus Cap. 3 (274, 21 f.), das hier einigermaassen zu passen schien. Gerade so finden wir auch in W einen Satz aus Cap. 5 an das Ende des dritten Capitels gestellt und ein ähnliches Verhältniss ist in geringerem Maasse 295, 3 noch aus unseren Handschriften nachzuweisen. Die Märtyrer litten standhaft, so heisst es 294, 32 .. ταῖς διὰ πυρὸς ὀδύναις, ὧν τί ἂν γένοιτο ἐπαλγέστερον; ὀξεῖα γὰρ καὶ σύντομος ἡ τοῦ πυρὸς οὖσα δύναμις (s. Hor. *carm.* III, 4, 76) ταχέως διέλυσε τὰ σώματα αὐτῶν· καὶ μὴ θαυμαστὸν κτλ. So die Vulgata, die Grimm, der immer bereit ist, Sünden der Abschreiber dem Verfasser auf's Kerbholz zu schreiben, zu einem langen Satze gegen die 'Schönrednerei' des 'Declamators' veranlasst. Nur dass Grimm bloss den halben Widerspruch hervorhebt. Denn, wie er hier steht, beschränkt dieser Satz nicht bloss das der Ausdauer der Jünglinge gespendete Lob, wie Grimm angiebt, sondern hebt sich selbst auf. 'Nichts ist schmerzlicher' — so lautet er jetzt — 'als 'Feuerqualen; denn des Feuers Macht scharf und schnell, wie sie ist, zer'störte rasch ihre Leiber'. Ist das nicht baarer Unsinn? Weil das Feuer schnell ihren Leiden ein Ende machte, darum ist Nichts schmerzlicher als Feuerqualen? Und hat das Feuer denn wirklich so rasch an ihnen sein Werk gethan? Wurden nicht Einige, wie Ps. Josephus selbst angiebt, langsam zu Tode geröstet? (s. 287, 20 f. 290, 23 f.) Spricht nicht Grimm an letzterem Orte selbst von 'allmälich Verbrennen' (p. 342)? Nun fehlt aber αὐτῶν gerade in den besten Handschriften nach σώματα (295, 3). Das führt uns auf das Richtige. Der Gedankengang ist nämlich folgender: 'Sie blieben standhaft auch in den allerschmerzlichsten 'Feuerqualen, denn des Feuers Macht schnell und scharf pflegt sonst die 'Körper rasch zu verzehren' (διέλυσι gnom. Aorist.). Darauf folgte offenbar ein Satz, der angab, wie an den Heldenbrüdern des Feuers Schnelligkeit gehemmt ward, um ihre Leiden zu vergrössern. Dieser Satz fehlt. So ward διέλυσι als Bezeichnung eines wirklichen Factums vom Interpolator, wie von Grimm angesehen, τὰ σώματα auf die Märtyrer bezogen und diese Beziehung in den schlechteren Handschriften durch ein αὐτῶν noch klarer ausgedrückt.

Dasselbe Verhältniss, eine Lücke durch Stümperhand ausgeflickt, Zuthaten eines Interpolators an das Richtige angeheftet, haben wir nun auch in dem Absatze 270, 6—11 anzuerkennen.

Der Schaden geht zu tief, als dass er mit unseren Mitteln sicher zu heilen wäre. Es muss genügen, die wunden Stellen überhaupt erkannt zu haben. Als sicher darf es wohl ausgesprochen werden, dass εἰ ἄρα (270, 6) nicht in dieser Fügung von Ps. Josephus geschrieben worden ist und dass von ihm nicht dieser Knäuel von unglücklichst gewählten Beispielen (270, 8 — 11) herrührt. Als sicher kann es ferner angesehen werden, dass πολλαχόθεν (270, 17) nicht unmittelbar an ἔπαινον (270, 6) sich anschloss. Das wird schon durch das μὲν οὖν (270, 17) erwiesen. In der syrischen Uebersetzung finden wir zwar schon die Interpolation; 270, 5 dagegen scheint dem Verfasser ein anderer Text vorgelegen zu haben. Der Mail. cod. liest: אִין ניר אליצאית לבלש השתא יהוראית לאילין דלנין למיחרותא טעינא ניר רעינא רמיסא, wo aber offenbar nach ניר טעינא eine Lücke ist, die aus einem Oxforder cod. wirklich mit ד קלוסא ausgefüllt werden kann. Doch hierüber werden wir wohl von Bensly eingehendere Belehrung empfangen, als meine ungenügende Kenntniss des Syrischen zu geben vermag. Um wenigstens die Richtung anzugeben, welche der Gedankengang Ps. Josephus' selbst genommen haben mag, sei der Satz 270, 6—11, wie er von seinen Anhängseln befreit, mit theilweiser Ergänzung der Lücken

gelautet haben kann, hier angeführt.... Ἴκαιρον. ⟨πάντων γὰρ⟩ τῶν σωφροσύνης κωλυτικῶν παθῶν ὁ λογισμὸς φαίνεται ἐπικρατεῖν, ⟨οἷον⟩..... ἀλλὰ καὶ
τῶν τῆς δικαιοσύνης ἐμποδιστικῶν παθῶν κυριεύειν ἀναφαίνεται, οἷον ... καὶ τῶν
τῆς ἀνδρείας ἐμποδιστικῶν παθῶν, καὶ πόνου καὶ φόβου (270, 6—11)· πολλαχόθεν μὲν οὖν κτλ. (270, 17).

Wir gehen in der Säuberung des Textes weiter. 270, 19 ist mit allen
Handschriften ἀποδείξαιμι zu schreiben. Ueber das fehlende ἄν vgl. Krüg.
§ 69, 6, 4. 271, 1 ist τῶν mit der Mehrzahl der Handschriften zu streichen; denn von den sieben Brüdern wird hier als von noch Unbekannten
gesprochen. 271, 2 f. kann nicht, wie es die Vulgata bietet, von Ps. Josephus geschrieben sein. Τῶν vor ὑπὲρ ist mit AM 𝔅 jedenfalls zu streichen; denn ὑπὲρ τῶν τοῦ θεοῦ νόμων gehört nicht als Attribut zu πόνων,
sondern als Adverbium zu καταφρονήσαντις. Der Satz 271, 4 τὸ ζῆν αὐτῶν
ὑπεριδόντες enthält abgesehen von dem uncorrecten Demonstrativum einen
Schnitzer, den Genitiv beim Inf., wie er schon nach dem oben S. 25 f.
Berührten und in Note 10 weiter Auszuführenden vom Verfasser nicht
geschrieben sein kann. Die meisten Handschriften der Familie 𝔄, ihnen
voran S, lesen statt ἅπαντες (271, 2) — ὑπεριδόντες (271, 4) bloss Folgendes: ἅπαντες γὰρ οὗτοι τοὺς ἕως θανάτου πόνους ὑπεριδόντες κτλ., wie
denn 𝔄 überhaupt an vielen Stellen frei ist von ähnlichen ungrammatischen
Zusätzen (s. Note 10). Aus sprachlicher Scrupulosität aber hat der Schreiber des Stammcodex von 𝔄 sicherlich unsere Stelle nicht verstümmelt;
denn er stand selber mit der Grammatik nicht auf bestem Fusse. (Vgl.
den Satz IV, 12, wie er in 𝔄 erhalten ist). Hier zumal wäre gewiss der
Schnitzer um des frommen Inhaltes willen gern in den Kauf genommen
worden. Die beiden Sätzchen in 𝔅 sind also zu streichen und das Ganze
ist aus 𝔄 zu verbessern. Die Interpolation rührt von Jemanden her, der
das Lob der Märtyrer, wie es ursprünglich hier geschrieben war, für zu
gering hielt und aus Parallelstellen, wie 280, 15. 281, 24. 282, 9. 283,
8. 25. 300, 18. 24; Joseph. b. J. 1, 1, 5. Ant. XI, 6, 3 und anderen
hinzuzufügen sich für genöthigt hielt, dass sie 'für Gottes Gesetze' gestorben seien, dass sie 'um der Frömmigkeit willen ihr Loben gering achteten'.
Das auf ὑπεριδόντες folgende unverständliche ἐπεδείξαντο (271, 4) in 𝔄 ist
dagegen mit 𝔅 in ὑπέδειξαν (Vulgata seit Lloyd) zu verwandeln. Ueber
τοῦτον statt ἐκεῖνον (270, 6) ist schon oben (S. 107) das Nöthige gesagt
worden. 271, 10 ist statt des Compositums κατακικισμένων mit 𝔄 das
seltenere, aber gute αἰκισαμένων zu schreiben. 271, 14 ist die Lesart 𝔅's
ἀλλὰ καὶ περὶ τούτων (nämlich über die Makkabäer) αὐτίκα δὴ λέγειν ἐξέσται
ἀρξαμένῳ κτλ. unbedenklich aufzunehmen. Die Verderbung in ἀλλὰ καὶ περὶ
τοῦ ζητουμένου αὐτίκα κτλ. ist leicht zu erklären. Aus περὶ τούτων war in

ἃ περὶ τούτου geworden. αὐτίκα δὴ glaubte man nur auf das unmittelbar Folgende beziehen zu können. So ward denn hier aus 271, 18, wo die richtige Lesart (nach S. 21) ζητουμένου τοίνυν τούτου ist, statt des unbestimmten τούτου ein entschiedenes τοῦ ζητουμένου aufgenommen, das sich aber bloss in 1; κ findet und Vulgata geworden ist. 1 fügt nach περὶ τοῦ noch νῦν ein. Welche nichtige Autorität aber diese Handschrift und diese Ausgabe besitzen, ist in Note 2 gezeigt worden. Dass auf nicht festeren Stützen die Lesart der Vulg. ὥσπερ εἰώθαμεν (271, 15) ruht, haben wir oben S. 16, 2 berichtet.

9. Kritisches und Exegetisches zur Conclusio; Gregorius von Nazianz.

Dass der Schluss unserer Predigt von Ps. Josephus nicht so gesprochen und geschrieben sein kann, wie alle Handschriften und alle mir bekannt gewordenen Uebersetzungen im Wesentlichen übereinstimmend ihn geben, darüber ist nur Eine Stimme unter den Urtheilsfähigen. Kein Wort ist darüber zu verlieren, dass der Absatz 302, 3 — 28 nicht von Ps. Josephus herrührt. Seit Lowth (bei Haverk. II, 519[d]) hat nur Bretschneider (a. a. O. p. 315) die Echtheit desselben aufrecht zu erhalten gewagt. Mit seinem schlechten Griechisch, mit seiner Citirwuth, mit seinen von den Anschauungen Ps. Josephus' weit abliegenden Gedanken (s. besonders 302, 5 f.) sticht dieser lose gebaute Satzhaufen von der übrigen Rede ab, wie ein elender Lappen von einem prächtigen Gewande. Das ist aber eine schlechte Kritik, die, um diesen Lappen zu entfernen, ihn nicht behutsam aus seinen Näthen löst, sondern ein grosses Stück aus dem echten Kleide mit fortwirft. Das aber hat man gethan. Nicht die mindesten, sachlichen oder sprachlichen Bedenken lassen sich gegen die Umgebung der Interpolation (301, 25 — 302, 2 und 302, 29 — 303, 7) erheben, Stellen, die zugleich mit diesem Einschiebsel von der Mehrzahl der Beurtheiler verdammt wurden. Nur Lowth (a. a. O.), Dähne (a. a. O. p. 196 f.) und wie es scheint auch Ewald (IV[3] 633) halten an der Echtheit wenigstens des ersten Stückes fest. Unmöglich aber kann derselbe Mann, der 302, 3 — 28 schrieb, diese gezierten aber prächtig klingenden und mit dem Tone der übrigen Rede trefflich zusammenstimmenden Sätze (302, 29 — Ende) verfasst haben. Man tadelt freilich die gesuchten Wendungen dieses Absatzes. Aber schreibt denn Ps. Josephus sonst in puritanischer Einfachheit eines Lysias? Spart er etwa an anderen Stellen Assonanzen, Antithesen, Pleonasmen und andere Figuren, die sich hier finden? Vgl. πικρᾶς καὶ οὐ πικρᾶς (302, 29) (πικρὸς 302, 29 ist mit der syr. Uebersetzung wahrscheinlich zu streichen); *λίβησιν ώμοΐς καί ζέουσι θυμοΐς* (302, 30); *μετῆλθε καί μετελεύσεται* (303, 3). Kann diese Prunksucht bei einem Manne uns befremden, der sich als gelehrigen Schüler der Asiani, als wahren *κομποφακελορρήμων*, um mit Aristophanes zu reden, schon oben entpuppt hat? Der Urheber der Interpolation 302, 3 — 28 ist ein frommer Christ gewesen (s. Note 14). Würde ein solcher Mann es vergessen haben, bei der feierlichen Stimmung, die diesen Theil der Rede durchzieht, in die Schlussworte ein Tröpfchen christlicher Gesinnung mit einfliessen zu lassen? Oder sollen wir annehmen, dass zwei verschiedene Interpolatoren hier an dem Schlusse der Predigt thätig gewesen sind? Auch diesem Einwande lässt sich begegnen. Der Mann, der seine Rede nicht beginnen wollte, ohne laute, verherrlichende Lobpreisung Gottes, hat wahrscheinlich auch ähnlich geschlossen. Die Doxologie 271, 16 schützt die ähnliche Formel 303, 7 und damit auch die vorhergehenden Worte. Wie passend aber auch dem gesammten Organismus der Rede dieser Absatz (303, 29 f.) sich einfügt, erweist die Disposition, wie sie oben S. 18 f. entwickelt wurde.

Geradezu unentbehrlich aber für den Gesammtinhalt der Rede ist der Absatz 301, 25 — 302, 2. Vielfältig hatten die Märtyrer dem Tyrannen das Eintreffen des göttlichen Strafgerichtes vorhergesagt. Je schrecklicher die Grausamkeit des Antiochus gewesen war, desto mehr forderte es der Gerechtigkeitssinn des Predigers, zu erzählen, wie diese Voraussagung an dem Wütherich sich erfüllt habe. Ja, die so häufigen kurzen Anspielungen auf seine zeitliche und ewige Bestrafung scheinen diese Erzählung selbst vorbereiten zu sollen (s. 286, 31. 288, 20. 291, 32. 292, 1. 293, 11. 301, 9). Die Nachrichten von dem furchtbaren Tode des Antiochus aber hat Ps. Josephus sicher gekannt; er mag nun das II MB. oder — was oben erwiesen ward — Jason von Kyrene benutzt haben. Was in aller Welt soll uns also hindern, den Absatz 301, 25 f. eben als den Anfang dieser Erzählung anzusehen? Die Sprache ist durchaus die der historischen Stücke unseres Buches. Von dem geschmacklosen, ungrammatischen Interpolator aber sind sicherlich nicht Wendungen ausgegangen, wie etwa 301, 25: *προϊέμενοι τὰ σώματα τοῖς πόνοις*. Aber freilich nur den Anfang dieser Erzählung lesen wir hier. Dass eine Lücke nach 302, 2 uns die Fortsetzung derselben raubt, ist schon oben (S. 121) gezeigt worden.

Jetzt erst können wir den Absatz 301, 11 — 19 einer genaueren Untersuchung unterwerfen; denn diese Untersuchung hängt von der Entscheidung über die besprochene Stelle (301, 25 — 302, 2) ab. So viel ist klar: Beide zugleich sind nicht zu halten. Wenn der Tyrann 'im Leben und nach dem Tode' soll gezüchtigt worden sein (301, 30), so kann nicht unmittelbar vorher von ihm berichtet werden, dass er 'alle seine

Feinde insgesammt vernichtet und besiegt habe', denn das ungefähr besagen doch die Worte (301, 19) *ἐκπορθήσας ἐνίκησε πάντας τοὺς πολεμίους* (so ist statt *τοὺς πάντας* mit 𝔄 zu lesen). Aber diese Worte stehen auch in Widerspruch mit allen oben angeführten Stellen, die von einer Bestrafung des Tyrannen reden. Sie sind vollends verwerflich, wenn Cap. 17 das letzte unserer Rede sein sollte. Sehr richtig hat schon Dähne (a. a. O. p. 197) es hervorgehoben, dass Ps. Josephus über König Antiochus 'dessen Schand- 'thaten er erzählte, dem er .. die schmäligsten Strafen verkündigt 'hatte', nicht 'da zu reden aufhören konnte, wo er dessen späteren Triumph 'berührt, während er von den grossen Unglücksfällen, die denselben kurze 'Zeit nach seiner Tyrannei trafen, wissen musste.' Das ist richtig, auch wenn die kurze Vermahnung (301, 19 — 24) noch zu der Schilderung des Triumphes hinzukommt; was gegen Grimm's Bemerkung p. 368 gesagt sein mag. Aber darin irrt Dähne, dass er beide Stücke als echte Bestandtheile der Predigt ansieht. Gegen den Absatz 301, 11 — 19 sprechen ausser dem Widerspruch mit allem Vor- und Nachstehenden auch entschiedene sachliche und sprachliche Bedenken. Die Worte *καὶ διὰ τοῦ αἵματος* (301, 11 f.) sind eine unnütze Wiederholung des Früheren. Das *γὰρ* (301, 13) schliesst nicht genau an das Voraufgehende *ἡ θεία πρόνοια κτλ.* an. Denn hat Gott Israel darum gerettet, 'weil Antiochus in Bewun- 'derung des Heldenmuthes der Makkabäer sie seinen Soldaten zum Muster 'aufstellte, diese so zu tapferen Kämpfern machte und alle seine Feinde 'besiegte?' Ist das ein Grund für das Voraufgehende? Freilich ist der ganze Absatz so abgeschmackt, dass er überhaupt Nichts begründet. Ebenso wenig passt das Ende dieses Einschiebsels zur darauf folgenden, von Niemanden angetasteten Vermahnung (301, 19 f.). Zwischen dieser Anrede und der Schilderung des Triumphes des schandbaren Königs klafft eine geradezu unausfüllbare Lücke. Dem *τύμφ τούτῳ* (Z. 21) zumal fehlt jede Beziehung. Wer wird ferner glauben, dass Ps. Josephus Ausdrücke wie *ἀνδρείαν τῆς ἀρετῆς* (Z. 13), wie *ἔσχε τε αὐτοὺς γενναίους καὶ ἀνδρείους εἰς πιξομαχίαν καὶ πολιορκίαν* (Z. 17) sich erlaubt habe, abgesehen von dem Verstoss gegen die grammatische Correctheit, wie ihn das *αὐτοῦ* (Vulg.) oder *αὐτοῖς* (𝔅) (Z. 16) aufweist? (s. Note 10.)

Man mag daher sich selbst ein Urtheil über die Gründlichkeit der Kritik bilden, die nicht wegen der Zeilen 301, 25 — 302, 2 die vorstehenden Worte (301, 11—19) tilgte, sondern wegen des letzteren, von Schwierigkeiten aller Art strotzenden Anhängsels (301, 11—19) den ersteren ebenso sachgemässen wie sprachlich anstossfreien Absatz als Interpolation verurtheilte.

Mit der Entfernung der Sätze 301, 11—19 haben wir aber nur Ps.

Josephus von einem unschönen Auswuchse befreit, den ursprünglichen Zusammenhang aber doch nicht wiederhergestellt. Denn zwischen den Worten 301, 13 und 301, 19 gähnt noch immer eine Kluft, die selbst, wenn wir mit cod. Paris. 1053 τοῦ θεοῦ statt τούτῳ (Z. 21) lesen, sich fühlbar macht. Sie wenigstens ihrem Inhalte wenn auch nicht dem Wortlaute nach ausfüllen hilft ein Passus, den wir bei Gregorius von Nazianz finden.

Dass Gregorius dem IV MB. in seinen historischen Angaben folgt, ist oben (S. 30) erwiesen worden. Auch der sprachliche Ausdruck klingt an die alte jüdische Predigt an. So gegen Ende. Man vergleiche unter Anderem nur folgenden Satz:

IV MB.	Gregorius.
300, 32 τίνες οὐκ ἐθαύμασαν τοὺς τῆς θείας νομοθεσίας ἀθλητάς; ... αὐτός γέ τοι ὁ τύραννος καὶ ὅλον τὸ συμβούλιον αὐτῶν ἐξεθαύμασαν τὴν ὑπομονήν.	407 D τούτων τὴν καρτερίαν ἐθαύμασε μὲν ἡ Ἰουδαία πᾶσα ... 408 A ἠγάσθη δὲ καὶ Ἀντίοχος, οὕτω μεταβαλὼν εἰς θαῦμα τὴν ἀπειλήν.

Unmittelbar hierauf folgt nun bei Gregorius Folgendes: ὥστε καὶ ἀπῆλθεν ἄπρακτος, πολλὰ μὲν τὸν πατέρα Σέλευκον ἐπαινέσας τῆς εἰς ἔθνος τιμῆς καὶ τῆς εἰς τὸ ἱερὸν μεγαλοψυχίας, πολλὰ δὲ Σίμωνα τὸν ἐπαγαγόντα μεμψάμενος, ὡς καὶ τῆς ἀπανθρωπίας αἴτιον, καὶ τῆς ἀδοξίας· τούτους μιμώμεθα καὶ ἱερεῖς καὶ. Diese Nachrichten müssen dem Publikum, das Gregor's Rede hörte, sehr seltsam geklungen haben. Denn weder ist der Name des Seleukus noch der des Simon früher genannt worden und beide sind nicht so berühmt, dass Gregorius ohne Weiteres das im IV MB. von ihnen Erzählte als bekannt voraussetzen durfte. Die Angabe, Seleukus sei der Vater des Antiochus gewesen, zeigt, dass eine Entlehnung aus dem IV MB. vorliegt, das allein hiermit übereinstimmt (s. oben S. 30). Nur als Auszug aus dieser seiner Vorlage, ist diese Notiz in Gregorius wenigstens zu entschuldigen. Nehmen wir das an, so erklärt sich auch eine andere bisher räthselhaft gebliebene Erscheinung im IV MB. selbst. Die an der Spitze der laudatio stehende Erzählung von dem versuchten Tempelraube, von Apollonius und Simon schwebte bis jetzt in der Luft. Es fehlte jede innere Verknüpfung zwischen ihr und den nachfolgenden Ereignissen. Hat aber Antiochus selbst — wie es Gregorius' Worte andeuten — auf jene alten Ereignisse Bezug genommen, so wird jene Erzählung gleichsam eine Warnungstafel für ihn selbst und alle späteren Feinde des jüdischen Tempels. Damit wird erst die laudatio ein in sich wohl gerundetes Ganze, das bis dahin einen Fuss zu wenig und einen Kopf zu viel hatte. Da nun die ganze Umgebung dieser Stelle bei Gregorius dem IV MB. nachgebildet ist (vgl. Greg. 408 A ἠγάσθη δὲ καὶ Ἀντίοχος = IV MB. 301, 1 αὐτός γέ τοι ὁ τύραννος κτλ.; Greg. 408 B τούτους μιμώμεθα κτλ. = IV MB. 301, 19 ὦ τῶν Ἀβραμιαίων... ἀπόγονοι, πείθεσθε κτλ.), so werden wir keiner zu kühnen Vermuthung Raum geben, wenn wir annehmen, dass die Lücke, welche jetzt nach Ausfall der Zeilen 301, 11 — 19 im IV MB. entsteht, in Gregorius' Exemplar sich noch nicht vorgefunden hat, dass sie ausgefüllt war durch einen dem aus Gregorius entlehnten ähnlichen Passus, dessen Schluss wieder zum νόμος zurückführte und so eine Verknüpfung mit dem unmittelbar folgenden (νόμῳ τούτῳ) gewährte. Die Verderbung entstand ähnlich wie im Eingange der Rede. Die untersten Theile der vorletzten zwei Columnen waren verblasst oder sonst unleserlich geworden. Den leeren Raum füllte ein Interpolator durch die Worte 301, 11 — 19 und 302, 3 — 28 aus.

10. Sprachliches.

Einige Beispiele mögen zeigen, wie Unrecht man thun würde, wollte man auf Grund des heutigen Textes ein Urtheil über den Sprachgebrauch Ps. Josephus' abgeben. Manches hat freilich schon oben beseitigt werden können, was durch Abschreiber und Interpolatoren von grammatischen Schnitzern Ps. Josephus angehängt worden ist (s. S. 26. 123. 154. 157). Eine unendlich grössere Zahl von fremden Fehlern aber ist noch übrig, die jetzt das Urtheil über unseren Verfasser beirren.

276, 29 steht noch immer in den Ausgaben ἐπιτευσάντων τῷ θεῷ, obgleich alle Handschriften den weit üblicheren Accusativ τὸν θεὸν darbieten. 280, 15 liest man ἀσεβῶν μὲν γάρ με τυραννήσεις. Kaum begreift man, dass Bekker das ohne Anstand hat stehen lassen können. Die Handschriften haben ἀσεβῶν μὲν τυρ. (B); ἀσεβῶν μὲν γάρ τυραννήσεις (A). Das letzte ist das Richtige. Den bedenklichen Accusativ nach τυραννεῖν hat erst Lloyd durch Einfügung des με statt μὲν an falscher Stelle geschaffen. Der Sinn der rechten Lesart A's ἀσεβῶν μὲν γάρ τυρ. ist einzig passend: 'Ueber Gottlose magst du herrschen', sagt Eleasar zu Antiochus, 'meine Gedanken aber... wirst du niemals meistern.' 286, 10 steht noch immer der Genitiv nach συμβουλεύω, wo mit allen Handschriften der vollkommen correcte einfache Infinitiv zu schreiben ist.

286, 27 τὰς ἡμῶν ψυχάς; 286, 31 τὴν ἡμῶν μιαιφονίαν; 293, 15 εἰς τοὺς κόλπους αὐτῶν stehen die Pronomina in falscher Stellung. Das hätte nun an und für sich nichts Auffallendes; denn in den nachklassischen Schriftstellern finden wir zahlreiche Abweichungen von der von Krüger (§ 47, 9, 12; Dial. § 47, 9, 5) gegebenen Regel. Ps. Josephus aber zeigt gerade in diesem Punkte eine grosse Genauigkeit, die sich an mehr als

60 Stellen bewährt. Scheinbare Abweichungen wie 279, 32. 281, 24. 286, 14. 26. 288, 1. 14. 17. 290, 3. 14. 293, 19 rechtfertigt Krüg. § 47, 9, 16. 293, 15 aber wird εἰς τοὺς πόλεμους αὐτῶν von 𝔄 verdammt und mit Recht. Es ist ein Glossem, von einem christlichen Leser hinzugefügt aus Luc. 16, 22. Erst nach Ausscheidung dieser Worte erhält der Satz eine schöne Abrundung und Niemanden wird das absolute ὑποδέξονται stören. Εἰσδέξονται findet sich ja auch 280, 14 in derselben Verbindung. Auch 277, 32 ist mit 𝔄 τὰς ἑαυτοῦ ἀπειλὰς statt τὰς ἀπειλὰς αὐτοῦ zu lesen. 286, 27 hat A, über dessen oft vortreffliche Lesarten in Note 2 berichtet worden ist, das richtige τὰς ψυχὰς ἡμῶν. So wird man denn auch 286, 31 sich entschliessen, mit leichter Aenderung διὰ τὴν μιαιφονίαν ἡμῶν zu schreiben. Aehnliche Umstellungen des Textes haben die Handschriften an gar vielen Stellen vorgenommen. Durch eine solche gewinnt Hercher an einer schwierigen Stelle (286, 24) einen klaren Gedanken (bei Bekker Josephus vol. VI praef. p. IV) und wahrscheinlich ist auch 273, 19 zu lesen ὑπὸ τοῦ λογισμοῦ κρατεῖται διὰ τὸν νόμον statt ὑπὸ τοῦ νόμου κρατεῖται διὰ τὸν λογισμόν (vgl. 273, 11. 30).

Ein ähnliches Verhältniss stellt sich bei dem Gebrauche der Negationen heraus. Die nachklassische Grācität hält den Unterschied zwischen οὐ und μή nicht fest (s. Schömann zu Plut. *Agis* p. 93. 102. 140 und die das. angeführten Schriftsteller). Ps. Josephus selbst gestattet sich μή bei Participien (273, 20. 21. 24. 31. 274, 12. 276, 14. 281, 29. 288, 32); nach ἐπεί 277, 30, wo der strengere Gebrauch der Attiker οὐ verlangt. Damit aber ist μηδέ nach ὅτι (283, 28) nicht zu rechtfertigen und gern nimmt man hier aus 𝔄 οὐδέ auf.

281, 14 bietet die Vulgata zugleich einen Hebraismus μὴ γένοιτο (s. Sturz *de Dial. Maced. et Alex.* p. 205) und einen grammatischen Fehler, dessen Gleichen selbst die LXX und die Schriften des neuen Testamentes nicht kennen, γένοιτο ἵνα (s. Winer a. a. O. p. 314). Leere Ausflüchte sind es, wenn Grimm (z. St.) meint, ἵνα sei ἐκβατικῶς gesetzt, welcher Gebrauch des Wortes nach γίγνεσθαι doch eben erst zu belegen wäre; oder wenn er angiebt, der Erfolg werde hier 'nur rhetorisch in die Absicht des Redners verlegt', was ganz unverständlich ist, denn 'die Absicht des Redners' ist gerade im Gegentheil μὴ οὕτω κακῶς φρονήσαιμεν. Mit 𝔄 ist γένοιτο ἵνα einfach zu streichen.

Als interpolirt erweist sich auch eine andere Stelle 284, 16. Hier las Lloyd aus 𝔄 und 𝔅 καὶ τὸν θεὸν φοβούμενοι καὶ ἐν παντὶ χαρίεντες zusammen. Das billigt auch Grimm, ohne mit Einem Worte der Hebraismen θεὸν φοβούμενοι und ἐν παντὶ χαρίεντες zu gedenken. Das erste Glied καὶ τὸν θεὸν φοβούμενοι fehlt aber in 𝔄, das zweite καὶ ἐν παντὶ χαρίεντες in 𝔅; in

A sind sie in umgekehrter Ordnung geschrieben. Wer dem gegenüber mit Grimm die Lesart dieses Einen, stark interpolirten Codex — jedenfalls aber in umgekehrter Ordnung der Sätze, als die Vulgata liest — festhalten will, mag es thun. Ich halte beide Sätzchen für Zuthaten unseres, uns nun schon recht gut bekannten, ungrammatischen Interpolators, die dem Rande des Archetypus zugeschrieben, zum Theil in 𝔄, zum Theil in 𝔅 und nur in A vollständig eindrangen. Wie viel der Text an Sauberkeit und Klarheit durch die Entfernung dieses Einschiebsels gewinnt, ist einleuchtend.

Dass ein Schriftsteller das Recht hat, nach längerem oder mehrgliedrigem Vordersatze, insbesondere, wenn derselbe durch Parenthesen erweitert ist, den Vordersatz mit $οὖν$ nochmals aufzunehmen und hieran erst den Nachsatz zu schliessen, das ist so gewöhnlich, dass man hierfür auf irgend welche Autoritäten sich nicht zu berufen braucht. Ohne Anstoss lesen wir also das Satzgefüge 277, 30 — 278, 6, wie die Vulgata es giebt, mit den nothwendigen Aenderungen, die keiner Begründung mehr bedürfen, nämlich 277, 30 $καὶ ἐπεὶ$ statt $ἐπειδὴ δέ$; Z. 31 $τὴν τοῦ ἔθνους εὐνομίαν$; Z. 32 $τὰς ἑαυτοῦ ἀπειλάς$ (s. S. 160); 278, 5 $ἕκαστον τοῦ ἔθνους$, Lesarten, die entweder 𝔄 oder beide Classen der Handschriften empfehlen. Einen wirklichen Anakoluth aber bildet das Satzgefüge 292, 17 $ὥσπερ γὰρ$ — 22 $πόνων$, so wie es jetzt gelesen wird. Denn dem mit $ὥσπερ$ eingeleiteten Adverbialsatze fehlt der Nachsatz. Der schroffe Uebergang (292, 18) mit $νυνὶ δέ$ lässt sich auch nicht mit den von Bonitz Arist. Stud. III p. 133 f. 137 f. angeführten Fällen auf eine Linie stellen. Hier nun bietet der beste Codex S den erwünschtesten Ausweg, auf den uns auch die Vergleichung einer Parallelstelle hinweist. Stellt man den Satz 292, 15 f. neben das hiesige Satzgefüge, so verschwindet jedes Bedenken, mit S folgendermaassen zu lesen:

292, 15:	282, 11:
… $συνωμολόγηται πανταχόθεν$, $ὅτι αὐτοδέσποτός ἐστι τῶν παθῶν ὁ εὐσεβὴς λογισμός$· $εἰ γὰρ τοῖς πάθεσι δουλωθέντες$ 5. $ἐμιαροφάγησαν$, $ἐλέγομεν ἂν τούτοις αὐτοὺς νενικῆσθαι$· $νυνὶ δὲ οὐχ οὕτως$, $ἀλλὰ τῷ$ κτλ.	$ὁμολογουμένως οὖν δεσπότης τῶν παθῶν ἐστιν ὁ εὐσεβὴς λογισμός$. $εἰ γὰρ τὰ πάθη τοῦ λογισμοῦ ἐκεκρατήκει$, $τούτοις ἂν ἀπέδομεν τὴν τῆς ἐπικρατείας μαρτυρίαν$· $νυνὶ δὲ τοῦ λογισμοῦ τὰ πάθη νικήσαντος$, $αὐτῷ προσηκόντως$
4. $εἰ γάρ$] $ὥσπερ γὰρ εἰ$ 5 $τούτους$	κτλ.

11. Pseudo-Phokylides.

Bernays in seiner glanzvollen Schrift über Ps. Phokylides stützt seine Ansicht, derselbe sei ein Anhänger des Peripatos gewesen, auf drei Verse.

Der erste von diesen (V. 59) lautet: ἔστω κοινὰ πάθη· μηδὲν μέγα μηδ' ὑπέροπλον. In diesem Verse — behauptet Bernays p. IX, 2 — 'ist κοινὰ soviel wie das aristotelische μέσα, nach dem späteren Sprachgebrauch, der alles Mässige, alles, was nicht περιττὸν ist, κοινὸν nennt'. Diese Bedeutung von κοινὸν zugegeben, dürfte es sich doch wohl noch fragen, ob Ps. Phokylides einen Gemeinplatz wie den, dass die Leidenschaften 'mässig' sein sollen, aus Aristoteles entlehnt haben müsse, mit dessen Terminologie seine Worte nicht übereinstimmen. Es dürfte sich ferner fragen, ob er diesen Gedanken nicht ebenso gut der Lehre von der Metriopathie, wie die neuere Akademie und die Skepsis sie vorträgt, habe entnehmen können. Endlich aber scheint der Gedanke kaum als ein mit Aristoteles' Lehre verwandter angesehen werden zu können. Das μέσον des Aristoteles bezeichnet die Mitte zwischen zwei Extremen; das κοινὸν des Ps. Phokylides ist nur das 'bürgerlich Mässige' im Gegensatz zu dem übermässig Grossen, Stolzen. Wollte der Gnomendichter aristotelische Moral lehren, so musste in dem zur Erklärung beigefügten Halbvers μηδὲν μέγα μηδ' ὑπέροπλον auch das übermässig Niedrige ausgeschlossen werden. Jetzt warnt das ἔστω κοινὰ πάθη in wenig philosophischer aber echt religiöser Sorglichkeit nur vor dem Einen Extrem.

Die zweite Entlehnung aus Aristoteles findet Bernays (das.) in V. 64. Hier sollen die Worte ὀργὴ δ' ἐστὶν ὄρεξις ὑπερβαίνουσα δὲ μῆνις nach Arist. Rhet. II c. 2 init. ἔστω δὴ ὀργὴ ὄρεξις μετὰ λύπης τιμωρίας κτλ. oder nach de an. 1, 1. 403, 29 ὀργή τί ἐστιν... (ὁ διαλεκτικὸς ὁρίσαιτο ἂν) ὄρεξιν ἀντιλυπήσεως gebildet sein. Aber auch hier drängt sich die Frage auf, ob Jemand in einem Philosophen müsse 'wohlbelesen' sein, weil er wie dieser sagt, dass der Zorn eine Begierde sei, ein Satz, der den griechischen Psychologen viel näher lag als den modernen, weil das Gefühlsvermögen von ihnen als selbstständige Seelenthätigkeit nicht angesehen wurde. Und wenn dieser Satz denn doch einem Philosophen entlehnt sein muss, so braucht man einen Bernays nicht erst darauf aufmerksam zu machen, dass die Verse des Ps. Phokylides hier vielmehr stoisch als aristotelisch klingen. In echt stoischer Manier, die bei einem Dichter doppelt befremdet, scheidet Ps. Phokylides zwischen θυμός, ὀργή und μῆνις. Seine Distinctionen stimmen fast wörtlich mit stoischen Bestimmungen überein. Vgl. D. L. VII, 113 ὀργὴ δὲ (ἐστὶν) ἐπιθυμία τιμωρίας (ἐπιθυμία δὲ ἐστιν ἄλογος ὄρεξις D. L. das.); μῆνις δὲ ἐστιν ὀργή τις πεπαλαιωμένη καὶ ἐπίκοτος. Cic. Tusc. IV, 9, 21 ut ira (ὀργή) sit libido etc.; odium (μῆνις) ira inveterata. Die Worte ὀργὴ δ' ἐστὶν ὄρεξις haben nach peripatetischer Lehre gar keinen Sinn; denn nach Aristoteles ist ὄρεξις der bewegende Trieb ohne irgend eine Nebenbedeutung. Zu ὄρεξις hätte, wie schon Bernays bemerkt, ein Adjectivum oder Relativsatz hinzutreten müssen. Nach stoischer Lehre ist die ὄρεξις ein λογικῆς ὁρμῆς εἶδος im Unterschiede von ἐπιθυμία, die ὄρεξις ἀπειθὴς λόγῳ genannt wird (s. Stob. ecl. II, 162. 172). Ps. Phokylides darf daher den Zorn selbst als 'eine Art vernünftigen Triebes' in diesem Sätzchen ansehen und nur vor dem Uebermaasse desselben, der μῆνις warnen.

Es bleibt der dritte Vers übrig, der erst durch eine Conjectur Bergk's seinen, einem aristotelischen Satze ähnelnden Sinn erhalten hat. Er lautet bei Bernays (V. 68): ἡδὺς ἄγαν ἄφρων κικλήσκεται ἐν πολιήταις, was an Aristoteles' οἱ μὴ ὀργιζόμενοι ἐφ᾽ οἷς δεῖ ἠλίθιοι δοκοῦσιν εἶναι (Eth. Nik. 1126, 4) erinnern soll. Eine wörtliche Uebereinstimmung liegt hier nicht vor; vielmehr unterscheidet sich der ἄγαν ἡδὺς 'der gar zu Freundliche, Milde, Gefällige' wesentlich von dem μὴ ὀργιζόμενος als dem Manne, der nicht zur rechten Zeit zornig zu werden versteht. Der Vers Ps. Phokylides' steht daher dem aristotelischen Ausspruche nicht näher, als tausend andere Stellen, die 'den gar zu Freundlichen' tadeln. Man denke nur an das, was Demosthenes bei Stob. floril. 45, 22 sagt: Πάντων ἐστὶ δυσχερέστατον τὸ πολλοῖς ἀρέσκειν, an die letzten Worte der Agesistrata bei Plut. Agis c. 20 Ἡ πολλή σε, ὦ παῖ, εὐλάβεια καὶ τὸ πρᾷον καὶ φιλάνθρωπον ἀπώλεσε μεθ᾽ ἡμῶν und man wird sich überzeugen, dass auch diese Stelle dem jüdischen Dichter den Stempel des Peripatos nicht aufdrückt.

12. πνεῦμα und σῶμα; ψυχή und αἷμα.

Der Gegensatz von πνεῦμα und σῶμα (290, 10) ist kein philosophischer. Denn im dortigen Zusammenhange (τὸ πνεῦμα στενοχωρούμενος καὶ τὸ σῶμα ἀγχόμενος) kann πνεῦμα und σῶμα nicht den Gegensatz von 'Geist und Körper' bezeichnen. Wie könnte auch der Geist als 'Denkkraft' 'eingeengt' sein (vgl. Sap. 5, 3). Hier ist πνεῦμα nichts Anderes wie 'Lebensgeist, Kraft' und in diesem Sinne finden wir das Wort auch 283, 22, wo es von Eleasar heisst: Er, der Greis, ward wieder jung durch 'den Geist, die Kraft der Vernunft' (ἀνενίασε τῷ πνεύματι τοῦ λογισμοῦ). Αἷμα und ψυχή aber (282, 6. 7) stehen einander gegenüber wie 'Blut und Leben'.

Uebrigens ist die Stelle 283, 22 erst durch Zurückgehen auf die alte Ueberlieferung zu heilen. Classe 𝔄 (mit Ausnahme von α) schreibt ἀνενίασε τῷ πνεύματι διὰ τοῦ λογισμοῦ, wobei τῷ πνεύματι nicht recht erklärt werden kann. Ἀνενίασε τὸ πνεῦμα mit CD zu lesen empfiehlt sich zuerst, weil ἀνανεάζω meist trans. gebraucht wird (Arist. Ran. 593. Dion. Halic. De Arte rh. 2, 6 im Passiv); aber es passt nicht recht in den Zusammenhang, der zu verlangen scheint, dass 'er der Greis, dessen Glieder gebrochen waren, selbst wieder jung wurde durch den Geist'; nicht aber 'den Geist verjünge', der nie gebrochen war. Nun wird das Wort in der That wie das Simplex intransitiv gebraucht. S. Steph. *thes.* s. v. Ja es ist wahrscheinlich, dass es so sich auch bei Ps. Josephus (280, 6) findet, wo die Variante B's ἀνανεάζειν schwerlich Conjectur ist. In dem obigen Sinne auch hier mit α ἀνενέωσε τῷ πνεύματι τοῦ λογισμοῦ zu lesen, wird daher durch Nichts widerrathen. Für die Bedeutung von πνεῦμα 'Geist, Begeisterung, Schwung, Kraft' vergl. Plut. *de fort. Rom.* 11 θείᾳ πομπῇ καὶ πνεύματι τύχης; *ib.* 44 μαντικῶν πνευμάτων; *praec. ger. rep.* 9 πνεύματος ῥώμῃ; Lucian *Dem. enc.* 14 σφοδρὸς τῷ πνεύματι; und so ist auch Sap. 7, 7 πνεῦμα σοφίας zu verstehen. Dass der in fast allen Handschriften folgende Satz VII, 14 καὶ τῷ Ἰσακίῳ κτλ. durchaus echt ist, bedarf nicht des Erweises; denn Gegengründe liegen nicht vor.

13. Die Siebenzahl; 294, 20 f.

Dass Ps. Josephus in vollstem Widerspruch mit Allem, was über seinen theologischen Standpunkt im Texte dieser Schrift ausgeführt worden ist, den Zahlendeutungen Philo's sich zugewendet habe, schliessen Gfrörer (a. a. O. p. 185 f.) und Grimm (p. 350 f.) aus der schwierigen Stelle 294, 24: ὦ παναγίας συμφώνων ἀδελφῶν ἑβδομάδος· καθάπερ γὰρ ἑπτὰ τῆς κοσμοποιΐας ἡμέραι περὶ τὴν εὐσέβειαν, οὕτω περὶ τὴν ἑβδομάδα χορεύοντες οἱ μείρακες ἐκύκλουν. Das übersetzt und erklärt Gfrörer folgendermaassen: 'O heilige Siebenzahl gleichgesinnter Brüder! Denn wie der fromme Glaube 'sieben Tage der Weltschöpfung verehrt, so bewegten sich diese Jünglinge 'in der heiligen Siebenzahl zum Tode ... χορεύοντες κατὰ τὴν ἑβδομάδα hat 'hier, wie bei Philo, eine höhere Bedeutung und weist auf die Heiligkeit 'der Handlung hin, denn Sieben ist die Wurzelzahl alles Guten und des 'λόγος in jeder seiner Beziehungen, als Vernunft und als himmlisches Mittelwesen.'

Dass Gfrörer keine Uebersetzung, sondern eine phantastische Umdeutung der schwierigen Stelle geliefert hat, sieht Jedermann. Ἡμέραι χορεύουσι περὶ τὴν εὐσέβειαν kann nimmermehr heissen: 'der fromme Glaube verehrt die sieben Tage.' Und wann hat der fromme Glaube denn je die sieben Tage verehrt? Ebenso unwahr ist die Uebersetzung des περὶ τὴν ἑβδομάδα χορεύοντες οἱ μείρακες ἐκύκλουν: 'in der heiligen Siebenzahl bewegten sich die Jünglinge zum Tode' und ebenso verwerflich ist die Erklärung. Man mag den Text deuten, wie man will, von 'Wurzelzahl alles Guten', vom 'λόγος in jeder seiner Beziehungen, als Vernunft und als himmlisches Mittelwesen' kann doch hier nicht die Rede sein. Freilich sind die Worte des Predigers, wie wir sie jetzt lesen, fast unlösbare Räthsel. 'Tage, die um die Frömmigkeit kreisen' sind ebenso unbegreifliche Dinge, wie 'Jünglinge, welche um die Siebenzahl sich bewegen' und vergebens wird man in Philo's wiederholten begeisterten Schilderungen von der Macht der Siebenzahl ähnliche Gedanken suchen. Nun steht aber unmittelbar vorher, dass 'wie Hand und Fuss' einträchtig von dem Geheisse der Seele bewegt werden, so seien jene Jünglinge, wie von einer unsterblichen Seele, der Frömmigkeit (ὑπὸ ψυχῆς ἀθανάτου τῆς εὐσεβείας lese ich mit 𝔄) bewegt worden (Z. 20 f.). Soll dieser Satz mit dem ihm unmittelbar folgenden in Verbindung stehen, soll der jetzt mystisch nebelhafte Gedanke (Z. 24 f.) in Einklang gebracht werden mit den nüchternen Lehren, die im Uebrigen Ps. Josephus bekennt, so wird mit folgender Aenderung der von Gfrörer so misshandelten Stelle geholfen sein: καθάπερ γὰρ τῆς κοσμοποιΐας ἡμέραι περὶ τὴν ἑβδομάδα, οὕτω περὶ τὴν εὐσέβειαν χορεύοντες κτλ. 'O der heiligen Siebenzahl gleichgesinnter Brüder! Denn wie die Schöpfungstage 'um die Sieben, so bewegten sich um die Frömmigkeit im Kreise die sieben 'Brüder und lösten so die Furcht vor dem Tode'.

Aehnliche Beispiele von Umstellungen hat Note 10 angeführt. Der Sinn bedarf jetzt keiner Erläuterung mehr. Die Schöpfungstage kreisen ewig um die Sieben, d. h. folgen auf einander in immer gleichen Kreisen von sieben Tagen, deren Mittelpunkt der siebente Tag ist, und so bewegten sich die sieben Jünglinge um die Frömmigkeit als ihren Mittelpunkt — ein Gedanke, der wie erwähnt schon in dem voraufgehenden Satze ausgesprochen ist. Hiermit ist denn, der letzte Winkel gesäubert, in welchem man 'alexandrinische Zahlenmystik' hat vorfinden wollen. Ps. Josephus sieht freilich in der Siebenzahl nicht eine heilige, sondern eine symbolisch bedeutsame Zahl, etwa so, wie die Bibel selbst. Von neupythagoreischen oder philonischen Zahlengeheimnissen und besonderen mystischen Kräften der Sieben ist jetzt jede Spur verlöscht.

14. Ps. Josephus und das neue Testament.

Wer unseren Text hinnimmt, wie er in den Ausgaben gedruckt vorliegt, der muss zu dem Schlusse kommen, dass entweder Ps. Josephus das N. T. gekannt und benutzt, oder die Verfasser der neutestamentlichen Schriften seine Predigt ausgeschrieben haben. Das ergiebt sich, wenn man IV MB. 293, 15 mit Luc. 16, 22. 23; IV MB. VII, 19. 299, 29 mit Luc. 20, 38. Röm. 6, 10. 14, 8. Gal. 2, 19; IV MB. 297, 27. 302, 32 mit Luc. 13, 16; ganz besonders aber, wenn man IV MB. 293, 10 mit Matth. 10, 28. Luc. 12, 4 vergleicht. Eine solche Uebereinstimmung ist mehr als ein bloss zufälliges Zusammentreffen, was Ewald IV^3 634 nicht mit Recht bestreitet. Nun hat freilich Ewald darin Recht, 'dass der verfasser kein Christ, sondern ein sehr ächter und strenger Judäer war' und von einem solchen braucht es nicht gesagt zu werden, dass er, der im ersten nachchristlichen Jahrhundert lebte, christliche Schriften nicht geplündert haben könne. Ist also im N. T. unsere Schrift benutzt worden? Schwerlich; denn von den sechs parallelen Stellen sind drei (293, 15. VII, 19. 299, 29) schon in den Noten 2 und 10 als Interpolation erwiesen worden, und auch die Worte (293, 10) μὴ φοβηθῶμεν τὸν δοκοῦντα ἀποκτεῖναι τὸ σῶμα gehören nicht Ps. Josephus, sondern dem christlichen Interpolator an. Die Worte können ohne den Zusammenhang zu stören entfernt werden und müssen entfernt werden; denn der Gegensatz zu dem ἀποκτεῖναι τὸ σῶμα hätte hier ebenso wenig fehlen können, wie im N. T. Endlich erweisen aber auch die Handschriften, dass unsere Stelle Matthäus oder Lucas entlehnt ist. Bei diesen ist nämlich aus besten Handschriften von Lachmann und Tischendorf statt ἀποκτεινύντων die äolische Form ἀποκτεννόντων (s. Sturz *de dial. Maced. et Alex.* p. 128) in den Text gesetzt worden. Dieselbe seltene Form haben nun auch in unserer Schrift (293, 10) die besten Handschriften. ΑΠΟΚΤΕΝΝΕΙΝ liest S; ΑΠΟΚΤΕΝΕΙΝ α (welche Variante sich auch in den neutestamentlichen Stellen in guten alten Handschriften findet). An der Ursprünglichkeit gerade dieser Lesart, wie sie S giebt, ist nicht zu zweifeln. Ein zufälliges Zusammentreffen aber ist kaum denkbar. Wir sind also gezwungen, die Abhängigkeit unserer Stelle von Matthäus oder Lucas anzunehmen. Ps. Josephus aber hat sicherlich das N. T. nicht benutzt. Es bleibt also Nichts übrig, als auch hier zuzugestehen, dass ein in früher Zeit lebender christlicher Leser oder Schreiber die Worte aus den Evangelisten hier zusetzte und die seltene Form beibehielt, welche diese ihm boten. Wie häufig selbst die besten Handschriften der LXX durch Citate aus dem N. T. entstellt worden sind, ist bekannt genug.

So bleiben denn von den oben angeführten nur noch zwei Stellen übrig, aus denen man neutestamentliche Anschauungen heraushören könnte (297, 27. 302, 32). Von wirklicher Entlehnung aber hier zu sprechen, wo wörtliche Uebereinstimmung nicht vorliegt, verbietet schon das oben S. 143 f. Ausgeführte. Zudem berühren sich diese Stellen, die die Mutter der Sieben 'eine Tochter Abrahams' nennen, eben so sehr mit Anschauungen der jüd. hellenistischen wie der christlichen Kreise. Unser Verfasser selbst betont wiederholentlich und nachdrücklich den Werth der Abstammung von Abraham (s. die von Grimm p. 326 angeführten Stellen und oben S. 104); über Philo's Werthschätzung dieses Ursprunges s. Ewald VI^2 286.

Auch die letzte, grosse Interpolation enthält mannigfache Berührungen mit neutestamentlichen Ideen und Ausdrücken, obgleich doch der grösste Theil dieses ungeschickten Einschiebsels von einem Wust von Citaten angefüllt ist. Der Schluss liegt daher nahe, dass wir auch hier das Flickwerk eines christlichen Lesers vor uns haben. So erinnert παρθένος ἁγνή (302, 4), τὰ ἁγνὰ τῆς παρθενίας (302, 7) an II Cor. 11, 2. Vgl. I Petr. 3, 2. Phil. 4, 8. I Tim. 5, 22. Der λυμεὼν ἐρημίας φθορεὺς ἐν πεδίῳ (Z. 6) und λυμεὼν ἀπατηλὸς ὄφις (Z. 8) sind vielmehr mit Stellen wie Matth. 12, 43. Apok. 12, 9. 20, 2 zu vergleichen als mit ähnlichen Gedanken aus den Apokryphen des A. T. Denn selbst Sap. 2, 24 — falls es überhaupt von dem Verfasser und nicht von einem Interpolator herrührt — sagt doch nicht ganz dasselbe, als was diese Worte ausdrücken.

Eine wirkliche Gleichstellung der Schlange mit dem Satan findet sich bloss hier und in den angeführten Stellen aus dem N. T. Vielleicht ist sogar 'der Verderber in der Wüste' (λυμεὼν ἐρημίας φθορεὺς) (Z. 6) eine Reminiscenz aus der Versuchungsgeschichte Jesu Matth. IV, 1 f. Luc. IV, 1 f. Bei τὸν νόμον καὶ τοὺς προφήτας (Z. 12) braucht man dagegen nicht gerade an Luc. 24, 44. A. G. 13, 15. 24, 14. 28, 23 zu denken. Vgl. Sirach Prol.; II MB. 15, 9; Josephus c. A. 1, 8 Aufang.

15. Kritisches zu 275, 31 — 277, 10.

Der Text von IV MB. 275, 31 ff. hat sehr gelitten. Als einige der nothwendigsten Verbesserungen, die nach dem, in Note 2 und 3 Entwickelten einer ausführlichen Rechtfertigung wohl nicht bedürfen, hebe ich folgende hervor: 276, 7 ist ὄντα, das nach ἔχοντα leicht ausfallen konnte, einzuschalten. Denn ein solcher Widerspruch ist Ps. Josephus nicht zuzutrauen, dass hier Onias auf Lebenszeit Hoherpriester ist, der wenige Sätze später (277, 14) abgesetzt wird. Grimm freilich behauptet τὸν τότε τὴν ἀρχιερωσύνην ἔχοντα διὰ βίου solle hier bedeuten, Onias habe 'nicht in der Wirklichkeit, sondern rechtlich' die Würde 'lebenslänglich gehabt.' Aber eine derartige Interpretation, die um die Bedeutung des διὰ mit Gen. sich so wenig kümmert, wird schwerlich Anklang finden. Wer aber selbst an unserem maasslos zerütteten Texte Nichts ändern mag, setze mit Lloyd das Komma nach ἔχοντα und beziehe ebenfalls das διὰ βίου auf das Folgende. Ueber den hiesigen Gebrauch des ὄντα vgl. Hercher im *Hermes* II p. 66. 276, 8 ist mit AN und Al. (Hav.) κατὰ τοῦ ἔθνους statt des in den übrigen Handschriften befindlichen ὑπὲρ τοῦ ἔθνους zu lesen; denn diese Lesart ist ganz unsinnig. Κατὰ findet sich, zumal im späteren Griechisch, häufig als Bezeichnung des 'auf einem Raume Befindlichen' oder 'über denselben sich Erstrekkenden' s. Bernh. Syntax. p. 237 f. Winer Gr. p. 357. *διαβάλλειν κατὰ τοῦ ἔθνους* entspricht dem *ῥῆμα καθ' ὅλης τῆς Ἰουδαίας* A. G. 10, 37 und heisst 'überall beim Volke verleumden.' *Κατὰ* ward von den Abschreibern in der gewöhnlichen Bedeutung genommen und konnte daher leicht verdorben werden. Verschreibungen der Präpositionen sind aber gerade in unserer Schrift häufig (s. z. B. 280, 19. 295, 6. Vgl. auch II MB. 9, 1, wo eine grosse Zahl von Handschriften, α an der Spitze, ebenfalls *κατὰ* in *περὶ* ändert). 276, 15 ist *δὲ* mit 𝔄 zu streichen; 276, 24 scheint *νομίσαντες κίνδυνον* (A) Glossem zum vorhergehenden *ἀντιλέγοντός τε πάνδεινον εἶναι*. Bruchstücke des Glossems drangen in die übrigen codd. ein; das ganze steht bloss noch in A: *νομίσαντες* in rec. ist daher einfach zu streichen. 276, 27 ist mit α𝔅 zu lesen *τοῦ ἱεροῦ καταφρονουμένου τόπου* (in α jedoch fehlt *ἱεροῦ* in Folge des Homoioteleuton). 276, 30 ist die Lesart 𝔅's vorzuziehen *ἀνιόντι τῷ Ἀπολλωνίῳ μετὰ καθωπλισμένης στρατιᾶς πρὸς κτλ.* (Z. 31 mit α𝔅); 277, 3 lese ich mit Sync. p. 529, 1 *Bonn. πάμφιλον*; 277, 6 schalte ich mit den Handschriften den oben S. 81 angeführten Satz ein; 277, 7 ist *καὶ* statt *καίπερ* zu lesen. *περ* entstand aus dem vorhergehenden *περὶ* (277, 5).

Ein ähnlicher Fall ist wohl 279, 30 f. anzunehmen. Hier lesen wir jetzt *τυραννικὸν οὐν ἐστιν οὐ μόνον ἀναγκάζειν* (*τὺ ἄν*. Bk.) *ἡμᾶς παρανομεῖν, ἀλλὰ καὶ ἐσθίειν ὅπως. . . . ἐπιγελάσῃς* (*ἡμᾶς* add. Bk.). Die beste Handschrift S liest hier ΠΑΡΑΝΟΜΕΙΝ statt des unsinnigen *ἐσθίειν*. Dies führt auf das richtige *παρακαλεῖν*, das in *παρανομεῖν* überging in Folge einer Reminiscenz an das vorausgehende *παρανομεῖν*. Später sollte eines der beiden Worte beseitigt werden und so entstand in S ΜΙΑΡΟΦΑΓΕΙΝ (Z. 31); in den übrigen Handschriften *ἐσθίειν* (Z. 32). *Παρακαλεῖν* ist häufig von Ps. Josephus geschrieben worden. 285, 22 steht es absolut, 288, 23 mit lose angefügtem *ὅπως* gerade wie an unserer Stelle; s. ferner 284, 25. 299, 27. Wie der Gegensatz von *πείθειν* und *ἀναγκάζειν* in der griechichen Literatur nicht eben selten ist, so ist auch der Sinn der emendirten Stelle klar. 'Tyrannisch ist es', sagt Eleasar, 'nicht bloss uns zu zwingen, das Gesetz 'zu übertreten, sondern schon uns dazu aufzufordern, damit du über 'den Genuss uns verhasster Speisen uns verhöhnen könnest.' Beides war vom Tyrannen gethan worden. s. 278, 18 f. 284, 21 f. 286, 16 f. Ganz wie an diesen beiden Stellen ist auch 278, 17 *τὴν ἡλικίαν* für *φιλοσοφίαν* (A𝔅) eine blosse Reminiscenz an das vorausgehende *τὴν ἡλικίαν*, die wegen des Homoioteleuton *τὴν* noch leichter zu diesem Irrthume führen konnte.

16. Gfrörer; Dähne; Langen und der Sohar.

Wenn Gfrörer (a. a. O. II p. 176) aus der Angabe des Eusebius, die Schrift gehöre dem Flavius Josephus an, schliesst, dass wir aus diesem Grunde 'mit unserer Rechnung nahe an die Zerstörung Jerusalems kommen', so ist das ein Sprung, aber kein Schnitzer. Wenn aber Dähne (a. a. O. II p. 191) dieselbe Zeitgrenze inne halten will darum, weil, wie er sagt, 'mir kein jüdisch-philosophisches Buch, längere Zeit nach dem Untergange 'des Reiches geschrieben, bekannt geworden ist, welches nicht mit rabbi-'nischer Gelehrsamkeit oder kabbalistischer Philosophie versetzt gewesen 'wäre', so ist das genau ebenso richtig, wie etwa folgender Beweis: Unsere Schrift muss um diese Zeit geschrieben sein, weil mir kein jüdisch-philosophisches Buch längere Zeit nach dem Untergange des Reiches geschrieben bekannt geworden ist, welches nicht mit Lehren arabischer Philosophie versetzt gewesen wäre. Mit welchem Rechte vergleicht Dähne eine Schrift mitten aus dem Kreise der Hellenisten mit einem Schriftthume, das acht oder neun Jahrhunderte später erstand? Ein jüdisch-philosophisches Buch 'mit rabbinischer Gelehrsamkeit', um diesen flachen Ausdruck beizubehalten, giebt es erst seit Saadias, der im zehnten Jahrhundert lebte, und von kabbalistischer Philosophie kann man eigentlich erst seit dem dreizehnten Jahrhunderte sprechen.

Aber Dähne schrieb das im Jahre 1834 und dies Jahr mag ihm als theilweise Entschuldigung gelten. Was soll man aber dazu sagen, dass noch im Jahre 1866 Langen Dähne's Urtheil in seinem Wortlaute und ganzen Umfange unterschreibt und durch folgende Worte zu stützen glaubt: 'Denn noch wesentlicher als von der alexandrinischen Theosophie unter-'scheidet sich ihr (unserer Schrift) Inhalt von den Anflügen des neuern 'Judaismus, wie er in den Kreisen R' Akiba's unter Hadrian entstand und 'zunächst im Buche Sohar niedergelegt wurde.' Man traut seinen Augen kaum, wenn man dergleichen Urtheile in einem Werke über 'das Judenthum in Palästina' (p. 81) liest. Widerlegung verdienen natürlich nicht Behauptungen wie die, dass der neuere Judaismus in den Kreisen R' Akiba's entstand und dass derselbe zunächst im Buche Sohar niedergelegt ward, oder dass der Sohar aus dem zweiten Jahrhunderte stammt, der etwa elf Jahrhunderte später abgefasst ist.

17. Codex Marcianus; Emendationen van Herwerden's.

Es ist mir eine wahre Freude, diese Schrift mit der dankbaren Hervorhebung des Verdienstes schliessen zu können, das sich Herr Professor van Herwerden in Leiden um unseren Ps. Josephus erworben hat. Der verehrte Mann hat mir mit einer Uneigennützigkeit, die ihres Gleichen sucht, eine von ihm selbst im Jahre 1859 angefertigte Collation des sehr alten Codex Marcianus zur Verfügung gestellt; da ich zu spät in den Besitz derselben kam, um sie für die voraufgehenden Untersuchungen selbst verwenden zu können, so theile ich hier mit, was über die Handschrift van Herwerden mir schreibt und füge einige bemerkenswerthe Lesarten derselben und treffliche Vermuthungen van Herwerden's bei.

Codex est pervetustus, exaratus me judice seculo VIII vel IX, qui notatur in catalogo Zanetti sic: 1 Arm. ::. 2, membranaceus in folio majore scriptus literis magnis semiquadratis. Folia sunt CLXIV, paginae bicolumnes; singulis columnis versus continentur fere LX. Continet is liber cum LXX virorum versione veteris testamenti Josephi libellum (cui subscriptum Μακκαβαίων Δ), non tamen integrum; nam e medio fere opusculo exsectum est unum folium; unde factum ut desiderentur ea quae editio habet inde a cap. 5 post verba: καὶ ἀκοσιδάσεις τῶν λογισμῶν σου τὸν λῆρον (278, 30) usque ad capitis 12 init., ubi lacuna terminatur prima syllaba vocabuli καταβληθεὶς (291, 9). Ipsa scriptura pauca habet notatu digna: Rarissima sunt compendia, constanter adscribitur iota et plerumque etiam ante consonantes scribitur ν ἐφελκυστικόν.

Der Codex ist stark interpolirt, gleicht aber A darin, dass er eine Menge guter alter Lesarten uns erhalten hat. Einen besonderen Werth hat er nach einer anderen Seite als Mittelglied zwischen den besseren und den schlechteren Handschriften. Von bemerkenswerthen Lesarten seien folgende erwähnt: 271, 8 παῖδας statt ἄνδρας (mit einzelnen codd. Paris.; es ist blosse Conjectur). 271, 15 ὅπερ εἰώθαμεν (pr. man.) ποιεῖν (Uebergang vom richtigen ὅπερ εἴωθα zur Vulgata (s. oben S. 16). 271, 18 ζητουμένου δὴ τούτου, εἰ διανοητὴς ἐστὶ τῶν παθῶν ὁ λογισμός, διακρίνωμεν τί κτλ. (Bestätigung der Lesart oben S. 21). 272, 8 κενοδοξία für φιλοδοξία (obgleich nicht gerade nothwendig, empfiehlt diese Lesart v. Herw. doch vielleicht mit Recht wegen 274, 2. Vulg. wäre dann durch Parechese mit den voraufgehenden Worten entstanden). 272, 11 παθῶν für φυτῶν. 274, 24 ἐπικρατῶν (das Richtige nach v. Herw. s. dagegen oben S. 26, 1). 277, 1 αὐτῷ und Z. 2 κατακισῶν δί τοι ἡμιθανῆς om. ὁ Ἀπολλώνιος (von v. Herw. empfohlen). 294, 4 εὔνοιαν καὶ ὁμόνοιαν (von v. Herw. empfohlen). 294, 5 σὺν γὰρ τῇ εὐσεβείᾳ ὁ λογισμὸς ποθεινοτέραν αὐτοῖς κατεσκεύαζε τὴν φιλαδελφίαν (von v. Herw. empfohlen). 297, 7 οὐκ ἔκλαυσας ἐπὶ σαρξὶ τέκνων (Bestätigung der Conj. oben S. 31; v. Herw. liest ähnlich: οὐκ ἔκλαυσις ὁρῶσα ἐπὶ σαρξὶ σάρκας τέκνων ἀποκαιομένας. 300, 5 καθάπερ γὰρ στίγη σὺ ἐπὶ στύλους τῶν παίδων γενναίως ἱδρυμένη (mit Aenderung von στύλους in στύλων von v. Herw. gebilligt).

Eine grosse Menge von richtigen Lesarten, die mit anderen Handschriften zugleich cod. Marc. uns darbietet, kann hier nicht aufgezählt werden. Dafür seien folgende Vermuthungen van Herwerden's angeführt: 277, 7 καὶ ἄλλως (trifft mit meiner Vermuthung S. 168 zusammen). 280, 3 οὐδ' ἂν ⟨τι⟩ ἐκκόψειας (s. dagegen oben S. 26, 1). 291, 24 λύσατέ μέ φησιν ⟨ἴν'⟩ εἴπω κτλ. 293, 28 μητέρων für μαστῶν (ΜΑΤΩ̄ liest S).

Verzeichniss der Abweichungen vom Bekker'schen Texte.

	Seite.
270, 5	12. 32. 149.
270, 6—11	122. 151 f.
275, 11—17	19. 20. 150 f.
270, 12	122.
270, 19	154.
271, 1	154.
271, 2 f.	154.
271, 4	154.
271, 6	107.
271, 10	154.
271, 14	154.
271, 15	16. 170.
271, 18 f.	21. 170.
271, 20	124.
271, 24	22. 123.
271, 29 f.	33 f.
272, 4	56.
272, 7	129.
272, 8 f.	22. 34. 123. 170.
272, 11	170.
272, 16	13. 126.
272, 21	26.
272, 29	57, 124.
272, 32	57.
273, 2	51. 124. 128.
273, 11	129.
273, 19	160.

	Seite.
273, 26	23.
274, 15	33. 128
274, 19	50.
274, 21—25	150 f.
274, 24	170.
274, 25	151.
275, 30	16. 128.
276, 7	81. 167.
276, 8	81. 125. 167.
276, 15	168.
276, 24	129. 168.
276, 27	168.
276, 28	125.
276, 29	159.
276, 30	168.
277, 1	170.
277, 3	168.
IV, 12	81. 168.
277, 7	168. 171.
277, 30	161.
277, 31	161.
277, 32	160. 161.
278, 5	161.
278, 17	168.
279, 21	54. 123.
V, 24	26. 54.
279, 25	54.

	Seite.		Seite.
279, 28	43.	292, 18	161.
279, 30	168.	293, 15	159 f.
280, 3	26, 171.	293, 28	171.
280, 6	164.	294, 4	170.
280, 15	159.	294, 5	170.
281, 12	125.	294, 20 f.	164 f.
281, 14	160.	294, 29 f.	30.
282, 2	46.	294, 31	30. 122.
282, 7	68.	294, 32 f.	152.
282, 18	123.	296, 18	124.
283, 7 f.	125.	297, 3	31.
283, 22	163.	297, 6 f.	31. 170.
VII, 14	164.	298, 5	124.
283, 28	160.	298, 18	31.
VII, 19	123.	299, 28 f.	123.
284, 16	160.	300, 5	170.
286, 10	159.	300, 13	70.
286, 24	160.	300, 20	25.
286, 27	159 f.	300, 23	25.
286, 31	159 f.	301, 11—19	19. 156 f.
287, 29	123.	301, 19	157.
288, 1	26.	301, 21	158.
288, 24	124.	301, 25 — 302, 2	155 f.
X, 4	47. 124.	302, 2 f.	121.
289, 13	26.	302, 3—28	19. 20. 121. 155.
290, 1	124.	302, 29 — 303, 7	20. 155 f.
291, 24	171.	302, 29	156.
292, 17	161.		

Sigla:

α = Bibl. cod. Alexandrinus ed. Baber.
A = Coislinianus 18.
B = Coislinianus 4.
C = Parisinus (Haverk.)
Ca = Cantuariensis (CA Haverk.).
D = Parisinus 1475.
L = Lipsiensis 783.
M = Monacensis 488.
N = Oxoniensis collegii novi.
R = Parisinus 10, Regius 1875.
S = Bibl. cod. Sinaiticus ed. Tischendorf.
V = Vindobonensis 45.
W = Vindobonensis 104.
1 = Parisinus 1.
Al. = alii codices vel editiones (Haverk.)
c^a = erster Corrector in S (C^a Tisch.).
c^b = zweiter Corrector in S (C^b Tisch.)
א = Bibl. Gr. ed. Cephalaeus Argent. 1526.
ι = Josephi opp. Bas. 1544.
Df = Josephi opp. ed. Dindorf.
Bk = Josephi opp. ed. Bekker.
𝔄 = erste Familie der Handschriften.
𝔅 = zweite Familie der Handschriften.

Ps. Josephus ist immer nach der Bekker'schen Ausgabe des Josephus citirt, nach der Breitinger'schen Ausgabe der LXX nur, wo dort Lücken sind. Philo ist nach der Mangey'schen Ausgabe; die Bände des Zeller'schen Geschichtswerkes sind wie in dem zugehörigen Register citirt worden. Die Zeichen α, Ca, obgleich nicht die gebräuchlichen, wurden gewählt, um keine Verwirrung in den Angaben zu veranlassen. ABCDR Al. sind die Sigla Haverkamp's.

Druckfehler:

S. 30 Z. 3 von unten statt Jos. lies Joh.
S. 35 Z. 17 von oben statt $αἰῶνας$ lies $αἰῶνας$.
S. 50 Z. 17 von oben statt $αἰσθησηρίων$ lies $αἰσθητηρίων$.
S. 59 Z. 16 von unten statt 219 lies 291.

www.ingramcontent.com/pod-product-compliance
Lightning Source LLC
Chambersburg PA
CBHW031446160426
43195CB00010BB/870